公共管理类
国家级一流专业
建设教材

公共项目管理通论

刘 勇 编著

厦门大学出版社 国家一级出版社
XIAMEN UNIVERSITY PRESS 全国百佳图书出版单位

图书在版编目（CIP）数据

公共项目管理通论 / 刘勇编著. -- 厦门：厦门大
学出版社，2023.7
公共管理类国家级一流专业建设教材
ISBN 978-7-5615-8964-9

Ⅰ．①公… Ⅱ．①刘… Ⅲ．①公共管理－项目管理－
研究 Ⅳ．①F062.4

中国版本图书馆CIP数据核字(2023)第058269号

出 版 人 　郑文礼

责任编辑　许红兵

责任校对　郑鸿杰

美术编辑　李夏凌

技术编辑　朱　楷

出版发行　厦门大学出版社

社　　　址　厦门市软件园二期望海路 39 号

邮政编码　361008

总　　　机　0592-2181111　0592-2181406(传真)

营销中心　0592-2184458　0592-2181365

网　　　址　http://www.xmupress.com

邮　　　箱　xmup@xmupress.com

印　　　刷　厦门市竞成印刷有限公司

开本　787 mm×1 092 mm　1/16

印张　18

字数　375 千字

版次　2023 年 7 月第 1 版

印次　2023 年 7 月第 1 次印刷

定价　50.00 元

本书如有印装质量问题请直接寄承印厂调换

厦门大学出版社
微信二维码

厦门大学出版社
微博二维码

前　言

党的二十大报告明确了到 2035 年我国发展的总体目标,其中包括基本实现国家治理体系和治理能力现代化、实现基本公共服务均等化等,这对完善公共治理体系、提升公共治理能力、在基础设施建设方面取得更大成就提出了要求,更对提升公共项目管理能力、使公共项目更好为公共政策服务提出了迫切要求。

公共项目是经济社会活动的重要组成部分,它提供的公共消费品既是经济社会总供给中不可分割的一部分,也在很大程度上决定着经济社会发展的后劲。我国历来高度重视公共项目尤其是公共工程项目在国民经济和社会发展中的作用,例如"十四五"规划中"完善规划实施机制"一章特别指出:坚持项目跟着规划走、资金和要素跟着项目走,依据规划制定重大工程项目清单,对清单内工程项目简化审批核准程序,优先保障规划选址、土地供应和资金需求,单体重大工程项目用地需求由国家统一保障。这意味着,公共项目管理实践正随着我国国家建设的推进而走向深入。事实上,随着我国进入高质量发展阶段,以公共工程项目为代表的公共项目数量、规模急剧增长,这对公共项目管理提出了更高要求。虽然我国政府从 20 世纪 80 年代末引入并开始全面学习现代工程项目管理方法和技术,也成功于 21 世纪第二个十年跻身世界公共工程项目管理发达国家行列,但是管理无止境,必须及时总结经验,对公共项目决策、组织实施和生产环节的成功做法进行系统归纳并形成具有中国特色的公共项目管理理论体系,稳步提高公共项目管理能力和水平。

当前,理论界和实务界都对加强公共项目管理、提升公共项目绩效提出了迫切要求。本教材基于公共管理学和工程项目管理知识体系,系统介绍以公共工程项目管理为代表的公共项目管理理论和方法,使高校学生尤其是公共管理学科本科生能够全面理解和掌握公共项目管理一般规律。

公共项目管理是实操性很强的公共管理类专业核心课程,与经济学、工程学、金融学、财务管理等专业知识联系紧密。本教材共包含十章内容:第一章为导论,第二章为公共项目需求分析与技术可行性论证,第三章为公共项目投资与融资分析,第四章为公共项目财务分析与国民经济评价,第五章为公共项目社会评价,第六章为公共项目风险论证,第七章为公共项目采购,第八章为公共项目合同管理,第九章为公共项目监理,第十章为公共项目审计、验收与后评估。

本教材主要有以下四个特点。第一,内容新。在公共项目管理各环节尤其是组织实施环节,本教材更新已有教材内容,介绍我国最新工程项目管理法规、文件等,便于学生掌握公共项目管理前沿规则,避免技术性知识与实践需求脱节。第二,逻辑强。遵循公共物品供给的决策、公共物品供给的组织实施和公共物品的生产这一逻辑,依照公共管理类专业人才培养要求,本教材聚焦公共项目的决策和公共项目的组织实施,不对生产技术层面的项目三要素管理做具体介绍,以强调公共管理类专业与工程类专业学生在管理与生产方面的分工不同。第三,体例新。每一章都按照本章导读、知识结构、重点问题、正文、本章小结、关键术语、复习思考题的顺序撰写,便于学生迅速抓住每一章知识的概貌、脉络和关键,从而提高预习、阅读和复习效率。

本教材可作为高等院校公共管理类专业教学用书,也可作为培训机构培训用书,还可作为政府有关部门工作人员工作用书。

本教材得到福建江夏学院精品教材建设项目的专项资金资助,在此深表感谢。由于本人水平有限,对不断发展的公共项目管理知识尤其是前沿知识掌握也时有迟滞,所以教材中难免有疏漏甚至谬误,恳请读者批评指正。

刘 勇
2023 年 2 月

目　录

第一章　导　论

要切实落实党的二十大精神,更好发挥公共项目作为公共政策载体的作用以深入推进基础设施建设等公共服务均等化,就必须进一步优化公共项目管理。什么是公共项目管理? 对这个问题的回答构成了人们对公共项目管理知识体系理解的基本面。众多理论研究和实践工作人员对公共项目管理概念、特征等问题进行了持续探讨。本章结合国内外研究成果,着重介绍公共项目管理内涵及其发展规律。

知 识 结 构

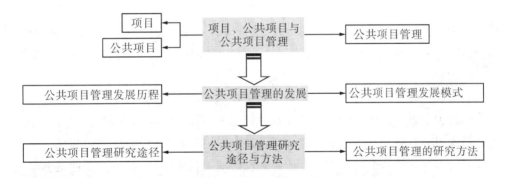

重 点 问 题

☆ 项目的定义　　　　　　　　　☆ 项目的特征

☆ 项目管理的定义　　　　　　　☆ 项目管理的特征

☆ 公共项目的定义　　　　　　　☆ 公共项目管理的特征

☆ 公共工程项目的定义　　　　　☆ 公共工程项目管理的特征

☆ 公共项目管理层次　　　　　　☆ 公共项目管理模式

☆ 公共项目管理的发展　　　　　☆ 公共项目管理研究途径与方法

第一节　项目、公共项目与公共项目管理

一、项目

(一)项目的含义

工作、任务或活动可分为重复性的、日常性的和一次性的、临时性的两类。国际项目管理协会(International Project Management Association,IPMA)认为,项目是受时间和成本约束,用以实现一系列既定的可交付成果,同时满足质量标准和需求的一次性活动。美国项目管理协会(Project Management Institution,PMI)认为,项目是为创造独特产品、服务或成果而进行的临时性工作。国际标准化组织(International Organization for Standardization,ISO)认为,项目是一个由具有起止时间的、相互协调和控制的、实现项目目标所必需的一组活动所构成的过程。德国标准化协会的DIN69901认为,项目是具有预定目标和时间、财务、人力与其他限制条件的唯一性任务,它由专门组织来完成。

中国项目管理研究委员会(Project Management Research Committee,PMRC)认为,项目是一项特殊的要被完成的任务,是在一定时间内满足一系列特定目标的相关工作的总称。

不同研究人员对项目的定义虽然在文字表达方面各有不同,但他们对项目的含义存在共识。第一,项目是结果、过程和目标的统一体。项目的结果是产品或服务,但产品或服务本身并不等同于项目。第二,项目过程所对应的时间长短随机。无论完成时间多么长或多么短,一个工作、任务或活动一旦被定性为项目,其性质就将是固定的。第三,项目规模随机。一个项目的规模可能非常大,也可能非常小,但规模大小不决定一个工作、任务或活动是否为项目。

本书从管理学角度认为,项目是由专门组织在一定时间、一定预算范围内达到约定质量水平的一次性任务、临时性活动。

(二)项目的特征

相对于重复性、日常性工作,项目具有以下特征。

1.目的更为明确

一个项目必须有明确的目标,没有明确成果性、约束性和相关方满意目标的任务

和活动,不能称之为项目。成果性目标是项目之所以成立的基础,它体现为任务、活动的最终交付物,其实质为任务、活动的功能性要求,包括产品或服务的品种、规格、产能等。约束性目标不是项目的主导目标,它规定项目成果性目标得以实现的路径,包括明示路径和必须遵循的路径。前者指明文规定的项目条款如可行性研究报告、招标文件、合同文件、上级指示等;后者指法律法规规定的条例如建筑法、招投标法、合同法、工程质量管理条例、生产安全管理条例等。约束性目标在具体项目中一般表现为进度、成本、质量、环境保护等目标。相关方满意目标是项目目标中的引领性要素,指项目干系人(项目投资者、项目业主、项目设计者、项目实施者等)和项目利益相关者(有关政府部门、新闻媒体、项目地社区与居民等)对任务、活动的满意程度,包括项目内部方(项目干系人)满意程度和项目外部方(项目利益相关者)满意程度,其内容具有动态性并影响和决定着成果性和约束性目标的制定。

2.一次性

任务、活动具有一次性是项目区别于日常性工作的最基本属性。项目任务、活动是在特定目标指引下、特定环境限定下、特定机构决策下、特定组织实施尤其是特定组织执行下开展的,它很难被重复。

3.生命周期性

项目的一次性决定了项目具有生命周期性,即项目有始有终,有明确的开始、开展和结束节点。依据项目过程内涵不同,项目生命周期分为局部生命周期和全生命周期,前者指项目从建议开始至交付成果而结束,后者指项目从建议开始至项目运营停止、物理报废而结束。

4.系统性

项目由各种决策、组织实施和执行要素构成,这些要素互为条件又相互制约,同时各要素内部构成部分也相互影响,使得项目成为一个复杂的任务、活动系统。虽然项目系统中的绝大多数要素可预测,但也有一些要素难以预测,因而项目系统更是一个灰色系统。

5.动态性

项目动态性主要体现为,随着项目进入不同阶段,一方面,影响项目的主要因素会发生种类变化;另一方面,同一种因素对项目的影响程度、方式也会发生变化。项目的动态性决定了一个项目的管理内容、管理方式必然因时而异。

(三)项目的分类

项目既可依据决策或实施主体的不同分类,也依据项目投资主体或经费来源的不同、项目建设性质的不同、项目建成后运行机制的不同分类,更可依据项目建成后资产形式的不同等标准分类。

1.依据项目决策或实施主体的不同分类

依据项目决策或实施主体的不同,项目可分为政府项目、企业项目和社会项目三类。政府项目指由政府决策并组织实施,包括项目做与不做、做到何种规模、如何做、由谁做等事项都由政府决定的项目。企业项目和社会项目分别指项目由企业和社会组织或公民个体决策并组织实施。无论是政府、企业还是社会项目,项目执行层面也就是专业生产技术层面的责任都可能由企业承担,这是项目管理领域的一个发展趋势。

2.依据项目投资主体和经费来源的不同分类

依据项目投资主体和经费来源的不同,项目可分为政府投资项目和非政府投资项目。政府投资项目指由政府投资,经费来源于财政、国债或地方财政债券、行政事业性收入、外国政府赠款,或来源于由国内外金融组织基于政府信誉和财政担保而发放的贷款的项目,这类项目的目的多为推动经济发展并满足国家政治、生态、文化和社会发展需要。非政府投资项目指与国家财政性资金(包括国债在内的所有纳入预算管理的资金)、财政担保的银行贷款、国际援助资金等无直接联系,或经费筹集中既无直接也无间接利用政府信誉的项目。非政府项目的投资主体不一定是私营主体,它可以是国有企业或集体单位等。

3.依据项目建设性质的不同分类

依据项目建设性质的不同,项目可分为新建、扩建、改建、迁建、恢复等项目。新建项目是从无到有新建设的项目,也可以指虽然不是新的,但扩建后新增固定资产 3 倍于原先固定资产的项目。扩建项目是指扩大旧有建设规模的项目,多指扩大厂房、增加设备、增多建筑或构筑物等即增加既有固定资产的项目。改建项目是指改造旧有设施或设备的项目,更多是指将原有设施或设备改作他用的项目。迁建项目是指将已有的工程设施或设备搬迁至别处安置的项目,这类项目往往伴随有新建、扩建、改建等项目。恢复项目是指将原先报废或停止运行的设施、设备重新建设并运行的项目。

4.依据项目建成后运行机制的不同分类

依据项目建成后运行机制的不同,项目可分为市场竞争性经营项目、自然垄断性经营项目和公益性服务项目。市场竞争性经营项目是建成后依赖市场机制提供在消费上具有竞争性、供求和价格由市场自发调节的私人物品的项目,一般由企业或私人决策和组织实施,目的是营利即获取利润。自然垄断性经营项目是建成后依靠自然垄断机制提供基础设施包括交通、通信、电力、供水等设施的项目。这类项目自然垄断性强、投资规模大、建设周期长、社会影响大,需要由政府主导来确保建设并由政府对项目运行实施适当规制,当前正越来越多地由政府授权企业直接建设和经营。公益性服务项目包括科技、教育、文化、卫生、体育、环境保护、国防、行政等公共服务项目,由政府直接投资和经营,是建成后不以营利为目的而低价或免费向社会各方提供服务的项目。

5.依据项目建成后资产形式的不同分类

依据项目建成后资产形式的不同,项目可分为投资项目(工程项目)和非投资项目(非工程项目)。投资项目(工程项目)是建成后有实物资产形成的项目,最基本的形式为工程类项目包括基本建设项目、技术改造项目、生产性项目等。非投资项目(非工程项目)是建成后没有实物资产形成的项目,主要包括评估、软件开发、咨询、审计、科学研究等项目。

二、公共项目

(一)公共项目的含义

虽然公共项目这一术语在国际上被广泛使用,但对公共项目的定义却不尽相同。国外学者一般认为,公共项目是针对市场失灵,政府作为出资主体在基础设施领域和自然垄断行业进行建设的项目,涉及交通、水利等公共工程,也涉及水、电、煤气供应和污水垃圾处理等的设施。虽然公共项目本质上是供给公共物品,因而公共项目的出资主体总体上是政府,但当前,由政府单方面承担公共项目建设责任的做法正朝着政府、市场和社会合作分担责任的方向推进。

进入 21 世纪之后,国内理论界和实务界开始对公共项目进行界定,主要观点从四个方面展开。

1.关于项目不同出资主体及其利益取向方面

公共项目和私人项目的根本区别不在于出资方的不同,而在于前者追求公共利益而后者追求私人利益;公共项目不等于政府项目,即公共项目不排斥私人出资。

2.关于项目向社会提供公共物品方面

公共项目就是向社会提供公共消费品的项目。这是基于公共经济学而界定的,即社会物品可分为公共物品和私人物品,其中公共物品又可分为纯公共物品和准公共物品,纯公共物品是在消费上既具有非竞争性又具有非排他性的物品,而准公共物品是在消费上或者具有非竞争性或者具有非排他性的物品。

3.关于项目经济评价方面

国家发改委和建设部于 2006 年联合发布《建设项目经济评价方法与参数(第三版)》指出,公共项目是指为满足社会公众需要生产或提供公共物品(包括服务)的项目。公共项目不以追求利益为目标,其中包括本身就没有经营活动、没有收益的项目,如城市道路、路灯、公共绿化、航道疏浚、水利灌溉渠道、植树造林等项目,这类项目的投资一般由政府安排,营运资金也由政府支出。

4.关于广义和狭义的界定方面

广义的公共项目是指出资于公共基础设施和公共服务行业,为社会提供基础性和公共性商品或服务的项目,政府是项目的决策者或牵头人;狭义的公共项目是指非经营性的基础设施和自然垄断行业的政府投资项目,政府是出资人。

综上所述,公共项目可定义为项目产成品是向社会提供公共物品,项目决策与组织实施主导方是政府,项目执行方包括市场或社会组织,项目目标是公共利益的项目。公共项目的范围主要包括重大公共工程项目(如大型水库修筑、江河流域治理、防风固沙、水利建设、防护林种植等项目)、公共基础性项目(如公路、铁路、桥梁、机场、码头、电网、输油管道、港口建设等项目)、城市公共基础设施项目(如供水、供应煤气、处理污水和固体废弃物等项目)。

(二)公共项目的特征

相对于私人项目,公共项目具有公共性、外部性、系统性、战略性等特征。

1.公共性

公共项目以公共利益为核心,项目目标、指导思想和原则、实施任务、保障措施、执行结果、结果评价等项目全过程体现公共利益的增进,这种增进集中体现为项目产成品为公共物品。典型的公共物品具有消费上的不可分割性、非竞争性、非排他性或排他性技术不存在,而非典型公共物品在消费上或者只具有非竞争性或者只具有非排他性。公共物品最重要的供给载体是公共项目。

2.外部性

公共项目的产成品是公共物品,这就决定了公共项目具有外部性而且总体上是正外部性,这种正外部性体现为需要较长时间才能体现出来的直接或间接的经济社会收益。公共项目外部性也包括负外部性,这种负外部性在项目全过程中或者要竭力避免,或者要将其带来的损失降到最低。

3.系统性

公共项目为增进公共利益而生,天然地涉及众多利益相关者。项目主体为此必须在项目决策、组织实施、执行等所有环节都精准协调各方利益,其最有效的途径就是以系统观念和方法协调项目内部诸要素间的关系、项目之间的关系、项目与外界环境之间的关系,统一规划和布局项目建设。

4.战略性

某些公共项目规模大且影响公众工作、生活的各个方面,建设完成后对经济社会发展产生深远影响。战略性公共项目除了规模宏大之外,常常还具有结构复杂、涉及管理单位众多、专业化程度高、风险高等特点。

(三)公共项目的分类

公共项目既可依据项目所提供的公共物品种类的不同、项目经营机制的不同分类,还可依据项目执行主体的不同分类,亦可依据项目资金来源的不同等分类。

1.依据项目所提供的公共物品种类的不同分类

依据项目所提供的公共物品种类的不同,公共项目可分为城市基础设施项目、教育项目、文化项目、公共卫生项目、体育项目等。城市基础设施项目主要包括能源项目如电力生产与输送项目,煤气、液化气与天然气生产和供应项目,集中供热项目等;水资源与给排水项目如水资源开发和利用、自来水生产和供应、雨污收集和排放、生产生活污水处理等项目;交通项目如道路修建项目,汽车、电动车、公共客运与货运汽车等交通工具运行项目,货物集散中地建设项目等;邮电通信项目如邮政设施修建项目、电信和信息网络建设项目;环境项目如环境卫生设施修建项目、园林建设项目、污染治理项目等;防灾项目如防洪、防火、防地面沉降、防风、防冰雹、防雪、防地震等灾害设施修筑项目。教育项目主要包括基础、高等、职业等普通教育设施和成人教育设施建设项目,这些项目为培养和提高受教育者认知和劳动技能、文化修养、道德水平等奠定物质基础。文化项目主要包括各类文化场馆如图书馆、文化馆、美术馆、博物馆、展览馆、科技馆、档案馆、广播电视台及其发射中心、电影剧院等建设项目,为培养人们的道德情操、提高社会文明水平提供实物平台。公共卫生项目主要包括医院、卫生所、防疫站、妇幼保健站、疗养院等建设项目,为治病、提高民众健康水平、增强民众体质提供技术条件。体育项目主要包括群众体育设施、专业运动训练场馆、体育竞技设施如体育场馆和运动中心、游泳馆池、射击场、训练房等建设项目,为人们健身、增强体质提供运动场所。

2.依据项目经营机制的不同分类

依据项目经营机制的不同,公共项目可分为经营性公共项目和非经营性公共项目。经营性公共项目是指项目经营主体在经营过程中向消费者收取费用以获取利润的项目,又分为纯经营性公共项目和准经营性公共项目。其中纯经营性公共项目单纯以经济效益为目的,追求利润最大化,经营机制高度商业化;准经营性公共项目既追求经济效益也追求社会效益,经营机制是政府机制和市场机制的综合体。非经营性公共项目通常在运行过程中不向消费者收费或者只收取成本费,经营机制是公共服务。

3.依据项目执行主体的不同分类

依据项目执行主体的不同,公共项目可分为政府采购项目和非政府采购项目。政府采购项目是政府将项目中涉及专业技术活动的任务委托给企业或社会组织,由后者承担生产或执行责任的项目,采购主体是公共部门。非政府采购项目指政府并不将项目中涉及专业技术活动的任务委托给企业或社会组织,而由自身承担项目执行责任;也指虽然是实施了采购,但采购主体不是政府的项目。

4.依据项目资金来源的不同分类

依据项目资金来源不同,公共项目可分为政府出资项目、非政府出资项目和混合出资项目。政府出资公共项目是项目资金源于财政的公共项目,非政府出资公共项目是项目资金源于企业或社会的公共项目,混合出资公共项目是项目资金由政府、企业和社会共同承担的公共项目。随着公共管理理论和实践的发展,在公共项目划分标准中,资金来源不同的标准已逐渐不再占据重要基础位置。

5.依据项目产出物形态的不同分类

依据项目产出物形态的不同,公共项目可分为公共非投资项目(公共非工程项目)和公共投资项目(公共工程项目),前者是没有实物资产形成的公共项目,后者是有实物资产形成的公共项目。公共投资项目(公共工程项目)主要包括基础性公共投资项目和公益性公共投资项目,它们既可以是经营性的,也可以是非经营性的,还可以是虽有利润但却难以收回投资或投资回收期较长的准经营性的。公共投资项目(公共工程项目)中最重要的一类是项目资金来源于预算内和财政预算外基本建设基金,或来源于纳入财政预算管理专项基金的用于基本建设投资的资金(如国债专项投资资金),或来源于财政担保的银行贷款,或来源于国际无偿援助建设资金或低息贷款等的政府投资项目。政府投资项目除了具有多投资于基础性和公益性设施建设这一特点之外,还具有投资项目规模大、影响面大、风险大,项目决策、组织实施和执行须经历严格的程序,项目过程受到广泛舆论关注和社会监督等特点。

三、公共项目管理

(一)项目管理

1.项目管理的含义

美国项目管理协会(Project Management Institution,PMI)在其出版的《项目管理知识体系指南》(Project Management Book of Knowledge,PMBOK)中认为,项目管理是把各种知识、技能、手段和技术应用于项目活动以达到项目要求,通过综合运用与整合包括启动、规划、执行、监控、结束等在内的管理过程来实现管理目的的活动过程。国际项目管理协会(International Project Management Association,IPMA)认为,项目管理是把方法、工具、技术和胜任能力应用在项目上以实现项目目标的管理活动。国际标准化组织 ISO21500 认为,项目管理是方法、工具、技术和胜任能力在项目上的应用。国内学者普遍认为,项目管理是运用系统理论和方法对项目及其资源进行计划、组织、协调和控制以实现项目目标的管理活动。上述观点包含着至少以下三个含义:第一,项目管理的对象是一个任务或活动;第二,项目管理属于管理范畴,需要发挥计划、组织、监督等职能;第三,项目管理是一个过程且有始有终,不会一直持续。

基于管理学和项目融合的视角,项目管理是为完成临时性任务或活动,特定组织在规定周期内以一定程序历经一个发挥计划、组织、监督等管理职能的过程,最终达到目标要求。

由于历史的原因,人们对项目管理的研究主要是从确保项目尤其是工程具有技术执行效率开始,逐步形成了关于项目生产系统的知识体系,所以当前项目管理更多地被理解为:第一,它是具有专业主要是工程专业技术和知识背景的管理;第二,它是一种虽然不强求,但被公认为具有优良实战效果的关于项目的管理方法体系;第三,它对一项或一系列任务、活动实施管理,具有明确预定的目标;第四,它以完成管理任务即发挥计划、组织、协调、监督等管理职能为使命;第五,它由项目经理来实施,这决定了项目管理的一般意义更多体现在具体任务和活动的执行层面。

2.项目管理的特征

相对于传统的重复性任务和活动管理,项目管理更加注重系统性,更具创新性,更强调个人负责。

(1)系统性。项目的临时性决定了特定任务的完成过程会出现许多未知的人、事、物等问题,这些问题既存在于项目内部也可能存在于环境中,更为重要的是解决这些问题往往没有更多的现成经验可以借鉴。为此,必须系统地制定、组织实施和执行任务,并系统防范风险。具体而言,项目管理既重视任务分解也重视任务整合,既重视上游也重视下游,既重视纵向任务管理也重视横向任务管理,既重视各领域任务管理也重视整体任务管理;项目管理既不是整体论也不是还原论,而是整体论与还原论的统一,是对整体论与还原论的超越即系统论,遵循"整体论—简化论—整体论"的循环。

(2)创新性。项目的临时性决定了项目中存在许多先前未曾遭遇的人、事、物的问题,为管理者创新性地解决问题提供了理由。项目管理创新是有条件的:其一,创新管理是在继承前人管理经验、知识和成果上的管理,不存在没有继承的创新管理;其二,创新管理是对最新科学技术综合应用的结果,不存在没有科技发展支撑的管理创新。项目管理创新是有较高失败风险的,为了避免失败,管理者通常会预设管理方案并对方案进行筛选,淘汰的方案一般会成为管理技能储备。

(3)个人负责。项目管理职能主要由项目经理承担,项目责任主要由基于团队管理的个人负责。在较小规模的项目中,项目经理可以是唯一的项目管理人员。在较大规模的项目中,项目经理领导少量专职项目管理人员从事管理工作。在超大规模的项目中,项目经理掌控项目管理的基本权力并承担管理责任,同时将具体管理任务分派给其他管理人员,构成一个专职的项目管理队伍。

3.项目管理的内容

项目管理内容非常广泛,就管理过程而言包括以下五方面内容。

(1)项目定义。项目定义是指在管理职责范围内对要完成的任务进行界定,主要包括任务范围、任务目的、任务目标、任务结束确认方式以及任务完成的条件、风险和障碍等。

（2）项目计划。项目计划是指对做什么、如何做、谁来做、何时做、何处做以及需要什么资源制订计划，其中最重要的是制定标准。

（3）项目执行。项目执行是指管理人员组织人力、物力和财力，依据项目计划，安排人员在特定开始与结束时间内完成各自任务，主要是一个技术活动过程。

（4）项目控制。项目执行并不能确保项目计划落实到位，为此需要对项目执行的方式方法以及结果对照计划进行纠偏；同时，也还需要根据项目执行的实际情况，对项目计划作出调整。项目控制就是对任务执行过程进行纠偏，或者依据现实需要重新调整项目计划。

（5）项目结束。项目结束又被称作项目收尾，指对项目最终产品、服务等成果进行验收。项目收尾分为合同收尾和行政收尾两部分。合同收尾是对外的，指完成合同规定的责任与义务；行政收尾是对内的，指在通过项目验收后，对任务完成全过程进行评价，安置和处置有关设施和设备，总结项目成功经验与教训等。

就管理职能的发挥领域而言，依照 PMI 的 PMBOK，项目管理内容包括以下九方面内容。

（1）范围管理。定义和控制列入与不列入责任范围的事项。

（2）时间管理。又被称作进度管理，对完成各项任务所需要的时间进行估算，在此基础上制定项目进度，实施进度控制。

（3）成本管理。对完成各项任务所需要的成本进行估算，在此基础上制定总成本计划，包括将成本分摊到各项任务细目并实施控制。

（4）质量管理。制定、选择和规划质量标准、控制质量，确保质量符合要求。

（5）人力资源管理。制定项目组织规划，发挥管理职能，招募项目人员，分派人员角色并确定人员间关系，培训人员，考核人员，提高项目人员个体和集体工作能力。

（6）沟通管理。制定沟通规划，发挥管理职能，将项目信息及时传递给项目所有利益相关者，收集和分发项目进度状况。

（7）风险管理。进行项目风险识别，对风险进行量化，提出应对风险的措施，控制风险或利用风险。

（8）采购管理。制定采购规划，发挥管理职能，通过购买方式从组织外获取完成任务所需的产品、服务或货物。

（9）整体管理。协调项目所有组成部分，使各个单一过程成为一个综合性过程。

进度、成本和质量构成项目目标的三要素，它们之间相互制约（如图 1-1 所示）：项目进度要求不变时，项目成本与项目质量通常成正比关系；项目成本要求不变时，项目进度与项目质量通常成反比关系；项目质量要求不变时，项目进度与项目成本既可能成正比关系也可能成反比关系，进度过快或过慢都会导致成本上升。进度管理、成本管理和质量管理是项目管理中三大核心内容。

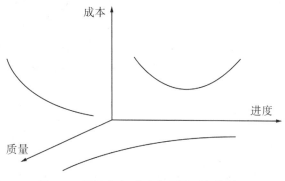

图 1-1　项目进度、成本与质量之间的关系

(二)公共项目管理

1.公共项目管理的概念与特征

公共项目管理是以政府为核心的公共组织对公共项目的决策、组织实施和执行实施管理,实现公共项目的建设、维护、运营等目标的管理活动过程。

相对于项目管理,公共项目管理具有管理目标多重、政府为管理核心、管理复杂程度高等特征。

(1)管理目标多重。首先,提供公共物品只是政府职能的一部分,公共项目建设必须有利于政府整体职能的发挥,有利于经济、政治、文化、社会和生态目标的实现。其次,建设一项公共项目只是需要建设的众多公共项目的一部分,这项公共项目建设必须有利于政府公共服务职能的整体发挥,有利于其他公共项目目标的实现。再次,特定公共项目建设目标不仅是具体任务目标与公共服务外溢性目标的统一体,而且在很大程度上公共服务外溢性目标是主目标,而公共服务外溢性目标本身非常多元。

(2)政府为管理核心。一般认为,市场失灵为政府供给公共物品提供了理由,但这一理由并不充分,因为政府也存在失灵。解决这种市场与政府失灵这一双重叠加性失灵的办法,主要依据公共经济学理论,是政府与市场合作,政府承担公共物品的提供责任,而市场承担公共物品的具体生产责任。显然,无论是政府单独承担责任模式,还是政府与市场分担责任模式,政府都是供给公共物品的核心,只不过在第一种模式中政府没有合作者。政府在公共项目管理中发挥核心作用的主要方式是决策公共项目,组织和实施公共项目,对公共项目执行过程进行监督。公共项目执行者即接受委托、依照项目合同完成具体任务的市场主体,尽管其与政府经济地位平等,但它不是公共项目管理的核心管理者,而只是任务执行过程的核心管理者。

(3)管理复杂程度高。其原因:首先,公共项目管理涉及的政府管理部门多,如涉及项目业主部门、财政部门、预算机构等;其次,公共项目管理涉及的市场主体多,如涉及设计公司、施工单位、项目招投标公司、项目投资公司等;再次,项目涉及的任务艰巨,如项目往往规模大、周期长、技术复杂、施工难度和风险高。以上原因造成公共项目管理者必须对项目进行统一规划和布局,按照规定程序报批项目,从时间、区域、政策、国家等维度统筹协调影响项目决策、组织实施与执行的因素。

2.公共项目管理的内容

公共项目管理包括公共项目决策的管理、公共项目组织实施的管理和公共项目执行的管理,这三部分内容是前后承接关系。

(1)公共项目决策的管理。公共项目决策的管理主要围绕公共项目可行性评价展开,管理内容主要包括建设单位项目提出、项目可行性评价与专家论证、可行性研究报告上报、项目建设主管机构审批等。公共项目主要依据可行性研究结论而决策,而可行性研究涉及的范围广、内容复杂,且不同行业不同类型项目对可行性研究的要求差别很大,因此可行性论证既要规范、统一,又不能失去灵活性,应使公共项目决策效率达到最优。公共项目可行性研究一般包括需求预测、建设条件与技术方案分析、投资估算与筹资方案分析、经济与社会影响分析、风险分析等。

(2)公共项目组织实施的管理。公共项目组织实施的管理主要内容是项目范围的确定,项目进度、成本、质量等标准的制定,具体任务施工者的确定与合同签订,以及相关法规的完善。由于政府职能的优势并不在于微观生产性领域,所以公共项目组织实施的管理核心是,将项目中的生产性任务委托给最适合接受并完成任务的市场主体。通行的做法是政府的项目建设单位采用招投标方式,利用市场机制从市场中优选出项目施工企业,与企业以商谈签约方式确定项目的范围、进度、成本、质量等要素。

(3)公共项目执行的管理。公共项目执行的管理实质是政府对项目施工企业进行监管,确保施工企业按照约定完成任务。一方面政府在利用市场机制优选出项目施工企业后,施工企业并不天然地会以项目的公共性为重进行生产、开展各项活动,而是存在违约的可能性;另一方面,政府的项目建设单位人员又不能满足即时性现场监督的条件,包括在时间上不允许高频率奔赴施工现场、在生产监督技能上通常不具备资质等。这两方面原因促使政府采用监理机制来对项目生产过程进行控制,即通过招投标方式优选出监理单位,并与其签约,委托其对项目施工企业的生产行为和过程进行监督管理。

第二节　公共项目管理的发展

一、公共项目管理发展历程

（一）国外方面

有集体、有公共组织就有公共项目，有公共项目就有公共项目管理。古今中外较为著名的公共项目如中国的都江堰、长城、京杭大运河、港珠澳大桥、空间站，埃及的苏伊士运河，欧美国家的古教堂、城堡、罗马供水渠、宇宙探测等，都离不开公共项目管理。早期的公共项目管理更多强调生产技术的合理使用，并没有对生产技术与管理作明确细致的分工，还谈不上发挥管理职能对工程施工进行科学规划，更谈不上以公共性为核心对公共项目进行论证和组织实施。

现代公共项目管理实践发轫于 20 世纪 40 年代的第二次世界大战期间，由美国国防和军工项目曼哈顿项目（Manhattan project）创立和推动。由于在这之前的实务界并没有项目管理一说，所以曼哈顿项目事实上也开创了现代项目管理实践。20 世纪 50 年代，美国海军在导弹核潜艇公共项目北极星导弹项目（polaris missile project）中开发出一种管理复杂任务进度的新方法——计划评审技术（program evaluation and review technique，PERT），该技术利用网络分析来制订项目计划以及对计划予以评价，协调计划的各道工序，优化人力、物力、时间、资金等要素安排，使原先制定的设计工期缩减了两年。这一时期还出现了专门应用于评价公共项目的社会费用-效益分析法。计划评审技术（PERT）等的出现被公认为是公共项目管理也即项目管理的起点。

20 世纪 60 年代，美国国家航空航天局在实施阿波罗项目（Apollo program）中开发出了矩阵管理技术，该技术开创了项目组织结构的基本模式，使项目组中的人员能够来自不同部门，为着一个临时性任务而共同工作、协同工作。也在这一时期，1965年国际项目管理协会（IPMA）成立，1969 年美国的项目管理协会（PMI）成立，这两大协会成为公共项目管理与项目管理理论研究的中坚力量。

20 世纪 70 年代，美国陆军开发出风险系统费用分析技术，在其基础上 Gerald L. Moeller 研制出风险网络仿真技术，该技术大大促进了公共项目管理的发展。这一时期，公共项目管理研究成果的应用大大突破了传统的公共建筑、军事等领域，而被广泛应用于制造业、商业、金融保险等私人项目领域。实际上，在公共项目管理实践引领下,项目管理实践和理论迅猛发展。

1987 年,PMI 编制项目管理知识体系,建立项目管理专业认证(project management professional,PMP)制度。1996 年,PMI 编制《项目管理知识体系指南》(*The Guide to the Project Management Body of Knowledge*,PMBOK Guide)以取代先前的项目管理知识体系;同年,IPMA 推出国际项目经理资质认证(international project manager professional,IPMP)。自 1996 年开始,每隔 4 年,PMI 编制推出新版本的 PMBOK Guide。项目管理知识体系的形成与更新、项目管理专业和项目经理人员资格认证制度的建立与普及,代表着项目管理理论成熟、不断完善和项目管理实践的进步。

(二)国内方面

中国公共项目管理实践开展和理论研究始于 20 世纪 60 年代。1964 年,华罗庚教授提出对项目进行管理时应采用"统筹法"与"优选法",这些方法包括调查分析、绘制箭线图、找出关键路线以及在既定条件下优化资源配置等。"统筹法"与"优选法"在修筑铁路、架设桥梁、挖掘隧道等当时三线建设的公共工程项目管理中取得了成功。20 世纪 70 年代至 80 年代,"统筹法"与"优选法"在全国 23 个省份的工程建设、生产组织、设备维修等项目尤其是"两淮煤矿开发项目"和"准噶尔露天煤矿煤、电、运同步建设项目"中取得了巨大的经济和社会效益,其确立的众多作业流程事实上成为当时中国项目管理的规范和标准。

中国公共项目管理实践和理论的升华是从 20 世纪 80 年代云南—贵州鲁布革水电站项目开始的。1982 年至 1986 年,在建设鲁布革水电站项目时,中国第一次利用世界银行贷款并按世界银行贷款规定实施国际公开竞争性招投标。中标的日本企业在施工管理中运用项目管理方法,显著降低了成本,缩短了工期,水电工程质量优良,经济效益明显。鲁布革水电站项目建设的成功震撼了当时中国公共项目管理领域,也引起了国务院的高度重视:国务院指示,要借鉴国外先进经验对中国的施工管理体制进行改革。1987 年,基于鲁布革水电站项目建设经验,国家计划委员会、建设部等部门提出在全国试点和推广项目法施工,加快建筑企业经营机制转换,加快工程项目管理。1988 年,建设部开始推行工程监理制度。

20 世纪 90 年代,建设部总结推广项目管理方法,全面推行项目经理持证上岗制度,实行项目经理负责制,深入研究项目经理部的建立及其与企业的关系、项目经理与施工企业法人的关系、项目经理地位及责权利一体化等问题。

进入 21 世纪,建设部于 2002 年颁发《建设工程项目管理规范》,这标志着中国公共项目管理实践的基本完善。其后,随着加入世界贸易组织,中国公共项目管理和项目管理开始国际化,直至当前居于世界领先地位。

公共项目管理理论研究和知识普及方面,在西北工业大学等单位的倡导下,中国于 1991 年成立了第一个跨学科项目管理专业学术组织即中国优选法统筹法与经济数学研究会项目管理研究委员会(Project Management Research Committee,China,简称 PMRC),1986 年原国家经济贸易委员会在全国推广统筹法(网络技术)等 18 种现代化管理方法,1992 年原国家技术监督局正式发布中国第一个项目管理国家标准即网络计划技术标准 GB13400,1993 年原国家计划委员会和建设部联合发布《建设项目经济评价方法和参数(第二版)》,2001 年中国开始建立项目管理知识体系和资格认证标准,2002 年国家经济贸易委员会、中科院、国家外国专家局培训中心等发布《中国项目管理知识体系纲要》,启动了中国项目管理知识体系编写工作,至 2006 年PMRC 出版了《中国项目管理知识体系(C-PMBOK)》,C-PMBOK 的出版标志着中国公共项目管理与项目管理学科体系的成熟。时至今日,中国许多行业已经成立了相应的项目管理组织,如中国建筑业协会工程项目管理委员会、中国国际工程咨询协会项目管理工作委员会、中国工程咨询协会项目管理指导工作委员会等,它们是中国公共项目管理与项目管理学科得到发展与日益应用的体现。

二、公共项目管理发展模式

(一)宏观决策层面

在国外,现代公共项目管理宏观决策层面发展模式以美国和英国较为典型。美国模式以管理主体相对集中、普遍实施政府采购为特征,即设置相对较为集中的少数行政部门、政府独立机构,对公共项目主要是政府投资项目进行管理。依照政府采购法规,在国家层面,美国交通部、垦务局、工兵部队、总务管理局分别对交通设施项目、重大水利设施项目、国防设施项目、政府办公设施项目进行管理,而田纳西河流域管理局对田纳西河流域的保护、开发和利用项目进行管理;在州层面,各州政府投资项目的管理部门在具体设置上虽然与国家层面的、其他州的会有所不同,但各州对政府投资项目管理都遵循相对集中管理原则。英国模式采用政府掌控公共项目预算额度、各部门自行决定最符合合同价值的公共项目运营方式,该方式以工程招投标为基础并与自由竞争、补贴、购买服务等运营方式结合,也就是说英国对公共项目的管理既强调项目建成也同时强调确保公共项目建成后运营的经济效益和社会效益,因而与美国项目管理部门集中模式强调专业集中管理出效益相比,英国的部门分散管理模式强调政府各部门尽可能依据各自实际情况使项目实现物有所值。

在中国,政府部门和事业单位制订公共项目建设计划也就是进行公共项目决策一般经过两上两下、自下而上的公共预算程序。在收到财政部门的编制年度预算通知后,财政支出部门测算下一年度包括公共项目支出在内的本部门支出额度并上报财政部门;财政部门审核各支出部门的预算报告并将修改意见反馈给支出部门,同时给各支出部门分别下达一个不能突破的预算控制数；各支出部门在控制数内修改预算并将其再次报送财政部门，财政部门审核后汇总成政府预算并报政府常务会议讨论，后者提出修改意见。财政部门依据常务会议的意见修改政府预算并报同级党委审查。财政部门将党委审查通过的政府预算以草案形式报人大常委会初审。人大会议终审人大常委会初审通过的政府预算。

中国公共支出部门的基层预算单位根据任务需要确定公共项目，编制公共项目支出，并对项目进行排序，上报上级单位或部门。支出部门本身也编制自己本级项目预算，并将其与各下属单位项目预算进行整合、排序，之后上报财政部门。上报的公共项目预算要有详细的可行性分析、筹资计划等。各部门确定公共项目的主要依据是政府工作计划和政策规划、部门制订的工作计划、计划部门确定的项目、法定支出项目。

中国有些公共项目决策自上而下进行，原因一是部门的部分支出法定地由教育部门、科技部门等分配，部门只能考虑如何立项；原因二是涉及基本建设的项目基本由计划部门确定。

中国公共项目管理宏观决策和组织实施层面发展模式更接近英国模式。各级人民代表大会以预算制度将所有公共项目及其额度纳入财政预算，各部门依法以项目业主身份对部门内预算项目进行建设。与英国模式不同的是，中国各政府部门或事业部门或成立工程机构，或成立不同级别的国有资产管理机构，或成立国企性质的投资公司等对非营利性或营利性公共项目予以组织实施、运营。

(二)项目组织实施和执行层面

无论是国外还是国内，对公共项目的组织实施和执行进行的管理模式趋于一致，即除非迫不得已政府才完全利用自身资源对公共项目进行组织实施和执行，通常情况下政府都同市场主体合作完成项目的生产性任务。具体而言，公共项目组织实施和执行模式有以下六种模式。

1.委托咨询公司模式

政府委托咨询公司进行项目机会与可行性研究、工程监理等，依托咨询工程师、监理工程师等生产性人员的专业知识和丰富经验来确保进度、成本和质量等项目要素符合任务目标要求。

2.建设管理模式

建设管理(construction management,CM)模式的着眼点是加快设计与施工速度，其特点是将设计工作分成若干阶段，在一个阶段设计工作完成后就立刻进行与该设计工作相对应的招标、施工，而不必在项目整体设计工作完成后再进行招标、施工。建设管理模式分成代理型(agency CM)和风险型(at-risk-CM)。在代理型中，建设管理单位即CM单位仅仅是政府发包人的咨询单位；而在风险型中，建设管理单位不仅是政府发包人的咨询单位,而且还是施工任务承包单位,要向政府发包人提出"保证最大施工费用"(guaranteed maximum price)以确保政府能控制项目经费。

3.设计管理模式

设计管理模式(design management,DM)指设计公司向政府发包人提供设计服务和施工管理服务。具体实施时,一方面政府发包人可以同设计公司签订合同以委托后者提供设计服务和施工管理服务,同时与施工企业签订合同以委托后者完成施工,这被称为DM1;另一方面政府发包人可以只同设计公司签订合同以委托后者提供设计服务和施工管理服务,然后由设计公司再去同施工企业签订合同以委托后者完成施工,这被称为DM2。

4.委托项目管理模式

委托项目管理模式指政府发包人委托专业机构如咨询公司或项目管理公司代表政府进行管理,分为项目管理服务和项目管理承包两种方式。项目管理服务方式是指咨询公司或项目管理公司在决策阶段编制可行性研究报告,在组织实施阶段为政府提供招标代理、设计管理、采购管理、施工管理、竣工验收和试运行等服务。项目管理承包方式是指除了完成项目管理服务的全部任务之外,咨询公司或项目管理公司的承包内容还包括设计工作。

5.代建制模式

代建制模式专指在政府投资公共项目中,政府以招投标方式委托专业化项目管理公司负责项目决策、组织实施和执行的管理,并确保项目建成后交付使用单位,做到项目投资、管理、施工、运营分开。代建制模式的目的在于规范政府投资项目建设程序,确保政府投资项目质量和资金使用效率。

6.公私伙伴关系模式

公私伙伴关系(public private partnership,PPP)模式是指,政府采取让企业承担公共项目融资责任并对担责企业利用建成项目进行经营的行为予以政策支持,以实现资源在项目全生命周期内优化配置的公共项目管理方式。20 世纪 90 年代初英国在公共项目管理中提出私人主导融资(private finance initiative,PFI)方式,而后 PFI方式应用领域逐步扩大而于 90 年代末成为 PPP 模式,该模式强调对于公共项目建设,政府通常更多是提供政策支持而不直接或少量参与公共项目管理工作。具体而言,在 PPP 项目中政府授权或特许企业在合同期内集项目建设、经营和产权于一体,利用企业资金、人员、设备、技术和管理等优势从事公共项目开发、建设和经营。PPP模式当前在全球被广泛应用,正日益成为各国政府实现其公共项目目标、提升公共管理水平的核心理念和措施。

PPP 模式中最为典型的是建造—运营—移交 BOT(build-operate-transfer,BOT)模式。在 BOT 项目中,政府通过招投标特别授予企业以一定期限的基础设施专营权,许可企业融资建设和经营特定基础设施,并准许企业向用户收取费用、出售产品以偿还贷款、回收投资和获取利润。特许经营期满后,BOT 项目企业无偿或以极低的名义价格将项目移交给政府。

当前,从 BOT 模式已经演化出 BTO(build-transfer-operate,建造—转让—经营)、BOOT(build-own-operate-transfer,建造—拥有—经营—转让)、BOO(build-own-operate,建造—拥有—经营)等形式,这些形式本质上都属于为激励市场主体承担公共责任,政府所采用的公共管理新方法。

第三节 公共项目管理研究途径与方法

一、公共项目管理的研究途径

在不同的发展阶段,公共管理学的研究途径有所不同。在早期,公共项目管理研究人员主要采用要素研究法。传统的公共项目约束性目标为进度及时、成本符合预算和范围合规,它们在很长一段时间内成为判断公共项目是否成功的标准。如果公共项目没有在时间、进度和范围限制之内实施,则公共项目失败;只有当公共项目最终结果与初期的时间估计、内容估计、成本估计一致而没有差距时,公共项目才成功。美国 PMI 将公共项目没有在成本预算和规格范围内建设归因于三方面:一是项目管理人员缺少经验,二是公共项目计划不切实际,三是出现不可预知的风险。总体而言,要素途径属于公共管理学研究途径中的商业研究途径,基于该途径的研究结果可以用来指导管理中的计划、组织、沟通、控制等问题的解决。至今,无论是在理论界还是在实务界,通过要素途径来解释公共项目成功与失败的原因依然流行。

但要素途径的研究不能充分解释公共项目有时为什么会失败。进入 21 世纪后,随着公共管理理念的普及和实践的深入发展,学界开始大量出现关于公共项目成功与失败判定标准的讨论,逐渐形成公共项目管理的绩效研究途径。相对于要素研究途径,绩效途径总体上属于公共管理学研究途径中的政策研究途径。在绩效路径下,比较一致的观点是,要使公共项目成功,竭力避免其失败,最根本的是要实施基于满意度的绩效管理,确保公共项目尽可能符合政府、企业和公众等所有利益相关者的需求,重点关注项目决策透明度、项目结果问责制度、项目效益外溢程度、项目外部监督体制、项目公正性与回应性、公众参与度和项目契约治理方式等有关公共价值要素。

要素途径与绩效途径既存在某些共同点,如坚持外部取向即关注政府机构以外的因素,强调技术在管理中的作用,主张从经验中学习,偏向案例分析方法;又各有所长,如要素途径更强调公共项目生产环节管理分析,更多应用和融合生产理论、方法和技术,而绩效途径更强调公共政策对于公共项目管理的重要性,认为公共政策是公共项目的实质,公共项目是公共政策的载体。

要素途径与绩效途径融合发展的意义在于:第一,使得公共项目管理的研究途径具有鲜明的具体问题具体分析的特征,在战略管理、项目执行、绩效评估、公共问责、公共管理伦理等主题越来越系统化且成为公共项目管理研究核心问题的同时,公共物品、委托代理、交易成本、制度安排与创新、市场与政府双重失灵、准市场、学习型组织、矩阵组织、管理网络、政策工具、成本估算与核算、信息管理及其系统等主题不断被完善和加强;第二,使得公共项目管理既是实证的又是规范的,既重视经验研究、执行研究,又提倡规范研究、决策研究和组织实施研究;第三,使得公共项目管理建立在现实公共部门管理实践尤其是当代政府改革实践上,是从这种实践中来又反过来指导这种实践,因而使得公共项目管理更具现实性。

二、公共项目管理的研究方法

公共项目管理具有实践性、应用性,是公共管理的重要一环。因此,公共项目管理的研究方法与公共管理学的研究方法有高度相似性。

(一)实体分析法

公共项目管理的实体研究法是指将以政府部门为主的公共组织作为一个实体来看待,重点分析这一实体建设公共项目的前提条件及其与环境的关系,从而获得这一实体从事公共项目管理活动规律的认识。采用这一研究方法的前提条件是熟悉、掌握政府部门等公共组织结构及其行为过程,了解法律、法规和政策。

(二)系统分析法

公共项目管理的系统研究法是指根据公共项目管理具有系统性的特征,从项目管理的整体出发,着眼于项目管理整体与部分、整体与结构、结构与功能、整体与层次、整体与环境等的相互联系与作用,寻求不断优化公共项目整体目标的方法。公共项目管理的系统研究法包括公共项目管理整体、环境、结构、层次、相关因素等分析。在公共项目管理研究中使用系统分析法的目的是探求公共项目管理系统与环境的关系,推进研究在公共项目管理系统的各组成部分、公共项目管理过程的各环节展开,深挖公共项目管理系统中的结构、层次与功能,不断丰富和完善公共项目管理知识领域。

(三)多学科交叉研究法

公共项目管理的系统研究法是指综合运用公共管理学、工程经济学、工程管理学、法学、金融学、会计学、环境管理学以及政府经济学、公共政策学等学科理论及其研究方法,来解释和解决公共项目管理理论、实践发展中存在的问题。

(四)案例分析法

公共项目管理的案例分析法是指研究人员对已经发生的公共项目管理活动,尽可能客观、公正地观察并给予描写叙述,以脚本、逐字稿等形式再现与管理活动相关的当事人的观点或行为、管理活动所处环境,供理论和实务界人士评判的同时也阐述自己的观点。这一方法重点强调实然公共项目管理活动,用事实佐证或质疑应然公共项目管理理论与实践,是公共项目管理研究中使用最广泛的研究方法之一。

(五)实践抽象法

公共项目管理的实践抽象法是指通过观察、体验公共项目管理人员如何进行管理操作,包括管理人员如何决策、如何组织实施和如何执行项目,来凝练出公共项目管理全过程或某一环节中带有规律性的认识,进而抽象出公共项目管理理论、原则、方法以指导未来的公共项目管理实践。

(六)比较分析法

公共项目管理的比较分析法是指把所要研究的公共项目管理活动与不同的或者相似的其他管理活动相对比,或者将所要研究的统一公共项目管理活动放在不同阶段、不同地域、不同国家等不同环境相对比,鉴别公共项目管理活动之间的异同与制约因素,把握公共项目管理及不同公共项目管理的特征,挖掘公共项目管理本质和规律。依照比较的内外取向不同,比较分析法可分为纵向比较法和横向比较法。

◆ 本章小结

项目是由专门组织在一定时间、一定预算范围内达到约定质量水平的一次性任务、临时性活动。相对于重复性日常事务,项目的特征是目的更为明确,具有一次性,具有生命周期性,具有系统性和动态性。项目既可依据项目决策或实施主体的不同、项目投资主体或经费来源的不同、项目建设性质的不同来分类,还可依据项目建成后运行机制的不同分类,亦可依据项目建成后资产形式的不同等标准分类。

公共项目可定义为项目产成品是向社会提供公共物品,项目决策与组织实施主导方是政府,项目执行方包括市场或社会组织,项目目标是公共利益的项目。相对于私人项目而言,公共项目既具有公共性、外部性,更具有系统性、战略性等特征。公共项目既可依据项目资金来源的不同分类,也可依据项目所提供的公共物品种类的不同、项目经营机制的不同、项目执行主体的不同分类。

项目管理是为完成临时性任务或活动,特定组织在规定周期内,以一定程序,历经一个发挥计划、组织、监督等管理职能的过程,最终达到目标要求。相对于传统的重复性任务和活动管理,项目管理更加注重系统性,更具创造性,更强调个人负责。

公共项目管理是以政府为核心的公共组织对公共项目的决策、组织实施和执行实施管理,实现公共项目的建设、维护、运营等目标的一系列活动过程。相对于项目管理,公共项目管理具有管理目标多重、政府为管理核心、管理复杂程度高等特征。

无论是国外还是国内,对公共项目组织实施和执行进行的管理模式趋于一致,即除非迫不得已政府才完全利用自身资源对公共项目进行组织实施和执行,通常情况下政府都同市场主体合作完成项目的生产性任务。

公共项目管理的研究途径包括要素途径与绩效途径,研究方法包括实体分析法、系统分析法、多学科交叉研究法、案例分析法、实践抽象法、比较分析法等。

关键术语

项目　市场竞争性经营项目　自然垄断性经营项目　公益性服务项目　投资项目公共项目　项目管理　公共项目管理　委托咨询公司模式　建设管理模式　设计管理模式　委托项目管理模式　代建制模式　公私伙伴关系模式

复习思考题

1.分析项目的特征。

2.项目管理三要素之间有何关系?

3.联系实际分析公共项目管理的特征。

4.项目管理与公共项目管理有什么联系?

5.分析宏观的公共项目管理模式。

6.公共项目管理的研究途径有哪些?

7.案例分析题:认真阅读案例材料,按照要求回答问题。

浏阳市中医院住院大楼工程建设项目位于浏阳市北正中路,是浏阳市标志性高层建筑,工程总建筑面积16 367平方米,层数为19层,总高度68米。项目投产后缓解了浏阳人民住院难问题,改善了住院环境。已经竣工交付使用的大楼工程取得了如下成绩:全过程施工扰民零投诉,全过程安全事故为零,2002年度浏阳市安全文明示范工地,长沙市安全文明示范工地,湖南省施工现场综合考评样板工地,湖南省2002年度优质工程。浏阳市建委曾组织全市100多名项目经理到现场参观学习,项目为浏阳市文明施工安全生产工作树立了全新的榜样。

事实上,该工程地处繁华闹市,人流车流量大,四周环境复杂,施工条件差;同时该工程地质条件复杂,结构复杂,工期紧,质量等级高。能取得上述成绩,实属不易。

调查组调查了施工单位负责人、建设单位浏阳中医院院长、基建科负责人、监理单位驻现场代表,以及参加项目管理的管理人员及施工班组,了解到有关方主要在如下几个方面采取了措施。

第一,组织强有力的项目管理班子(即有一个高效合作的项目管理团队)。工程进场开工前就成立了以项目经理为组长、专职质量安全员为副组长、10名兼职质量安全员为组员的质量安全检查组。并将责任落实到人,做到哪里在施工哪里就有质量安全检查组的监督。在工程施工过程中质量安全检查员佩戴红袖章、手提电喇叭,随时随地提醒和纠正施工人员的违章行为,做到防微杜渐,将质量安全事故消除在萌芽状态。

第二,建立健全各项规章制度和防护措施。在安全文明施工方面,根据"安全第一,质量第一""安全第一,预防为主"的生产方针,结合本工程的实际条件,制定了《文明施工安全生产违章处罚条例》《班组安全责任制度》《工地安全教育制度》等规章制度。同时制定了系列的质量安全防范措施,加大违章作业的打击力度。比如:职工违反规定在上班的时候未正确戴好安全帽,安全员就用随身携带的照相机给他照相,并责令其改正,曝光的违章者将根据情节轻重处以20元左右的罚款,同时交纳5元相片工本费。这样一来,既掌握了违章者的违章情况,又避免了乱罚款的现象,确保执法公平公正公开。在质量方面:针对本项目特点,依据各项施工规范和设计文件制定本项目质量强制性条文,并由项目技术负责人对班组进行交底;分项施工员负责检查落实,质量检查员进行验收。建立质量责任制:建立以项目经理、技术负责人、总施工、质安检监员、工程技术人员、现场施工人员等有关人员组成的质量创优小组;将ISO9002质量体系要素分配到各职能部门,具体落实到每一个部门、每一个岗位,然后根据工程的特点与难度,组成相应的质量攻关活动小组;从工程质量的事前、事中、事后三个阶段,针对工程施工中可能产生的隐患和通病采取预控措施,使工程质量事事有人管、人人有职责、措施有落实、质检有标准的质量保证体系有效运行。为达到部署目标,总的工作方法是:每个工序开工前要交底,施工时要监督,施工完要检查;达不到要求的要追究施工人员责任,并按工地质量违章条例罚款;对于技术水平低劣、工作责任心不强的技术人员,无条件更换。

第三,精心编制关键工序、特殊工序的施工作业设计。根据工序的性质、规模、特点、结构形式,事前由项目总工程师编制好作业指导书,由总施工进行技术交底,由质检人员跟踪检查和监督。施工过程中做好质量要求、规程操作、质量巡视检查与隐蔽工程检查等工作。对保证混凝土质量提出对策,要求混凝土质量处于受控和稳定状态,制定监控措施;在混凝土浇筑前由专人检查;对前段工序进行质量检验评定,派专职施工员、质检员在施工现场监督。严格把关混凝土坍落度的检测和混凝土的质量,不允许不合格混凝土及超过初凝时间的混凝土浇筑构件;坚持浇筑时按每60 cm厚度振动一次,并保证振动密实均匀;混凝土终凝后,应及时做好养护工作。

第四，严格把好材质关。工程上使用原材料、半成品和各种加工预制品坚持检验制度。一要有建筑产品认可证，二要有质量证明书和试验报告，三是成品或产品要进行标识，从而杜绝不合格材料产品用在工程上。必要时对已有合格材质证明的材料进行复检，根据使用部位及时转抄材质证明资料，便于追查。这是一项重要工作，必须常抓不懈，贯穿工程施工的全过程。

第五，坚持自检、互检和预检制度的落实。各工种操作者自觉进行自检，班组内部成员之间进行互检；上道工序转下道工序之前各工种班长进行交接检查。这样能及时发现问题，及时纠正，将分项工程施工中产生的不合格品清除在萌芽状态，保证分项工程质量达到优良，从而以分项工程优良来保证总体工程质量优良。

第六，设立专项资金用于文明施工安全生产工作。许多工程存在着资金短缺的现象，甚至于连保证生产的资金都不够。部分施工单位不得不将资金全部用于生产而在安全生产方面投入的资金极少，或者采购一些价格便宜质量低劣的安全防护用品，使工程施工存在安全隐患。住院大楼工程项目同样也是资金短缺的工程项目。但施工单位为了贯彻"安全第一，预防为主"的方针，设立专用账户、调剂专用资金用于安全生产，专款专用。根据预算该项目用于安全文明施工的经费约为140万元，项目启动后按工程形象进度把资金按时按量拨付到指定账户上，在基础阶段投入10万元作为桩基础施工的安全资金，在主体施工阶段投入80万元作为安全资金，在装饰阶段投入50万元作为安全资金。保证工程进度需要的安全设施能及时采购进场，比如每一层所需要的外防护脚手架、安全网等，既保证了施工进度，又消除了安全隐患。

第七，加大安全生产措施的投入，完善硬件设施。鉴于该工程项目的特定施工环境，为了保证医院的正常生产，保障没有高空掉物伤及行人车辆，保障施工人员的自身安全，该工程项目加大了安全生产工具的投入，比如在工程四边行人通道设置双层防护棚，沿建筑物四周每5层设置一道斜挑式安全笆，并沿建筑物四周外脚手架外侧安装合格的安全网和安全笆，构成三道防线，免去了高空掉物的危险。

第八，在文明施工方面，高起点布置施工现场。根据国家有关行业标准，将工地建成一个安全整洁文明环保的工地。该项目在这方面的主要措施有：(1)按标准建立围墙门楼并请专业美工进行美化，布置各种标牌、标语；(2)施工场地入口及场地内采用混凝土硬化，避免一般工地"天晴一身灰、落雨一身泥"的现象；(3)各办公室、职工住房、厨房、厕所等临时设施本着"以人为本"的管理理念，全部按正规房屋装饰吊顶、铺地面砖、墙面做涂料，做到宽敞明亮，给职工一个安全舒适的工作和生活的环境；(4)设立专门的文明卫生小组，负责场地内及职工生活区的卫生工作；(5)在工地入口处设置自动控制语音灯箱，提醒每一个进入施工现场的人员戴好安全帽、注意安全；(6)在施工各楼层及加工场地设置广播系统，每天播放安全生产条例等工地规章制度、国家规范规程、施工技术标准等。

经调查分析,通过采取上述各项措施,并在项目管理中持之以恒,建设、施工等单位才取得了好成绩。该工程项目"以人为本、防微杜渐"的项目管理理念贯穿项目的启动阶段到收尾阶段,为该项目管理画上了圆满的句号,不仅取得了本工程的成功,而且带来了良好的经济效益和社会效益,值得其他工程项目管理者参考和借鉴。

——案例来源:https://www.guayunfan.com/baike/192412.html,经整理

问题:(1)案例中涉及的管理属于项目宏观管理还是微观管理? 管理主体是谁?

(2)案例中的项目成功管理与公共管理有什么关系?

第二章　公共项目需求分析与技术可行性论证

本章导读

公共项目建设实质是提供公共消费品。为减少公共项目建设的盲目性,项目决策者一方面必须对项目所涉及的特定公共消费品的经济社会需求进行分析,另一方面必须对项目所涉及的特定公共消费品的生产条件进行分析。公共项目需求分析与技术可行性论证是公共项目管理的开端,是公共项目可行性研究最为核心的部分。结合经济信息分析与微观生产理论,本章介绍公共项目需求分析与技术可行性分析的内容及方法。

知识结构

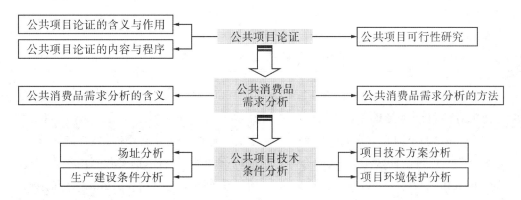

重点问题

☆ 公共项目可行性研究的定义　　☆ 公共项目可行性研究的内容

☆ 公共项目可行性研究的步骤　　☆ 需求预测的定义、种类、原则与步骤

☆ 生产场地条件论证　　　　　　☆ 生产资源条件论证

☆ 生产工艺与设备论证　　　　　☆ 环境保护论证

第一节　公共项目论证

一、公共项目论证的含义与作用

（一）公共项目论证的含义

公共项目论证是指在项目决策阶段,决策者组织力量对项目的社会需求、经济影响、技术与资金保障等内容进行研判,以确定项目是否可行以及从可行方案中比选出政府、市场主体与社会公众都满意的公共项目的活动。公共项目论证属于公共项目管理战略管理范畴中的战略规划,在战略规划之后是公共项目战略实施和战略控制,如图 2-1 所示。作为公共项目战略规划的公共项目论证,就是对项目内外环境进行分析,在此基础上拟订项目战略的过程,也就是寻找项目建设的趋势、项目建设的威胁和机会以使项目潜在效益最大化的过程。

图 2-1　公共项目战略管理的步骤

公共项目论证采用的方法有 PEST 法和 SWOT 法。公共项目论证 PEST 法就是搜集对项目产生影响的政治(politics)、经济(economics)、社会(society)和技术(technology)四个因素,厘清这些因素对项目的影响并进行影响评价,最终确定项目方案。公共项目论证 SWOT 法综合考虑组织内部和外部条件,前者包括组织内部优势(strengths)和劣势(weakness),后者包括组织外部机会(opportunities)和威胁(threats),来选择最优项目方案。相对来说,SWOT 法在公共项目论证中使用得更广泛。SWOT 法在使用过程中一般遵循四个原则:使组织各种内部优势互相结合、有机联系以构成耦合关系;尽量扩大优势使项目系统功能尽量完善,运转顺畅;全力抓住机会并绕开对项目不利的因素,化解和防范风险;若所有项目方案均有不利影响,则选择不利影响最小的方案。

公共项目论证主要回答以下关键问题:第一,项目是否具有明显的公共性;第二,项目是否具有回应性;第三,项目在财务上是否可行;第四,项目投融资是否有保障;第五,项目是否有明显的经济效益;第六,项目是否有社会可适性;第七,项目风险是否可控;等等。

公共项目论证对论证主体一般提出如下要求。第一,论证主体为独立的第三方。公共项目涉及众多利益相关方,包括政府的项目建设部门、施工企业、金融机构等,这些利益相关方不得直接介入论证,以确保公共项目的公共性得到客观、充分的论证。第二,论证主体筛选方案。任何一个公共项目所对应的可供选择的建设方案都不可能只有一个,这就要求论证者充分挖掘各种潜在的项目建设方案,比对尽可能多的方案,优中选优确定最优方案。第三,论证主体采用量化分析法。对一个具体方案进行分析时,论证主体要采用量化分析法对社会与市场需求、工艺技术布局、设备布置、厂房建设、资金筹措和使用等建设内容进行严谨说明。第四,论证主体对每一种方案提出详尽的建设措施。提出详尽建设措施是对不同方案进行充分对比的前提,这在项目施工环节的论证方面尤为重要。第五,论证主体充分考虑资源环境的影响。公共项目一般都具有规模大的特征,其建设和建成后的使用过程都需要消耗大量资源,这将对环境产生较大冲击,因此,论证者必须将清洁生产理念贯彻公共项目论证全过程。

(二)公共项目论证的作用

公共项目论证的宏观作用是避免决策失误或减少决策损失。

首先,公共项目论证有助于避免决策失误。通过对公共项目建设的社会必要性进行分析,对项目的经济效益进行评价,对项目实施的技术条件进行设计,对项目建设和建成后的风险提出防范措施,公共项目论证主体向决策者提供比较充分的决策信息,有助于避免决策失误,尤其是能够从根本上避免公共项目的非公共性决策失误。

其次,公共项目论证有助于减少决策损失。应当说,公共项目论证有助于避免决策失误并不意味着公共项目论证能够完全杜绝决策损失,尤其是并不能完全杜绝项目生产性决策损失,这是由项目生产的过程性和项目生产环节的艺术性决定的。项目生产的过程性是指公共项目往往具有较长的建设和运行周期,这决定了项目建设以及项目建成后运行效果并非完全可控,这在大型、超长周期建设项目中尤其明显。项目生产环节的艺术性是指项目施工、项目建成后的运行具有较强的人治也就是受人为的技术参数影响,这决定了项目设计方案在具体实施时存在结果不确定性。公共项目生产性论证对施工场地、工艺路线等操作性标准进行设定,将生产的不确定性限定在可以接受的范围内以最大程度地减少决策损失。

公共项目论证的微观作用表现为项目论证结果是项目具体建设的依据。公共项目论证结果是有关政府部门审批项目的依据,是建设单位向金融机构融资和实施项目采购的依据,也是施工单位开展施工包括编制施工计划、制定施工工艺、布置设备等的依据,亦是监理单位实施监理的依据,还是市场监督管理部门实施市场规制的依据等。

二、公共项目论证的内容与程序

公共项目论证的主要内容包括公共项目需求分析、技术方案选择、投资估算与融资方案选取、财务分析、经济分析与评价、社会评价、环境影响分析与评价、风险分析等。

项目论证是一个法律程序,它大体包括论证主体接受建设单位的项目论证委托书、论证主体实施项目论证和建设单位向主管项目单位提交论证报告三个步骤。

第一步,论证主体接受建设单位的项目论证委托书。有论证资质的论证主体与建设单位签订合同,双方明确项目范围和业主论证目标。

第二步,论证主体实施项目论证。(1)进行方案研究。针对论证目标,论证主体在收集资料、展开实地调查的基础上,采用合适的方法展开公共项目共性和个性论证。(2)筛选方案。将符合目标要求的公共项目方案进行对比,比选出最优方案。最优方案尤其是最优生产技术方案有相对性,它是在现有生产力条件下筛选出的最优方案,并不代表这一最优方案在将来的项目决策中也最优。(3)撰写报告。依照合同要求以及有关法规和行业部门规定,在所要求的内容框架和格式下编制论证报告。公共项目论证报告形式一般是文字说明、计算公式与结果、图形、表格等的综合体,其共性内容包括劳动力及培训、组织与经营、公司治理等要素,其个性内容包括需求分析、技术方案选择、投资估算与融资方案选取、财务分析、经济分析与评价、社会评价、环境影响分析与评价、风险分析等要素。(4)论证主体结束论证任务。论证主体向建设单位提交报告并接受后者评审,通过评审,则论证主体结束论证任务。

第三步,公共项目建设单位上报论证报告并接受审批。公共项目建设单位将项目论证报告提交至项目建设主管单位,由后者进行审批。在中国,一般公共项目审批单位为发展与改革委员会。为便于理解,表 2-1 例举北京市发展与改革委员会审批项目论证报告流程。

从表中可知,发改委审批项目极具程序性,对审批时限、审批内容和审批结果都有十分严格和具体的规定。

表 2-1　北京市发展与改革委员会可行性研究报告(项目建议书代可行性研究报告)审批流程

办理环节	办理步骤	办理时限	审查标准	办理结果
申请受理	收件	0个工作日	申请材料内容齐全、真实有效,形式符合相关要求	行政事项材料接收通知书
	受理	5个工作日	申请材料内容齐全、真实有效,形式符合相关要求	行政事项受理告知书
审查与决定	审查	14个工作日	1.项目申请材料齐全,内容和深度符合国家和本市有关规定要求; 2.符合国家法律法规和宏观调控政策; 3.符合国家和本市发展规划、产业政策、技术政策和准入标准; 4.项目符合本市城市总体规划、区域布局和土地利用规划; 5.项目合理开发并有效利用了资源; 6不影响我国经济安全、社会安全、生态安全等国家安全; 7.生态环境和自然文化遗产得到有效保护; 8.对公众利益,特别是项目建设地的公众利益不产生重大不利影响; 9.项目建议书已经获得批准,或与可行性研究报告合并审批; 10.符合北京市其他相关法规政策规定。	可行性研究报告批复或项目建议书(代可行性研究报告)批复
	决定	1个工作日	1.项目申请材料齐全,内容和深度符合国家和本市有关规定要求; 2.符合国家法律法规和宏观调控政策; 3.符合国家和本市发展规划、产业政策、技术政策和准入标准; 4.项目符合本市城市总体规划、区域布局和土地利用规划; 5.项目合理开发并有效利用了资源; 6.不影响我国经济安全、社会安全、生态安全等国家安全; 7.生态环境和自然文化遗产得到有效保护; 8.对公众利益,特别是项目建设地的公众利益不产生重大不利影响; 9.项目建议书已经获得批准,或与可行性研究报告合并审批; 10.符合北京市其他相关法规政策规定。	可行性研究报告批复或项目建议书(代可行性研究报告)批复
颁证与送达	制证	8个工作日	结果名称: 　关于×××(项目名称)可行性研究报告的批复或项目建议书(代可行性研究报告)的批复	
	发证	2个工作日		

三、公共项目可行性研究

(一)公共项目可行性研究的含义、作用与特征

公共项目可行性研究(feasibility study)起源于项目可行性研究,后者始于 20 世纪 30 年代,并在其后的 70 年代、80 年代得到推广。中国自 1982 年起将可行性研究作为项目审批立项的重要依据,现已形成一套较为完整的理论、程序和方法。公共项目可行性研究构成公共项目论证的实质性内容,在广泛、翔实和实地调查的基础上研判特定公共需求,分析满足公众需求项目的技术、财务、经济、社会、组织架构等建设和运行条件,预测风险并提出应对措施。公共项目可行性研究对公共项目在技术、经济、社会、生态等方面是否可行进行评价,为项目决策提供依据,它随着项目可行性研究的发展而发展。

公共项目可行性研究报告是大型基础设施项目立项的必要条件,它依据《中华人民共和国行政许可法》和《国务院对确需保留的行政审批项目设定行政许可的决定》的要求编写。发展与改革委员会根据可行性研究报告对拟建设项目进行核准、备案或批复,决定一个公共项目是否能够立项。

公共项目可行性研究的特点是:在一般可行性研究的基础上更强调论证项目的公共性需求及其程度,更强调论证项目的经济和社会效益。与公共项目可行性研究并列的其他种类可行性研究包括以下几种:企业融资可行性研究、对外招商合作可行性研究,此类研究在一般可行性研究基础上突出论证市场、投资方案、竞争策略、营销计划和管理方案等内容;申请进口设备免税项目可行性研究,此类研究在一般可行性研究的基础上突出论证设备进口免税的必要性和重要性;银行贷款可行性研究,此类研究在一般可行性研究基础上突出论证融资方案;境外投资项目可行性研究,此类研究在一般可行性研究基础上突出论证项目到境外投资的重要性、必要性和可行性。

(二)公共项目可行性研究的过程

公共项目可行性研究通常有三个阶段:一般机会研究、初步可行性研究和详细可行性研究。

1.一般机会研究

公共项目一般机会研究又称为立项建议,通常由作为建设单位的政府机构进行,目的是明确具体的公共项目建设机会。

一般机会研究的结果是公共项目建议书。公共项目建议书又被称为公共项目立项申书、公共立项申请报告,它在公共项目机会研究之后由公共项目建设单位提出,是对拟建项目提出总体框架设想,被广泛应用于公共项目的立项审批工作。公共

项目建议书是项目审批机构作出初步决策的依据,用来避免和减少公共项目选择的盲目性,同时为可行性研究奠定基础和提供依据。公共项目建议书并不限定由具有咨询资质的法人机构来撰写,其内容虽覆盖可行性研究内容但通常比较宽泛。

2.初步可行性研究

初步可行性研究又被称为立项审查,它是进行可行性研究的前期活动,是大体收集材料、对公共项目的前景做粗略分析的过程。初步可行性研究的作用是研判项目机会是否有前途,是否有必要进行下一步详细的可行性研究;研判项目中有哪些关键问题,是否需要通过进一步调查来明确问题及提出应对措施。初步可行性研究的结果是初步可行性研究报告。

3.详细可行性研究

详细可行性研究在初步可行性研究基础上进行,它对项目各方面的详细材料进行全面搜集、掌握和比较,对项目的技术、经济、社会、环境等诸方面进行综合分析,对项目建设过程和项目建成后的运行能力、产品或服务质量、收益等情况进行科学研判,为决策提供充分又准确的依据。

详细可行性研究的结果是详细可行性研究报告,即一般意义上的可行性研究报告,报告内容一般包括项目概况,项目摘要,项目意义,项目必要性分析,项目需求分析,项目场址选择,项目技术路线选择、工艺参数设定与设备选型,项目技术经济与财务分析,项目财务评价,项目经济评价,项目社会评价,项目风险评价,项目环境影响评价,项目运行组织架构等。

编制可行性研究报告者通常是具有法人资格的机构或组织,包括设计院、规划院、研究所等。设计院等机构接受建设单位委托撰写可行性研究报告时,除了以合同为依据,还要以国家计划和地方规划等为依据,如国家相关计划和地方规划,国家有关政策、法规,项目主管部门对项目建设的批示和要求,项目建议书与其审批文件,国家批准的资源报告、国土开发整理规划,项目建设地的自然、经济、社会、技术条件,试验测试报告等。

4.形成评价报告

可行性研究之后,要将技术上可行和经济上合理的情况形成结论、写成报告,并对重点投资项目进行评定和决策。报告的具体内容包括预测投资项目需要增加哪些固定资产,增加多少,何时增加等;提出投资概算,筹划投资来源;拟定投资方案,测算投资效果。

5.投资方案的审核和决策

投资效益指标计算出来后,就应对同一项目的不同投资方案的效益进行对比,择优进行决策。

第二节 公共消费品需求分析

一、公共消费品需求分析的含义

(一)公共消费品需求分析的定义与作用

公共消费品需求分析是对项目本身是否具有公共性与项目提供的产品或服务的供需结构进行分析。对项目本身是否具有公共性进行分析时,一般以国家有关权威部门所界定的公共服务或产品目录为依据。对项目提供的产品或服务的供需结构进行分析时,尤其是分析对象为营利性、收费性公共项目时,通常可参照工商企业项目可行性研究中的产品或服务市场需求分析框架来进行。

公共消费品需求分析是公共项目论证最基础的一环,具有极其重要的作用。第一,需求分析是项目论证的前提和先决条件。只有在确认公共项目具有较强的经济社会需求之后,项目技术方案选择、项目投资估算与融资方案选取、项目财务分析等后续论证工作才有意义。第二,需求分析是确定项目生产性规模大小的基础性依据。需求大小直接决定项目所提供产品量或服务规模的大小,项目所提供产品量或服务规模的大小直接决定生产性原料、设备以及场地厂房的多少和大小,项目生产性原料、设备以及场地厂房的多少和大小直接决定资金筹措规模的大小。第三,需求分析是生产性技术条件尤其是确定项目所提供产品种类或服务质量标准的依据。需求分析揭示公共项目应该提供何种公众欢迎的产品或服务,也揭示何种质量的产品或服务才能被广大公众认可。第四,需求分析确定公共产品或服务收费的价格。当前越来越多的公共产品和服务倾向于通过向使用者收费来提供,需求分析为合理收费提供决策依据。

(二)公共消费品需求分析的内容和种类

1.公共消费品需求分析的内容

公共消费品消费包括国家行政管理和国防支出、教科文卫事业支出、社会救济和劳动保险方面的支出等,支出额等同于由政府和为居民服务的非营利机构向社会公众提供的消费性货物与服务的价值。公共消费品需求是通过分配社会资金而实现的需求,如基础教育、卫生防疫、妇幼保健、公共交通及公共文化、体育、娱乐等需求。

公共消费品消费在国民消费中所占比重的大小取决于不同国家、同一国家不同阶段和不同体制。从效率与公平的取向来看,如果侧重公平,则公共消费品消费的比重就高;如果侧重效率,则公共消费品消费的比重就低。

公共消费品需求是人们生活消费需求的重要组成部分,经济社会越发达,则公共产品和服务的消费占全社会消费的比重就越高,意味着公共消费品需求越强。公共消费品需求分析的内容主要包括公共消费率分析、公共消费品消费不平等程度分析和财政支出政策分析。

2.公共消费品需求分析的种类

按分析对象范围分,公共消费品需求分析分为宏观需求分析和微观需求分析。前者是对整个国民经济、某个地区或某个部门对公共消费品的未来需求进行分析。后者是一个具体政府单位对公共消费品的未来需求进行分析。

按分析时间范围分,公共消费品需求分析分为长期、中期、短期和近期需求分析。长期公共消费品需求分析是 5 年以上的需求分析,中期分析是 1 年以上 5 年以下的需求分析,短期分析是 3 个月以上 1 年以下的需求分析,近期分析是 3 个月以下的需求分析。

(三)公共消费品需求分析的原则

1.科学分析和掌握各种经济现象之间的联系

经济活动包括消费需求的影响因素很多且相互关联,准确把握各因素的作用规律以及它们与需求之间的因果关系,是进行公共消费品需求分析最基本的条件。

2.确保统计资料的准确性

由于需求分析在根本上以统计资料为依据,所以资料必须准确可靠。唯有统计资料真实,需求分析才有实用和决策价值。

3.采用科学的预测方法

在分析和掌握各种经济现象之间的联系、确保统计资料准确性的基础上,要根据公共消费品需求分析的对象和特点,选用适当的分析方法。在采用某种方法进行分析时,需注意对方法的科学性进行检验,也就是将分析结果与实际情况进行对比,以判定所选方法是否合适。如果所选需求分析方法不合适,则作出变更,选用更适合的需求分析方法。

二、公共消费品需求分析的方法

公共消费品需求分析的核心工作是对公共消费品的需求进行预测。预测是依据过去和现在的联系规律预计未来,也就是由已知推未知,它是一种决策手段而非目的,其结果具有随机性、近似性的特点。预测研究是一种科学,研究过程要基于翔实的资料,采用科学的数理统计方法;预测同时是一门艺术,研究人员在进行研究时必须发挥主观能动性,通过界定问题、设计研究方法、基于理论分析而提出假设、开展调查、搜集数据、进行分析,最终得出结论,这一研究流程具有艺术性。

需求预测方法分为定性预测法和定量预测法两类。

1.定性预测法

定性预测法是依据直觉、经验而非数据计算来预测需求,适用于缺少历史数据的情形和中长期战略计划的制订。由于定性预测法受主观判断影响较为严重而容易出现偏差,所以这一方法通常是对定量预测进行补充。常用的定性预测方法是历史类推法、专家意见法、德尔菲法等。

历史类推法依据事物发展的历史类似性原理,通过历史上发生的类似情形而预测未来需求。由于不同历史时期的情形较少有全然相同的,因而历史类推法具有较大的局限性。

专家意见法是借助专业人士的判断进行需求预测的方法,一般以公开方式向专家征询。在征询过程中,专家互相启发、互相交换意见,考虑的因素一般较多、较全面。这种方法的不足之处是,会出现少数屈从多数或追崇权威人士、专家因好胜而不肯改变自己明知有误的判断等情况,致使预测结果往往出现较大偏差。

德尔菲法是用反复函询的方法收集、整理专家群对公共消费品需求的判断。其步骤是,第一步,就预测问题的复杂程度挑选适当数量的专家。第二步,第一次向专家发送预测问题,进行第一次函询。在规定时限内回收专家预测结果,对结果进行汇总,在汇总结果的基础上进一步细分或进一步拓展问题。第三步,第二次向专家发送预测问题,进行第二次函询。针对细分或拓展的问题,请专家作出更为细致或拓展的判断。在规定时限内再次回收专家预测结果,再次汇总结果。第四步,第三次向专家发送预测问题,进行第三次函询。若汇总第三次函询所得出的结果还未能相对集中,也就是还不能统一绝大多数专家的预测,则继续进行函询。如果函询能代表绝大多数专家的判断,则函询结束,相应地,函询人员得出最终预测结论。采用德尔菲法要注意的关键点是,确保函询专家的匿名性、互不知情性,确保函询过程的反馈性、多轮性,确保每轮函询结果的收敛性、趋同性。

2.定量预测法

定量预测法是建立预测模型,对模型赋值运算而得出量化的需求预测数据。常用的定量预测法是时间序列分析法和因果分析法。

(1)时间序列分析法

时间序列分析法又被称作内部型预测法,主要使用组织机构内部数据来做预测。这种方法的基本假设是,历史的近期数据可以引导未来的近期趋势。常用的时间序列分析法包括简单移动平均数法、加权移动平均数法、指数平滑法。

简单移动平均数法是,计算紧靠即期的过去一段时期的平均需求,计算结果即为紧靠即期的将来的需求预测。例如在年初预测今年的某公共消费品需求量,要用到大前年、前年和去年的消费量平均值；而预测明年的需求量，则要使用前年、去年和今年的消费平均值。以此类推。

加权移动平均数法是，在简单移动平均数法的基础上，赋予最靠近即期的数据分配最高权重，远离即期的数据分配最少权重，权重一般由专家判断、反复试验后确定。相对于简单移动平均数法，加权移动平均数法因更多考量近期情况而使预测结果更为准确。具体计算时，例如同样是计算 3 年的移动平均数，可以赋予距即期最远的一年以权重 0.17、距即期次远的一年以权重 0.33、距即期最近的一年以权重 0.5，从而得出第四年的消费平均值。

指数平滑法是一种特殊的加权移动平均法，是以前一次预测值和与前一次预测值相对应的实际值为基础，引入权重因子即平滑常数来预测本次消费品需求。如前次预测值为 300，该值所对应的前次实际值为 308，取平滑常数为 0.8，则本次预测的消费品需求值为 306.4(0.2×300＋0.8×308)。

（2）因果分析法

因果分析法又被称为外部型预测法，是依据外部因素与需求之间的因果关系来进行预测的方法。因果分析法较多，比较典型的是回归分析法。

回归分析法是研究因变量（例如消费品需求量）与两个或两个以上自变量之间的关系，进而对消费品需求量进行预测的方法。如果回归分析法的研究过程只涉及两个变量，则该回归分析就叫作一元回归分析或单回归分析；如果回归分析法的研究过程涉及两个以上的变量，则叫作多元回归分析或复回归分析。

按照回归分析模型与模型参数间关系的不同，回归分析可分为线性回归和非线性回归分析。线性回归分析是指回归方程为线性的分析，该法最早在实践中得到广泛使用，原因是线性关系更容易拟合，产生的估计统计性也更易确定。非线性回归分析是指回归方程为非线性即回归方程的因变量是自变量的一次以上函数、回归规律在图形上表现为形态各异的各种曲线的分析法。该法在实际使用时如果非线性回归能够变换成线性回归，则按线性回归法使用；如果非线性回归不能变换成线性回归，则按其他方法如单纯形法等使用。

第三节　公共项目技术条件分析

公共项目技术条件分析是对项目建设和运营过程所涉及的工艺及其参数、设备、场所或厂房、场址、原料、水、动力等条件进行分析，以判断这些条件能否满足和支撑项目建设与运营。

一、场址分析

公共项目生产技术条件分析中的场址分析又被称为场址选择,依据一定技术标准和政策要求,通过特定方法比选出公共项目建设与运营场地。

场址选择所依据的技术标准虽然因项目技术特征不同而不同,但一般而言,这些技术标准可归纳为以下几个方面:第一,场址能够确保项目所需的全部或部分材料、能源、水、通信条件和人力的供应;第二,场址环境能够支撑项目建设和运营;第三,场址的使用有利于节约项目用地;第四,所选场址有利于降低建设投资;第五,场址安全包括有利于防火、防地质灾害;第六,场址的选择有利于环境保护;等等。

场址选择所依据的政策一般分为国家和地方两个层面的法律、法规、文件等。例如,任何工程类项目在选择场址时都要在《中华人民共和国城市规划法》《地方实施〈中华人民共和国城市规划法〉办法》以及当地政府批准的城市、建制城镇区总体规划、详细规划及专项规划的框架内实施。

场址选择常用的方法有方案比较法、评分优选法、最小运输费用法等。方案比较法是对比不同选址方案的投资费用和经营费用,从中筛选出投资费用和经营费用都最低的方案,这是一种偏重于经济效益分析的方法。方案比较法的过程是:首先,选择几个场址,列出比较指标;其次,进行初步比较,选出比较合适的 2~3 个方案;再次,对选出的方案进行详细调查、勘察,计算出各方案的建设投资额和经营费用;最终,确定投资额和经营费用都最低的方案。实际比较时,往往会出现 A 方案的建设投资额低于 B 方案的,但同时 A 方案的经营费用却高于 B 方案的情况,此时采用追加投资回收期法来比较。追加投资回收期计算公式为:

$$\Delta T = \frac{K_B - K_A}{C_A - C_B} \tag{2-1}$$

式中:ΔT 为追加投资回收期;K_A、K_B 分别为 A、B 两方案的投资额;C_A、C_B 分别为 A、B 两方案的经营费用。

式(2-1)的实质是:对于 B 方案来说,当用减少的经营费用($C_A - C_B$)来补偿多花费的投资费用($K_B - K_A$)时,需要多少年能够抵消完,也就是说相对于 A 方案而言,B 方案高出的投资额,用其经营费用的节约收回时要用多少年。与行业标准投资回收期相比,如果 B 方案追加的投资回收期小于标准投资回收期,则 B 方案可取;反之,则 B 方案不可取。

评分优选法是在场址方案比较表中列出主要判断指标,将各判断指标按其重要程度给予一定的比重因子,之后将各方案所有比重因子与指标观测值相乘,得出指标评价分,评价分最高者所对应的方案为最优方案。

最小运输费用法是确定运输费用最小的方案为最优方案。最小运输费用法适用于几个选址方案中的其他因素都相同而只有运输费用包括原材料、燃料运进和产品销售运出等费用不同的情况,其计算过程需充分考虑距离、方式、价格等影响运输费用的因素。

二、生产建设条件分析

公共项目生产建设条件分析是在调查尤其是实地考察的基础上,从生产性技术角度就项目是否有条件进行建设、建成后是否有条件正常运行进行分析,判断项目在生产性技术层面是否可行。项目生产建设条件包括项目的建设条件和项目的生产条件两个方面,涉及项目内部与外部若干相互制约的因素,这些因素相互协调才能确保项目建设和生产的顺畅进行。项目生产建设条件分析的实质是系统论证项目内外部技术条件对项目建设和建成后运行的适宜性。项目内外部技术条件主要包括资源条件、投入物供应条件、交通运输条件等。

(一)资源条件分析

项目资源条件分析中的资源通常指自然资源,是人类可从自然界中直接获取而用于生产和生活的物质。自然资源按照其再生能力可分为两类:一类是不可再生资源即资源被开发利用后不能够再生,或者即使能再生也要经过极其漫长时间,如矿物、化石燃料等;另一类是可再生资源即资源被开发利用之后能再生,如生物、水、土等。资源条件是项目建设和项目建成后运行的物质基础,从根本上决定着项目效益的高低,决定着项目是否可行。大多数资源在数量上有限,在分布上不均衡。项目资源条件分析是从自然资源保障角度确认项目可行,并依据具体资源情况对项目进行合理布局以确保项目具有较高效益。

建设项目资源开发原则是,第一,符合国家、当地对资源开发的总体要求。例如水利项目建设应严格遵守流域综合开发规划和国土整治要求,涉及森林、草原等可再生资源开发利用的项目建设要确保可再生资源得到法定补偿。第二,使资源得到最优利用。资源能用于多种项目建设时,在其他条件相同情况下,选择将资源用于经济和社会综合效益最好的项目。第三,选择最符合要求的资源。大多数项目对资源的需求都存在类别差异性,也就是对某种资源的某个种类有特殊要求,此时要在资源种类细分的基础上挑选出技术上最适用、经济上最合理的资源种类。第四,符合节约资源和可持续发展要求。协调远期与近期的关系,整合资源供应数量、质量、服务年限、开采方式、利用条件等,节约和合理利用资源。对不可再生资源,确保其得到可持续尤其是代际间可持续利用;对可再生资源,按其生长规律科学安排利用量、利用时间等。

建设项目资源评价一般遵循资源可得性、可用性、可靠性和效益性原则。资源可得性评价是对拟建地区的项目所需资源拥有状况进行分析,判断在现有政策、经济和社会等条件下当地资源是否能够被开采,确认资源可被项目所得。资源可用性评价是对资源的物理、化学等性质进行分析,划分等级,确认特定等级的资源能满足项目建设和项目建成后运行需求。资源可靠性评价是对资源在项目寿命期内可供利用量进行分析,既确认资源能满足项目全生命周期需求,也确认资源能满足项目在一年内不同季节的需求。资源效益性评价是对资源价格最低的供应地进行比选,确认资源运输最方便和运费最便宜的供应路线。

建设项目资源评价内容有如下五个方面:第一,评价资源可利用量,即评价项目拟建地区可供利用的资源的数量,如资源蕴藏量、蓄积量和可开采量等;第二,评价资源自然品质,即评价资源自然的物理、化学等品质对项目技术方案要求的适宜性;第三,评价资源赋存条件,即评价资源利用难易程度,确定资源利用方式;第四,评价资源开发价值,即评价资源开发利用价值、预期经济效益;第五,评价资源的可替代性,即评价稀缺资源或供应紧张资源的替代资源及其替代方案。

(二)投入物供应条件分析

建设项目的投入物包括原材料和燃料动力,相应地,投入物供应条件分析包括原材料供应条件分析和燃料动力供应条件分析。

1.原材料供应条件分析

原材料供应条件分析是对项目建设和项目建成后运行所需的原材料品种、数量、质量、规格、价格、来源、供应方式和运输方式等进行分析,确认主要原材料、辅助材料及半成品的供应有保障。其内容主要包括,第一,分析原材料质量是否符合项目建设和项目建成后运行对工艺的要求。阐明原材料投入物的质量性能对项目建设和项目建成后运行的工艺、产品质量和资源利用程度的影响,例举主要原材料名称、品种、规格并将主要原材料化学和物理性质以及其他质量上的性能与性能标准做对比,确认原材料质量符合要求。第二,分析原材料供应数量能否满足项目建设和项目建成后运行要求。根据项目设计的生产能力、选用的工艺技术、使用的设备来估算所需原材料的数量,确认原材料数量有保障。阐明原材料投入物数量对项目建设和项目建成后运行的影响,例举主要原材料名称、品种、规格并将主要原材料数量与数量标准做对比,确认原材料供应稳定能满足需要。项目所需原材料没有稳定的来源和长期的供应保证,其生产将会受到极大影响。第三,分析原材料价格、运费及其变动趋势对项目成本的影响。分析主要原材料价格变化动向,预测其未来的变化趋势,同时分析原材料运输费用的高低与运输距离的关系,确认就地取材、缩短距离、采用合理的运输方式等措施有助于降低运输费用从而减少项目建设和项目建成后运行成本。第四,分析原材料存储设施条件。分析原材料供应合理的储备量,确认拟建项目存储设施规模适应于生产的连续性,原材料储备量合理。

2.燃料及动力供应条件分析

燃料及动力供应条件分析是对项目建设和项目建成后运行所需的燃料和动力进行分析,确认主要燃料和动力的供应有保障。其主要内容包括,第一,分析项目所需燃料需求量是否能得到满足。依据项目建设和项目建成后运行过程对燃料的需求选择燃料种类,分析燃料供应政策、供应数量、质量、来源及供应方式,落实燃料的运输及储存设施,确认燃料供应有保障。第二,分析供水条件是否具备。依据项目建设和项目建成后运行对水源、水质的要求计算项目用水量、耗水费用,分析供水泵站及管网设施、污水净化设施是否完善,确认项目供水条件完备。第三,供电情况。估算项目最大用电量、高峰负荷、备用量、供电来源,计算日耗电量、年耗电量,确认项目建设和项目建成后运行所需电力的供应有保障。第四,分析其他动力供应条件。分析项目建设和项目建成后运行所需的其他动力如汽、气等,测算需求量,确认这些动力供应有保障。

在进行建设项目的投入物供应条件分析时,在条件具备的情况下,尽可能编制原材料和能源平衡流程图,或编制表示数量流动的图表,以辅助说明不同投入物在何时、如何进入项目建设和项目建成后如何运行。流程图除了标明生产性过程的投入物本身之外,还要标明与投入物相对应的投入物供应、投入物运输和贮藏,成品包装、储运以及废弃物排放或服务产出等事项。

(三)交通运输和通信条件分析

1.交通运输条件分析

项目交通运输条件分析是对项目建设和项目建成后运行中的运输方式、运输设备进行分析,对运输过程中装、运、卸、储各环节间能力协调和组织管理作出安排,确认项目场址内外的交通运输条件能满足需求。交通运输条件直接关系到项目建设和项目建成后运行的各个环节,影响建设项目的经济合理性、可行性。其主要内容包括,第一,分析项目所需的运输方式和设备条件。分析项目供应链全过程、场址内外所需的运输方式和运输设备,依据地理环境、物资类型、运输量大小及运输距离等因素合理选择运输方式及运输设备,确认项目物资运输条件有保障。第二,分析项目物流系统的服务能力。结合场址内布局、道路设计、运输工具类型、工艺等要求,进一步分析项目在运输成本、运输方式上的经济性与合理性,确认运输中装、运、卸、储等各环节衔接良好。第三,如果采用较为特殊的运输方式,则对与该方式相配套的专用运输设备进行分析,确认项目的特殊运输条件完备。

2.通信条件分析

通信条件分析是对项目建设和项目建成后运行所需的电信和网络系统进行分析,确认项目通信条件具备。其主要内容包括,第一,分析项目所需的通信设备条件。

包括项目建设组织内部与外部、项目建成后运行组织内部与外部通信设备条件分析，确认网络、通信设施能满足项目需求。第二，分析项目所需的通信服务保障能力。在分析项目所需的通信设备条件基础上，分析通信服务组织为项目建设和项目建成后运行提供通话、传输图文等的服务能力，确认项目所需的通信服务能力有保障。第三，分析项目特殊通信条件的配套性。如果项目对通信条件有特殊要求，则应分析项目所需特殊条件的配套情况，确保项目建设和项目建成后运行能够有特殊通信配套条件作保障。

三、项目技术方案分析

项目技术方案分析是在充分掌握与项目相关的生产性技术资料的基础上，依据项目建设和项目建成后运行的实际需要，分析项目采用技术的先进性、经济性以及可靠性，结合实际条件对建设和运营过程所涉及的工艺及其参数、设备、场所或厂房、场址或厂址、原料、水、动力等技术条件进行系统化配置，对可供选择的配置方案从利弊得失各方面进行比选，进而确定既适应国家高质量发展要求，又符合当地资源特点，并能够被项目建设和项目建成后运行组织所掌控的相对最优的生产性技术系统。项目技术方案分析是一个反复研究和论证的过程，专业性极强，需要行业专家作出决策。

项目技术方案分析是项目可行性研究极其重要的内容，所决定采用的生产性技术方案对项目的方方面面包括劳动条件、产品质量、投资额、生产成本、经济效益、环境保护等产生重大影响，对项目的生存和发展起着决定性作用。项目技术方案在微观上必须先进适用、经济合理，在宏观上必须考虑国家宏观经济政策、产业政策以及市场与社会规制，依据国家所能提供的人、财、物条件及经济、社会可持续发展的需要，遵守国家在一定时期内确定引进的技术标准和范围。

1.项目技术方案分析的内容

（1）工艺流程分析。分析项目建设和项目建成后运行所采用的技术，比选确认技术上先进、成熟度较高的工艺流程及其参数。工艺是利用设备对各种原材料、半成品进行加工处理以得到产成品的方法，工艺流程是将投入物进行处理的特定有序步骤，工艺参数是加工处理物料时设定的所要达到的物理、化学等指标。

（2）设备及其布置分析。分析与工艺流程相对应的设备型号、规格及所需数量，并对设备进行布置，确认设备系统处理后的物料性能达到各项工艺参数要求。

（3）公用辅助设施分析。分析项目公用工程设施、辅助工程设施、生活福利设施和其他服务性设施，确认公用辅助设施能为主体工程提供配套服务。

（4）土建工程分析。分析项目土建部分包括场地整理，主要建筑物、构筑物设计等，确认土建工程所得建筑物、构筑物等充分满足设备布置和操作需要。

(5)项目总图和运输路线分析。分析建筑物群整体平面布局,比选运输路线,绘制项目所有建筑物、构筑物平面布局图和运输路线。

2.项目技术方案分析的步骤

项目技术方案分析的重点是工艺流程与参数和设备分析。

项目工艺流程与参数分析的步骤是:

(1)收集工艺技术资料。广泛收集同行业、同类项目广泛使用的工艺尤其是成熟的工艺技术资料,针对项目产成品质量标准和规模要求,分析能确保产成品质量达标、规模有保障的原材料,分析原材料加工处理流程,分析工艺参数。

(2)比较工艺流程与参数。以流程合理、参数可靠为前提,从技术先进、经济可行角度比较各种可能的工艺流程,绘制相应的工艺流程图并阐明相应关键控制点参数。

(3)确认最终的工艺流程与参数。结合可能的设备等配套条件,分析不同工艺方案对经济社会发展的影响,对促进行业发展的作用,确认最终的工艺流程与参数。确认最终的工艺流程与参数的实质是对最佳工艺技术方案进行论证,其核心内容是所选工艺方案具有相对最高的产成品获得率,使用所选工艺方案能确保产成品质量达标,使用所选工艺方案加工处理物料对生态环境造成的影响相对最小且可控,使用所选工艺方案加工处理物料的能耗相对最低等。

项目设备分析的步骤是:

(1)进行物料衡算。以确认的工艺流程和参数为前提,对进入物料加工处理系统的原材料、中间物料、中间产成品、最终产成品、最终废弃物、水、电、汽等进行物料平衡计算,确认每一工艺控制点的物料规模。

(2)进行设备计算。以确认的物料衡算结果为前提,计算每一工艺控制点对应的设备型号和数量,确认所有设备包括直接对物料进行加工处理的设备、辅助设备、服务性设备、工器具等种类齐全、数量有保障。

(3)确认最终设备方案。以计算所得的每一工艺控制点对应的设备型号和数量为前提,设计不同的设备组合方案,对不同方案从设备占地面积、生产能力、设备台数、运行费用、能耗物耗指标,尤其是产成品质量等方面进行综合技术经济论证,确认最终设备方案与工艺流程和参数高度匹配。

四、项目环境保护分析

(一)项目环境保护分析的内容

项目尤其是工程项目建设和项目建成后运行过程通常会产生副产品,如果不设法预防、控制和消除副产品的不合理排放,那么项目对当地生态环境就会产生不利影响甚至产生环境污染。项目环境保护分析是以环境保护为目标,识别拟建项目可能产生的污染物和污染途径,提出预防、控制和消除污染的方案,确认采取适当的环境保护措施后拟建项目对环境的影响能够降到最低或者被消除。

项目建设和项目建成后运行过程可能产生的污染物的种类很多,根据其性质可分为物理、化学和生物物质三类。常见的物理污染物有粉尘、噪声、辐射等,化学污染物有汞、砷、镉、铬、有机磷、有机氯、多氯联苯、多环芳烃、酚等,生物污染物有致病菌、病毒等微生物。

项目包括公共项目可能在以下三个环节造成环境污染:一是项目建设过程中产生污染,如产生噪声、排放粉尘等;二是项目建成运行过程产生污染,包括原料在运输过程泄露产生污染,物料加工处理过程排放废气、废水和废渣即"三废"而产生污染;三是项目产成品在消费过程中产生污染。

(二)项目环境保护分析的原则

我国环境保护法规定,建设项目中防治污染的设施必须与主体工程同时设计、同时施工、同时投产使用,即"三同时"。项目环境保护分析的原则是,第一,预防为主原则。采取各种预防性手段和措施防止项目产生负面的环境影响,或把项目对生态环境的影响限制到最低程度,在项目施工和运行过程中解决环境问题,而不是末端治理污染。第二,资源减量化原则。项目建设和项目建成后运行时尽可能采用节能节水的设备、材料、技术和工艺,对资源和能源特别是不可再生资源和能源的消耗程度达到最低。第三,优先使用可再生资源原则。尽可能使用可再生资源和能源,替代石油和煤炭等不可再生资源。第四,资源循环利用原则。项目建设和项目建成后运行过程中产生的大部分废弃物得到循环利用,这种循环利用应在微观、中观和宏观层面上都得到体现。

(三)项目环境保护分析的步骤

包括公共项目在内的项目环境保护分析的步骤是,第一,项目所在地环境调查。调查项目所在地的大气、水体、土壤等自然环境状况,调查项目所在地的森林、草地、湿地、动物栖息地等生态环境状况。第二,项目建设和项目建成后运行影响环境的因素分析。分析废气、废水、废渣、噪声、粉尘以及其他污染物对环境的影响,分析污染物有害成分、排放量与污染程度。第三,设计污染防治方案。明确环境保护方案执行的环境质量标准、污染物排放标准和总量控制指标,提出"三废"综合利用措施,设计污染防治方案。第四,比选最优治理方案。从污染防治技术水平高低、污染治理效果达标程度、污染监测方式优缺点、环境效益高低等方面,对环境治理局部方案和总体方案进行技术、经济和社会效益对比,提出最优项目环境保护方案。

本章小结

公共项目论证是指在项目决策阶段,决策者组织力量对项目的社会需求、经济影响、技术与资金保障等内容进行研判,以确定项目是否可行以及从可行方案中比选出政府、市场主体与社会公众都满意的公共项目活动。公共项目论证主要回答以下关键问题:项目是否具有明显的公共性,项目是否具有回应性,项目在财务上是否可行,项目投融资是否有保障,项目是否有明显经济效益,项目是否有社会可适性,项目风险是否可控,等等。

公共项目可行性研究构成公共项目论证的实质性内容,是在广泛、翔实和实地调查的基础上研判特定公共需求,分析满足公众需求项目的技术、财务、经济、社会、组织架构等建设和运行条件,预测风险并提出应对措施。公共项目可行性研究对公共项目在技术、经济、社会、生态等方面是否可行进行评价,为项目决策提供依据,它随着项目可行性研究的发展而发展。公共项目可行性研究的过程通常有三个阶段:一般机会研究、初步可行性研究和详细可行性研究。

公共消费品需求分析是对项目本身是否具有公共性与项目提供的产品或服务的供需结构进行分析。公共消费品需求分析是公共项目论证最基础的一环,具有极其重要的作用。公共消费品需求分析的核心工作是对公共消费品的需求进行预测。

公共项目技术条件分析是对项目建设和运营过程所涉及的工艺及其参数、设备、场所或厂房、场址、原料、水、动力等条件进行分析,以判断这些条件能否满足和支撑项目建设与运营。公共项目生产技术条件分析中的场址分析又被称为场址选择,是依据一定技术标准和政策要求,通过特定方法比选出公共项目建设与运营场地。公共项目生产建设条件分析是在调查尤其是实地考察的基础上,从生产性技术角度就项目是否有条件进行建设、建成后是否有条件正常运行进行分析,以判断项目在生产性技术层面是否可行。包括公共项目在内的项目技术方案分析是在充分掌握与项目相关的生产性技术资料的基础上,依据项目建设和项目建成后运行的实际需要,分析项目采用技术的先进性、经济性以及可靠性,结合实际条件对建设和运营过程所涉及的工艺及其参数、设备、场所或厂房、场址或厂址、原料、水、动力等技术条件进行系统化配置,对可供选择的配置方案从利弊得失各方面进行比选,确定既适应国家高质量发展要求,又符合当地资源特点,并能够被项目建设和项目建成后运行组织所掌控的相对最优的生产性技术系统。项目环境保护分析是以环境保护为目标,识别拟建项目可能产生的污染物和污染途径,提出预防、控制和消除污染的方案,确认采取适当的环境保护措施后,拟建项目对环境的影响能够降到最低或者被消除。

关键术语

公共项目论证　SWOT法　公共项目可行性研究　一般机会研究　初步可行性研究　详细可行性研究　需求分析　定性预测法　德尔菲法　定量预测法　时间序列分析法　因果分析法　场址分析　评分优选法　最小运输费用法　资源条件分析　投入物供应条件分析　燃料及动力供应条件分析　交通运输条件分析　通信条件分析　项目技术方案分析　项目环境保护分析　"三同时"

复习思考题

1.公共项目论证的作用是什么?

2.公共项目论证的一般步骤是什么?

3.公共项目可行性研究通常包括哪几个阶段?

4.简述公共消费品需求分析的方法。

5.简述场址选择常用的方法。

6.建设项目资源评价的内容有哪些?

7.投入物供应条件分析的内容有哪些?

8.项目技术方案分析主要包括哪些内容?

9.公共项目环境保护分析的步骤如何?

10.案例分析题:认真阅读案例材料,按照要求回答问题。

××公共体育场建设项目选址及建设条件

第一节　项目选址

一、项目选址基本原则

符合国家、地区城乡规划要求;满足对材料、能源、水和人力的供应;满足建设单位生产工艺相关要求;节约项目用地,尽力降低建设投资,节约运费,减少成本,以便达到节约资源和提高效益的要求;安全原则,防火、防地质灾害;有利于环境保护,以人为本,减少对生态和环境的影响;有日照条件,且采光、通风良好;项目选址交通方便,地势平坦开阔,空气清新,阳光充足,排水通畅,环境适宜,公用设施比较完善,远离污染源;不存在高层建筑的阴影区、地震断裂带和架空高压输电线、高压电缆穿越场区。

二、项目选址依据

《中华人民共和国城市规划法》;《内蒙古自治区实施〈中华人民共和国城市规划法〉办法》(2002年修正);批准的城市、建制城镇区总体规划、详细规划及各专利规划。

三、场址土地权属类别及占地面积

本着节约利用土地、以人为本、预防地质灾害的原则,结合天山镇的发展规划,综合考虑天山镇的实际情况,计划将天山镇新城区天元大街南、海哈尔路东 23 953.33 平方米土地规划拨给建设单位,作为××公共体育场建设项目用地。

第二节　城市概况

一、自然条件

项目所在地所属旗处于中纬度,属北温带半干旱大陆性季风气候,全年日照充足,降水量小,蒸发量大,具有冬季漫长寒冷、降雪稀少,春季干旱、多西北风,夏季短促炎热、雨量集中,秋季气温下降快、霜冻来临早的气候特征。年平均气温 6.7℃,最高气温 42.5℃,最低气温-31.4℃;多年平均日照时数 2 966 小时,无霜期在 130 天左右。全年多大风天气,尤以春季为甚。全年平均风速在 3~4 米/秒,最大风速 32.3 米/秒,历年平均大风天数为 38 天。历年平均降雨量为 385 毫米,多集中于 7~9 月,雨热同季,历年平均蒸发量为 1 925.8 毫米。总的气候特点可概括为:四季分明,寒暑变化剧烈,干湿周期明显,春季干旱多风,夏季高温多雨,秋季气温下降较快,冬季寒冷漫长而少雪。

二、社会经济环境

项目所在地所属旗辖 14 个乡(苏木)、镇,1 个办事处,245 个村(嘎查),总人口 30 万人,共有 13 个民族,是以蒙古族为主体,汉族占多数、以牧为主、农牧结合、多种经济兼营的蒙古民族聚居的农牧业地区。

2013 年,在旗委的正确领导下,在旗人大、政协的监督支持下,旗政府团结带领全旗各族人民,深入贯彻落实科学发展观,抢抓机遇,开拓创新,克服经济下行压力,基本完成了各项目标任务,全旗经济社会发展呈现稳定趋好态势。地区生产总值完成 100 亿元、增长 9%,地方财政总收入达到 5.05 亿元、增长 20%,全社会固定资产投资完成 75.6 亿元、增长 14.5%,城镇居民人均可支配收入 18 050 元、增长 12%,农牧民人均纯收入 7 070 元、增长 12%。

2014 年,旗政府认真贯彻落实党的十八届三中全会和旗委十三届八次全委(扩大)会议精神,深入实施"生态立旗、工业强旗、科教兴旗"发展战略,以科学发展为主题,以转方式、调结构、增效益为主线,以项目建设、招商引资、改革开放和作风建设为抓手,围绕经济发展、城乡建设、生态文明、民生改善、社会治理等领域,抓落实、求突破、搞创新、有作为,推动经济健康发展、社会和谐稳定。旗政府主要预期目标为:全旗地区生产总值达到 101 亿元、增长 9%,地方财政总收入达到 5.46 亿元、增长 8%(其中,旗本级公共财政预算收入 3.25 亿元、增长 7.5%),全社会固定资产投资完成 87.3 亿元、增长 15.5%,城镇居民人均可支配收入达到 19 760 元、增长 9.5%,农牧民人均纯收入达到 7 840 元、增长 11%。

三、交通通信条件

项目所在地交通便利畅通。303 国道、呼和浩特至海拉尔省际大通道、集通铁路贯穿东西,旗内于 2008 年底已经实现乡乡(镇)通油路。全旗公路铁路交通便利,集通铁路与国道 303 线横跨东西,省际通道与鲁宝公路贯穿南北,为当地及周边地区群众养老需求提供了便利的交通条件。全旗邮电通信实现了自动化,已建立起内联乡村、外联国内外的程控、光缆、微波现代化通信网络。

第三节　项目建设条件

一、工程地质及水文条件

1.工程地质条件

勘察查明,在钻探所达深度范围内,项目所处地天山镇各岩土层的年代、类型、成因、分布及工程特性为①杂填土:杂色,稍湿,松散,以建筑垃圾为主,厚度 1.0～1.2 m。②粉土(Q4eol＋al):风积和冲积形成,黄褐色,稍湿,中密。摇振反应中等,无光泽反应,干强度低,韧性低,厚度 1.9～3.4 m。③圆砾(Q4al):杂色,稍湿,中密,砾石成分以凝灰岩等碎屑为主,粒径大于 2 mm 的颗粒质量超过总质量的 50%,厚度较大,均匀、稳定,适宜做一般或重要建筑物持力层。顶板埋深 2.7～3.6 m,未揭穿。④粉土(Q4eol＋al):土黄色,稍湿,中密,摇振反应中等,无光泽反应,干强度低,韧性低,厚度 0.2～0.3 m。⑤粗砂(Q4al):黄色,稍湿,中密,以石英及长石颗粒为主,大于 0.5 mm 的颗粒含量约占 60%,厚度 0.3 m。

2.水文条件

项目所在地天山镇地层属第四系河谷冲积和山前坡积、洪积的亚砂土、黏土、沙砾层等。工程地质条件良好,地耐力一般在 0.12～0.2 MPa,大部分为一类和二类可建筑用地。

地表水总量 1.339 3 亿 m³,地下水分布不均匀,富水性差异变化大,主要分布在沿河两岸的河谷平川地带。天山镇区内地下含水层为第四系中更新和上更新系统的沙砾卵石层,地下水埋深一般顶板在 15～27 m 左右,含水层厚度在 10.5～17.4 m 左右,地下水位 18.3～24.6 m 抽水试验下降 5～8 m。单井平均出水量,东部旧城区 2 000 m³/d,西部新城区 1 700 m³/d,单位涌水量为 268.3 m³/(d·m),属较强富水区。

3.场地地震效应

根据内蒙古自治区地震局和内蒙古自治区建设厅"内震发〔2005〕第 40 号"文件通知及国家标准《建筑抗震设计规范》(GB50011—2010)的规定,本场地抗震设防烈度为 6 度,设计基本地震加速度值为 0.05 g。

二、基础设施条件

项目拟建地点周边基础设施和配套设施条件较好。项目区排水、电等基础设施配套齐全,可以满足项目建设要求。①供水。由天山镇自来水公司通过供水管网供应。②供电。由天山镇供电管网直接提供。③供热。由热力公司集中供热,供热条件良好。④排水。直接接入城市排水管网。

三、防洪、防潮、排涝设施条件

项目区城镇排水、排涝设施已配套建设,排泄洪水能力较强,对本项目的建设没有影响。

四、环境保护条件

项目建设地点附近无污染源。本项目产生的垃圾及时运至指定地点处理,防止污染。

五、施工条件

本项目区域内建设所需的施工力量可以满足工程建筑物及构筑物的施工技术要求。本项目位于天山镇新城区天元大街南、海哈尔路东,交通运输便利,基础设施较好,建筑材料供应充足,能够满足本工程施工要求。

——案例来源:https://www.3gcj.com/baogao/311110.html,经整理

问题:案例中公共体育场建设项目选址及建设条件论证是否充分? 请说明原因。

第三章　公共项目投资与融资分析

本 章 导 读

　　投资成本高低与资金筹措有无保障是公共项目可行性研究的第二个环节。公共项目投资必须受到严格控制,其重中之重是投资估算控制。在掌握了总投资与分投资之后,公共项目决策者还需要对项目融资渠道、方式及其融资方案进行分析。结合项目投融资理论,本章介绍公共项目投融资分析的内容及方法。

知 识 结 构

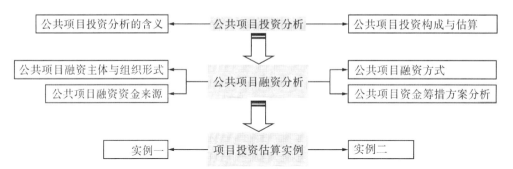

重 点 问 题

　　☆ 公共项目投资的定义　　　　　☆ 公共项目投资内容

　　☆ 公共项目投资构成　　　　　　☆ 公共项目投资估算

　　☆ 公共项目资金筹措渠道　　　　☆ 公共项目资金筹措方式

　　☆ 公共项目资金筹措方案分析

第一节 公共项目投资分析

一、公共项目投资分析的含义

包括公共项目在内的项目投资是指向项目投入资金,并确保项目建成和项目建成后顺畅运行。项目投资最基本的要素包括投资主体、投资客体、投资目的和投资方式等。项目投资主体又被称为项目投资方、投资者,是指具有独立投资决策权并且对投资负有责任的法人和自然人。项目投资客体是指投资对象、目标或标的物。项目投资目的是指投资主体所要取得的结果。项目投资方式是指投入资金运用的形式与方法。

包括公共项目在内的项目投资分析是对拟建项目在建设期所需的固定资产投资和项目建成后运行所需的流动资金进行分析,确认项目总投资额和投资结构。项目投资分析是在项目需求分析、项目技术可行性论证之后进行的项目可行性研究的重要环节,是项目下一步可行性研究中项目经济分析的基础。项目投资分析是项目决策的重要阶段,其结果是确立高质量投资估算,并为预控制项目总投资提供科学依据。

在可行性研究阶段进行项目投资分析的实质是在项目决策阶段对项目投资进行控制,并以决策阶段控制为基础进行项目设计阶段投资控制,继而在随后的招标、施工和完工决算等阶段对投资实施控制,形成以项目决策和设计阶段为关键控制点的项目投资全过程控制链。项目施工阶段的投资额固然占据了项目投资总额的绝大部分,但就控制来说,投资决策和设计阶段的控制才是控制的要点,因为施工阶段对项目投资进行控制的影响程度在全过程控制中仅占极小权重。

二、公共项目投资构成与估算

包括公共项目在内的项目总投资由建设投资和流动资金两部分构成。

(一)建设投资构成与估算

1.建设投资构成

建设投资是项目建设单位在项目建成前投入的全部费用,它在项目建成后按有关规定划分成固定资产、无形资产和递延资产等。固定资产是使用时间超过 12 个月、价值达到一定标准、在使用时保持原有实物形态的非货币性资产,包括房屋、构筑物、机器、机械、运输工具以及其他与生产经营活动有关的设备、器具、工具等。项目可行性研究中的固定资产包括工程费用、预备费、建设期借款利息、去除无形资产和递延资产的其他全部待摊投资费用。无形资产是非实物形态的非货币性资产,包括专利权、商标权、版权和非专利技术等。拥有无形资产通常意味着拥有者具有较强的竞争能力。无形资产如果是有偿取得,则取得者对应的无形资产支出一般都被资本化并分期摊销。项目可行性研究中的无形资产包括土地使用费(土地使用权)及技术转让费等。递延资产是本身无交换价值,无法转让,一经发生就已消耗,不能计入工程成本,不能全部计入当年损益,应较长时期摊销的除固定资产和无形资产以外的其他费用支出。

建设投资由工程费用、工程建设其他费用、基本预备费、涨价预备费、建设期利息等构成。其中,工程费用转化为固定资产,工程建设其他费用可转化为固定资产、无形资产、递延资产。简化计算时,可将基本预备费、涨价预备费、建设期利息计入固定资产。

建设投资又可分为静态投资和动态投资两部分。静态投资包括工程费用、工程建设其他费用、基本预备费等;动态投资包括涨价预备费、建设期利息等。

建设项目学投资构成如图 3-1 所示。

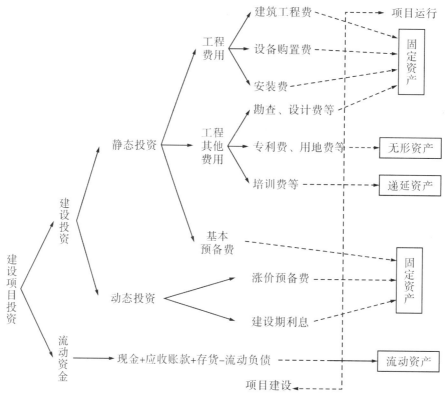

图 3-1　建设项目总投资构成

建设投资中的工程费用是建筑工程费、设备及工器具购置费、安装费的统称,它构成固定资产的实体,是一个项目在投资费用上之所以区别于另一个项目的最核心要素。

建设投资中的工程建设其他费用包括土地征用与补偿费,工艺流程与设备研究试验费,联合试运转费,勘察设计费,建设单位管理费、办公及生活家具购置费,监理费,对项目建成后生产人员培训费,引进技术和设备的其他费用,专利权、商标权,供电贴费(电增容费)和供水贴费(水增容费)等。其中项目建成后生产人员培训费、样品样机购置费、开办费等构成递延资产,专利权、商标权等构成无形资产。

建设投资中的预备费是预计估算的投资与实际的投资会有不同而提前预备好以届时追加的费用,它由基本预备费和涨价预备费两部分构成。基本预备费是追加自然灾害所造成损失的费用,以及设计和施工阶段需追加的费用;涨价预备费是项目在建期间因物价上涨而必须追加的费用。

2.建设投资估算

(1)估算依据

建设投资估算的依据是:国家、地方政府、行业规定;拟建项目建设方案确定的各项工程建设内容;工程勘察与设计文件,图示计量或主要工程量和主要设备清单;专门机构发布的建设工程及其相关工程费用构成、估算指标、计算方法等文件,专门机构发布的建设工程其他费用计算办法、费用标准,以及政府部门发布的物价指数;工程所在地同期人工、材料、设备的市场价格,建筑、工艺及附属设备的市场价格和有关费用;政府有关部门、金融机构等部门发布的价格指数、利率、汇率、税率等有关参数;与工程建设有关的地质资料、设计文件、图纸等;其他技术经济资料。

(2)估算步骤

建设投资估算步骤为:第一,估算设备与工器具购置费、安装费、建筑工程费;第二,估算工程建设其他费用和基本预备费;第三,估算涨价预备费和建设期利息。

(3)估算方法

①建筑工程费估算法

建筑工程费估算法主要有单位建筑工程投资估算法、单位实物工程量投资估算法、概算指标投资估算法。单位建筑工程投资估算法以单位建筑工程量的投资乘以建筑工程总量来估算建筑工程费。一般工业与民用建筑以单位建筑面积投资乘以相应的建筑工程总量计算建筑工程费,工业窑炉砌筑以单位容积投资乘以相应的建筑工程总量计算建筑工程费,水库以水坝单位长度投资乘以相应的建筑工程总量计算建筑工程费,铁路路基以单位长度投资乘以相应的建筑工程总量计算建筑工程费,矿山掘进以单位长度投资乘以相应的建筑工程总量计算建筑工程费。

单位实物工程量投资估算法以单位实物工程量投资乘以实物工程总量来估算建筑工程费。土石方工程按每立方米投资乘以相应的实物工程总量计算建筑工程费,矿井巷道衬砌工程按每延长米投资乘以相应的实物工程总量计算建筑工程费,路面铺设工程按每平方米投资乘以相应的实物工程总量计算建筑工程费。

概算指标投资估算法首先将整个项目建设工程分为单位工程、单项工程、分部工程和分项工程,之后按上列内容分别套用有关概算指标和定额编制投资概算,最后再考虑物价上涨、汇率变动等动态投资估算出总投资。

②设备及工器具购置费估算法

设备购置费根据项目主要设备表及价格、费用资料估算,工器具购置费以设备费的一定比例计取。对价值高的设备及工器具按单台(套)估算购置费,对价值较小的则按类估算;同时,对国产与进口设备及工器具分别估算其购置费。

设备购置费包括设备原价、现场制作费、生产用家具购置费和运杂费,其中:原价指国产与进口设备原价;运杂费指除设备原价之外的关于设备采购、运输途中包装及仓库保管等方面支出费用的总和。国产设备原价分为国产标准设备原价和国产非标准设备原价,其中国产标准设备原价分带有备件的原价和不带有备件的原价两种,一般采用带有备件的原价;国产非标准设备原价包含制造过程费用和制造过程同行业合理利润。

进口设备购置费由进口设备货价、进口从属费用和国内设备运杂费组成。按交货地点和方式的不同,进口设备货价分为离岸价(FOB)与到岸价(CIF)两种。到岸价由离岸价、国际运费、国外运输保险费组成,它在数值上等于关税完税价格。从属费用包括以下项目:国际运费,即从装运港(站)到达中国港(站)的运费;国外运输保险费,它是运输风险转移的一种方式;银行财务费,一般指中国银行手续费;外贸手续费,一般在委托外贸公司购买设备时发生;进口关税,其高低取决于进口关税税率的高低;进口环节增值税,其高低取决于进口环节增值税税率的高低;消费税,只对部分进口设备加征;车辆购置附加费,只对进口车辆加征;海关监管手续费,一般不对全额征收进口关税的货物计征。国内设备运杂费包括设备运输费、装卸费和运输保险费等。

以上设备进口从属费用计算公式如下:

$$国际运费 = 运量 \times 单位运价(或国际运费 = FOB \times 运费率)$$

$$国外运输保险费 = 保险费率 \times \frac{FOB + 国外运费}{1 - 保险费率}$$

$$银行财务费 = (FOB \times 汇率) \times 银行财务费率$$

$$外贸手续费 = (FOB + 国际运费 + 运输保险费) \times 外贸手续费率$$
$$= 抵岸价格(CIF) \times 外贸手续费率$$

$$进口关税 = 抵岸价格(CIF) \times 进口关税税率$$

$$进口环节增值税 = 组成计税价格 \times 增值税税率$$
$$= (关税完税价格 + 关税 + 消费税) \times 增值税税率$$

$$消费税 = 消费税税率 \times \frac{抵岸价格 + 关税}{1 - 消费税税率}$$

$$车辆购置附加费 = (抵岸价格 + 关税 + 消费税 + 增值税) \times \begin{matrix} 进口车辆购置 \\ 附\ 加\ 费\ 率 \end{matrix}$$

$$海关监管手续费 = CIF \times 海关监管手续费率(一般为 0.3\%)$$

[例题 3-1]某建设项目需从国外进口重量为 2 000 吨的设备,该设备在装船交货时的价格为 500 万美元。已知国际海洋运费标准为 320 美元/吨,海上运输保险费率为 3‰,中国银行费率为 4.8‰,外贸手续费率为 1.5%,关税税率为 22%,增值税的税率为 17%,消费税税率 10%,银行外汇牌价为 1 美元=7 元人民币。若不计国内设备运杂费,求该进口设备购置费。

解:

进口设备 FOB = 500 × 7 = 3 500(万元)

国际运费 = 运量 × 单位运价

$\qquad\qquad$ = 2 000 × 320 × 7 = 448(万元)

$$海运保险费 = 保险费率 \times \frac{FOB + 国外运费}{1 - 保险费率}$$

$$= 0.003 \times \frac{3\ 500 + 448}{1 - 0.003} \approx 11.9(万元)$$

进口设备 CIF = FOB + 国际运费 + 运输保险费

$\qquad\qquad$ = 3 500 + 448 + 11.9 ≈ 3 959.9(万元)

银行财务费 = (FOB × 汇率) × 银行财务费率

$\qquad\qquad$ = 500 × 7 × 0.0048 = 16.8(万元)

外贸手续费 = 抵岸价格(CIF) × 外贸手续费率

$\qquad\qquad$ = (3 500 + 448 + 11.9) × 0.015 ≈ 59.4(万元)

关税 = 抵岸价格(CIF) × 进口关税税率

$\qquad$ = (3 500 + 448 + 11.9) × 0.22 = 871.2(万元)

$$消费税 = 消费税税率 \times \frac{抵岸价格 + 关税}{1 - 消费税税率}$$

$$= 0.1 \times \frac{3\ 500 + 448 + 11.9 + 871.2}{1 - 0.1} \approx 536.8(万元)$$

进口环节增值税 = (关税完税价格 + 关税 + 消费税) × 增值税税率

$\qquad\qquad$ = (3 959.9 + 871.2 + 536.8) × 17% ≈ 912.5(万元)

进口从属费用 = 16.8 + 59.4 + 871.2 + 536.8 + 912.5 = 2 396.7(万元)

进口设备购置费 ≈ 3 959.9 + 2 396.7 = 6 356.6(万元)

③安装工程费估算法

依据住房城乡建设部、财政部 2013 年印发的《建筑安装工程费用项目组成》通知,建筑安装工程费用按费用构成要素划分为人工费、材料费、施工机具使用费、仪器仪表使用费、企业管理费、利润、规费和税金。其中,人工费是按工资总额构成规定支付给从事建筑安装工程施工的生产工人和附属生产单位工人的各项费用,包括计时工资或计件工资、奖金、津贴补贴、加班加点工资、特殊情况下支付的工资;材料费是施工过程中耗费的原材料、辅助材料、构配件、零件、半成品或成品、工程设备的费用,包括材料原价、运杂费、运输损耗费、采购及保管费;施工机具使用费是施工作业所发生的施工机械、仪器仪表使用费或其租赁费,其中施工机械使用费包括折旧费、大修理费、经常修理费、安拆费及场外运费、人工费、燃料动力费、税费;仪器仪表使用费包括工程施工所需使用的仪器仪表的摊销及维修费用;企业管理费是建筑安装企业组织施工生产和经营管理所需的费用,包括管理人员工资、办公费、差旅交通费、固定资产使用费、工具用具使用费、劳动保险和职工福利费、劳动保护费、检验试验费、工会经费、职工教育经费、财产保险费、财务费、税金和其他;利润是施工企业完成所承包工程获得的盈利;规费是按国家法律、法规规定,由省级政府和省级有关权力部门规定必须缴纳或计取的费用,包括社会保险费、住房公积金、工程排污费,其中社会保险费包括养老保险费、失业保险费、医疗保险费、生育保险费和工伤保险费;税金是国家税法规定的应计入建筑安装工程造价内的营业税、城市维护建设税、教育费附加以及地方教育附加。

各费用构成要素计算方法如下。

A.人工费

$$人工费 = \sum (工日消耗量 \times 日工资单价)$$

上式适用于工程造价管理机构编制计价定额时确定定额人工费,是施工企业投标报价的参考依据。其中,日工资单价是指施工企业平均技术熟练程度的生产工人在每工作日(国家法定工作时间内)按规定从事施工作业应得的日工资总额。

工程造价管理机构确定日工资单价应通过市场调查、根据工程项目的技术要求,参考实物工程量人工单价综合分析确定。最低日工资单价不得低于工程所在地人力资源和社会保障部门所发布的最低工资标准。

工程计价定额不可只列一个综合工日单价,而应根据工程项目技术要求和工种差别适当划分多种日工资单价,确保各分部工程人工费的合理构成。

B.材料费

$$材料费 = \sum (材料消耗量 \times 材料单价)$$

$$材料单价 = (材料原价 + 运杂费) \times [1 + 运输损耗率(\%)] \times$$
$$[1 + 采购保管费率(\%)]$$

$$工程设备费 = \sum（工程设备量 \times 工程设备单价）$$

$$工程设备单价 = （设备原价 + 运杂费） \times [1 + 采购保管费率（\%）]$$

C.施工机具使用费

$$施工机械使用费 = \sum（施工机械台班消耗量 \times 机械台班单价）$$

$$\begin{aligned}机械台班单价 =\ &台班折旧费 + 台班大修费 + 台班经常修理费 +\\ &台班安拆费及场外运费 + 台班人工费 + 台班燃料动力费 +\\ &台班车船税费\end{aligned}$$

工程造价管理机构在确定计价定额中的施工机械使用费时,应根据《建筑施工机械台班费用计算规则》,结合市场调查编制施工机械台班单价。施工企业可以参考工程造价管理机构发布的台班单价,自主确定施工机械使用费的报价。

$$施工机械使用费 = \sum（施工机械台班消耗量 \times 机械台班租赁单价）$$

$$仪器仪表使用费 = 工程使用的仪器仪表摊销费 + 维修费$$

D.企业管理费费率

以分部分项工程费为计算基础,则有:

$$企业管理费费率 = \frac{生产工人年平均管理费}{年有效施工天数 \times 人工单价} \times 人工费占分部分项工程费比例$$

以人工费和机械费合计为计算基础,则有:

$$企业管理费费率 = \frac{生产工人年平均管理费}{年有效施工天数 \times （人工单价 + 每一工作日机械使用费）} \times 100\%$$

以人工费为计算基础,则有:

$$企业管理费费率 = \frac{生产工人年平均管理费}{年有效施工天数 \times 人工单价} \times 100\%$$

上述公式适用于施工企业投标报价时自主确定管理费,是工程造价管理机构编制计价定额确定企业管理费的参考依据。工程造价管理机构在确定计价定额中企业管理费时,应以定额人工费或(定额人工费+定额机械费)作为计算基数,其费率根据历年工程造价积累的资料,辅以调查数据确定,列入分部分项工程和措施项目中。

E.利润

施工企业根据企业自身需求并结合建筑市场实际自主确定利润,列入报价中。

工程造价管理机构在确定计价定额中利润时,应以定额人工费或(定额人工费+定额机械费)作为计算基数,其费率根据历年工程造价积累的资料并结合建筑市场实际确定,以单位(单项)工程测算,利润在税前建筑安装工程费的比重可按不低于5%

且不高于7%的费率计算。利润应列入分部分项工程和措施项目中。

F.规费

社会保险费和住房公积金应以定额人工费为计算基础,根据工程所在地省、自治区、直辖市或行业建设主管部门规定的费率计算。

$$\begin{matrix}社会保险费和\\住房公积金\end{matrix}=\sum(工程定额人工费\times社会保险费和住房公积金费率)$$

式中社会保险费和住房公积金费率可以以每万元发包价的生产工人人工费和管理人员工资与工程所在地规定的缴纳标准综合分析取定。

工程排污费等其他应列而未列入的规费应按工程所在地环境保护等部门规定的标准缴纳,按实计取列入。

G.税金

$$税金=税前造价\times综合税率$$

纳税地点在市区的企业综合税率(%):

$$综合税率=\frac{1}{1-3\%-(3\%\times7\%)-(3\%\times3\%)-(3\%\times2\%)}-1$$

纳税地点在县城、镇的企业综合税率(%):

$$综合税率=\frac{1}{1-3\%-(3\%\times5\%)-(3\%\times3\%)-(3\%\times2\%)}-1$$

纳税地点不在市区、县城、镇的企业综合税率(%):

$$综合税率=\frac{1}{1-3\%-(3\%\times1\%)-(3\%\times3\%)-(3\%\times2\%)}-1$$

实行营业税改增值税的,按纳税地点现行税率计算。

④工程建设其他费用估算法

估算工程建设其他费用时,结合拟建项目的具体情况按照各项费用科目的费率、取费标准等规定计算,分别形成固定资产、无形资产和递延资产。

⑤基本预备费估算法

基本预备费是在项目建设过程中经上级批准的设计变更和国家政策性调整所对应增加的投资,以及为解决意外事故而采取措施所增加的项目费用,又被称为工程建设不可预见费,包括批准的初步设计范围内的技术设计、施工图设计及施工过程中所增加的工程费用,设计变更、工程变更、材料代用、局部地基处理增加的费用,一般自然灾害造成的损失和预防自然灾害所采取的措施费用,竣工验收时为鉴定工程质量对隐蔽工程进行必要的挖掘和修复的费用,超规超限设备运输增加的费用等。基本预备费的估算方法是,建筑工程费、设备及工器具购置费、安装费、工程建设其他费用之和乘以基本预备费率。

⑥涨价预备费估算法

建设周期较长的项目在建设期内可能发生材料、人工、设备、施工机械等价格上涨,以及费率、利率、汇率等变化问题导致项目需要追加费用,这种为应对涨价问题而预备的费用即为项目建设投资的涨价预备费,又被称为价格变动不可预见费。其估算方法是:

$$PC = \sum_{t=1}^{n} I_t \left[(1+f)^t - 1 \right]$$

式中:PC 为涨价预备费;I_t 为第 t 年的建筑工程费、设备及工器具购置费、安装工程费之和;f 为建设期价格上涨指数;n 为建设期。

对于政府部门有规定的建设期价格上涨指数,在计算时按规定执行;对于没有规定的建设期价格上涨指数,在计算时由可行性研究人员预测。

[例题 3-2]某项目的静态投资为 22 310 万元,按项目实施进度计划,项目建设期为 3 年,每年的投资分配使用比例为第一年 20%,第二年 55%,第三年 25%,建设期内平均价格变动率预测为 6%。试估算该项目建设期的涨价预备费。

解:

$PC_1 = 22\ 310 \times 20\% \times [(1+6\%) - 1] = 267.72$

$PC_2 = 22\ 310 \times 55\% \times [(1+6\%)^2 - 1] = 1\ 516.633\ 8$

$PC_3 = 22\ 310 \times 25\% \times [(1+6\%)^3 - 1] = 1\ 065.391\ 74$

$PC = 267.72 + 1\ 516.633\ 8 + 1\ 062.391\ 74 = 2\ 849.745\ 54$(万元)

⑦建设期利息估算法

建设期利息是工程项目在建设期间内发生并计入固定资产的利息,是支付银行贷款、出口信贷、债券等的借款利息。其计算公式是:

$$q_j = \left(P_{j-1} + \frac{1}{2} A_j \right) \times i$$

式中:q_j 为建设期第 j 年应计利息;P_{j-1} 为建设期第 $(j-1)$ 年末贷款累计金额与利息累计金额之和;A_j 为建设期第 j 年贷款金额;i 为年利率。

[例题 3-3]某项目建设期为 3 年,建设期间分年均衡进行贷款。第一年贷款 300 万元,第二年 600 万元,第三年 400 万元,年利率为 12%,建设期内利息只计息不支付。试计算建设期贷款利息。

解:

在建设期,各年利息计算如下:

$$q_1 = \frac{1}{2} A_1 \times i = \frac{1}{2} \times 300 \times 12\% = 18$$

$$q_2 = \left(P_1 + \frac{1}{2} A_2 \right) \times i = \left(300 + 18 + \frac{1}{2} \times 600 \right) \times 12\% = 74.16$$

$$q_3 = \left(P_2 + \frac{1}{2} A_3 \right) \times i = \left(318 + 600 + 74.16 + \frac{1}{2} \times 400 \right) \times 12\% = 143.06$$

所以,建设期贷款利息为 $q_1 + q_2 + q_3 = 18 + 74.16 + 143.06 = 235.22$(万元)

(二)流动资金构成与估算

1.流动资金构成

项目建成后进入运营状态时,为保证正常运营,运营单位必须有一定量的资金来周期性购置原材料、燃料、动力等劳动对象,支付职工工资,垫付被占用于制品、半成品、产成品上的资金等。在周期性支付、垫付过程中,伴随着资金从货币形态转化为实物形态,又从实物形态转回到货币形态,支付、垫付资金的价值也随着实物形态的变化而转移到新产品中,又随着产品被消费的实现而直接或间接回收。这种周期性支付、垫付的资金,具有很强的价值流动性,因而被称为流动资金,它在项目建成后运营中长期、永久性流动。与非流动资金相比,流动资金具有形态变动性、金额波动性、资金循环与运营周期一致性、资金来源灵活多样性等特征。

流动资金在数值上等于在一个运营周期内变现或者耗用的各类资产合计。广义流动资金是指全部流动资产包括应收账款、现金、存货(材料、在制品及成品)、有价证券、预付款等,狭义流动资金为流动资产与流动负债之差额即净流动资金。净流动资金代表项目运营单位的流动地位,净流动资金越多代表净流动资产愈多,运营单位短期偿债能力越强,信用地位越高,在资金市场中筹资越容易。

2.流动资金估算

流动资金估算一般采用分项详细估算法,对于个别情况或者小型建设项目则可采用扩大指标法。

(1)分项详细估算法

分项详细估算法是根据流动资产和流动负债估算项目占用流动资金的方法。此时,流动资金等于流动资产和流动负债的差额,其中流动资产的构成要素一般包括存货、现金、应收账款,流动负债的构成要素一般包括应付账款。

①流动资金计算公式

流动资金＝流动资产－流动负债

其中:

流动资产＝应收账款＋存货＋现金

流动负债＝应付账款

②流动资金计算步骤

进行流动资金估算时,首先计算各类流动资产和流动负债的年周转次数,然后再分项估算占用资金额。

A.周转次数

周转次数是指流动资金各要素在一年(360天)内完成多少个价值循环。其计算公式为:

$$周转次数 = \frac{360}{流动资金最低周转天数}$$

在确定流动资产和流动负债的最低周转天数时,可以参照同行业平均周转天数并结合实际项目特点例如储存天数、在途天数,并考虑适当的保险系数来确定,或依照部门(行业)规定确定。

B.应收账款

应收账款是指运营单位对外赊销商品、提供劳务尚未收回的资金。其计算公式为:

$$应收账款 = \frac{年经营成本(年销售收入)}{应收账款周转次数}$$

C.存货

存货是运营单位为运营储备的各种物资,包括原辅材料、燃料、低值易耗物、在产品、自制半成品、产成品、包装物、维修备件等。在计算存货时,一般简化处理,仅考虑外购原材料、外购燃料、在产品和产成品而分项计算。其计算公式为:

$$存货 = 外购原材料 + 外购燃料 + 在产品 + 产成品$$

其中:

$$外购原材料 = \frac{年外购原材料}{分项周转次数}$$

$$外购燃料 = \frac{年外购燃料}{分项周转次数}$$

$$在产品 = \frac{年(外购原材料、燃料 + 工资及福利 + 修理费 + 其他制造费)}{在产品周转次数}$$

$$产成品 = \frac{年经营成本}{产成品周转次数}$$

D.现金

流动资金中的现金是指货币资金,即运营活动中停留于货币形态的那部分资金,包括企业库存现金和银行存款。其计算方法:

$$现金 = \frac{年工资及福利费 + 年其他费用}{现金周转次数}$$

其中:

$$年其他费用 = 制造费 + 管理费 + 销售费 - （以上三项费用中所含的工资及福利费、折旧费、摊销费、修理费等）$$

E.流动负债

流动负债是一年或者超过一年的一个周期内需要偿还的各种债务,包括短期借款、应付账款、应付票据、预收账款、应付工资、应付福利费、应付股利、应交税金、其他暂收应付款、预提费用和一年内到期的长期借款等。在可行性研究中,流动负债可以只考虑应付账款。其计算公式为:

$$应付账款 = \frac{外购原材料费 + 燃料动力费}{应付账款周转次数}$$

（2）扩大指标估算法

扩大指标估算法是根据现有同行业的实际资料求得各种流动资金率指标,或依据行业或部门给定的参考值或经验值确定比例,继而依据各类流动资金率乘以相应的费用基数来估算流动资金,其中一般常用的费用基数有销售收入、总成本（或运营成本）、固定资产价值、单位产量等。扩大指标估算法虽简便但准确度不高,多适用于项目建议书阶段流动资金的估算。

①销售收入资金率法

销售收入资金率是指项目流动资金需要量与其一定时期内（通常为一年）的销售收入的比率。根据销售收入资金率计算流动资金的公式为:

$$流动资金 = 项目年销售收入 \times 销售收入资金率$$

式中,项目年销售收入取项目正常生产年份的数值,销售收入资金率根据同类项目的经验数据加以确定。

②总成本（或经营成本）资金率法

总成本（或经营成本）资金率是项目流动资金需要量与其一定时期（通常为一年）内总成本（或经营成本）的比率。根据总成本（或经营成本）资金率计算流动资金的公式为:

$$流动资金 = 项目年总成本（或经营成本） \times 总成本（或经营成本）资金率$$

式中,项目年总成本（或经营成本）取正常生产年份的数值,总成本（或经营成本）资金率根据同类项目的经验数据加以确定。

③固定资产价值资金率法

固定资产价值资金率是项目流动资金需要量与固定资产价值的比率。根据固定资产价值资金率计算流动资金的公式为：

流动资金＝固定资产价值×固定资产价值资金率

式中,固定资产价值根据前述方法得出,固定资产价值资金率根据同类项目的经验数据加以确定。

④单位产量资金率法

单位产量资金率是项目单位产量所需的流动资金金额。根据单位产量资金率计算流动资金的公式为：

流动资金＝达产期年产量×单位产量资金率

式中,单位产量资金率根据同类项目经验数据加以确定。

第二节　公共项目融资分析

融资有广义和狭义之分。广义的融资也被称为金融,是货币资金的融通,指当事组织机构通过各种方式到金融市场上筹措或贷放资金的行为,可分为直接融资和间接融资。前者指不经金融机构媒介而由政府、企事业单位及个人直接以最后借款人的身份向最后贷款人进行融资的活动,后者指通过金融机构媒介由最后借款人向最后贷款人间接进行融资的活动。狭义的融资是筹集资金的行为与过程,是当事组织机构根据自身经营状况、资金拥有状况和未来运营发展需要,采取某种方式,通过某种渠道向投资者和债权人筹集资金,组织资金供应,以保证自身正常建设和运营的资金需要的行为。

包括公共项目在内的项目融资是以筹资者的信用、有形资产或项目预期收益为基础,筹集项目建设和项目建成后运行所需资金的行为过程。

一、公共项目融资主体与融资组织形式

公共项目融资主体是指进行公共项目融资活动的实体。采用项目融资形式时,贷款人对项目的债务追索权主要被限制在新建项目组织的资产和现金流量中,项目发起人和投资人所承担的是有限责任,其资产负债表不会因此而受到影响。

（一）新设项目法人融资

1.新设项目法人融资的含义

新设项目法人融资是指新建项目法人进行融资,是具有无追索或有限追索形式的融资活动。具体而言,项目发起人、其他投资人出资建立新的独立承担民事责任的机构法人,这一法人承担项目建设和项目建成后运营责任。

2.无追索权与有限追索的项目融资

无追索权的项目融资是指项目贷款本息偿还范围仅限于项目所产生的收益,担保权益范围仅限于该项目的资产。有限追索的项目融资是国际上通常采用的项目贷款方式,它是指债权人一方面将项目收益作为补偿来源并将项目的资产设定为担保物权,另一方面还要求由项目利益相关的第三方提供担保。

（二）既有项目法人融资的含义

既有项目法人融资是指现有法人进行融资,即现有组织机构融资。其特点是:第一,项目发起人出面筹集资金而拟建项目不组建新的项目法人,由前者统一组织融资活动并承担融资责任与风险;第二,融资活动在既有法人资产和信用的基础上进行,而不依赖于项目运营形成的资产和项目未来收益;第三,从既有法人的财务状况考察融资后的项目偿债能力,即资金提供者主要依据既有项目法人的资产、负债、利润以及现金流量等状况进行信贷决策。

（三）两种融资组织形式比较

新设项目法人融资相对于既有项目法人融资具有显著的特点。第一,项目导向。新设项目法人融资不是依赖于项目投资者或发起人的资信,而是依赖于项目现金流和资产。在这种融资方式中,债权人关心的是项目在贷款期间能够产生多少现金流量用于还款,也就是内部收益率的高低。第二,有限追索。债权人对借款人的追索形式和程度是区分新设项目法人融资和既有项目法人融资的重要指标。在既有项目法人融资方式中,债权人提供完全追索形式的债务资金;而在新设项目法人融资方式中,债权人只在借款的某个特定时期(如项目建设期)或特定的范围(如项目现金流和资产)对项目借款人实施追索。第三,负债表外会计处理。在新设项目法人融资形式中,贷款人对项目债务的追索权主要被限制在项目公司资产和现金流量内,因项目发起人和投资人承担有限责任所以其资产负债表不会受到负债影响。第四,融资周期长、成本较高。新设项目法人融资花费的时间要更长,融资成本更高。新设项目法人融资成本包括资金筹集成本和利息成本,其中融资成本包括融资前期花费的咨询费、手续费、律师费等,数额高低与融资规模直接相关。

以上新设项目法人融资与既有项目法人融资的区别如表3-1所示。

表 3-1　新设项目法人融资与既有项目法人融资比较

比较内容	比较对象	
	新设项目法人融资	既有项目法人融资
融资基础	项目资产和项目运营现金流	项目发起人的资信
追索程度	有限追索或无追索	完全追索
风险分担	所有参与者	投资者/放贷者/担保者
会计处理	债务出现在项目的资产负债表上	债务出现在项目发起人的资产负债表上
融资成本	高	低

二、公共项目融资资金来源

在确定融资主体与融资组织形式的基础上,可行性研究必须确认项目融资资金来源。融资主要包括内源融资和外源融资两个渠道。其中内源融资资金主要是自有资金和运营过程中积累的资金,外源融资资金主要是股权融资资金和债务融资资金。内源融资也称内部融资,是作为融资主体的既有法人将内部资金转化为项目投资资金,其渠道和方式主要包括货币资金注入、资产变现、企业产权转让、直接使用非现金资产。外源融资是项目法人吸收融资主体外部的资金包括政府财政资金即中央和地方政府可用于建设项目的财政性资金,商业银行和政策性银行的信贷资金,证券市场的资金,非银行金融机构的资金,国际金融机构的信贷资金,外国政府提供的信贷资金和赠款,外国公司或个人直接投资的资金,以及企业、团体和个人可用于建设项目的资金等。

关于政府投资资金,依据 2019 年颁布实施的《政府投资条例》,政府投资资金应当投向市场不能有效配置资源的社会公益服务、公共基础设施、农业农村、生态环境保护、重大科技进步、社会管理、国家安全等公共领域的项目,以非经营性项目为主。政府投资资金按项目安排,以直接投资方式为主;对确需支持的经营性项目,主要采取资本金注入方式,也可以适当采取投资补助、贷款贴息等方式。这其中,直接投资指政府安排政府投资资金投入非经营性项目,并由政府有关机构或其指定、委托的机关、团体、事业单位等作为项目法人单位组织建设实施的方式;资本金注入指政府安排政府投资资金作为经营性项目的资本金,指定政府出资人代表行使所有者权益,项目建成后政府投资形成相应国有产权的方式;投资补助指政府安排政府投资资金,对市场不能有效配置资源、确需支持的经营性项目,适当予以补助的方式;贷款贴息指政府安排政府投资资金,对使用贷款的投资项目贷款利息予以补贴的方式。

2010 年国务院颁布实施的《关于加强地方政府融资平台公司管理有关问题的通知》指出,虽然地方政府融资平台公司(指由地方政府及其部门和机构等通过财政拨款或注入土地、股权等资产设立,承担政府投资项目融资功能,并拥有独立法人资格的经济实体)通过举债融资,为地方经济和社会发展筹集资金,在加强基础设施建设以及应对国际金融危机冲击中发挥了积极作用,但是地方政府确需设立融资平台公司的,必须严格依照有关法律法规办理,足额注入资本金,学校、医院、公园等公益性资产不得作为资本注入融资平台公司。

三、公共项目融资方式

(一)资本金筹集

依据国务院于 2019 年颁布实施的《关于加强固定资产投资项目资本金管理的通知》,投资项目资本金制度适用于我国境内的企业投资项目和政府投资的经营性项目。投资项目资本金是项目总投资中由投资者认缴的出资额,对投资项目来说它必须是非债务性资金,项目法人不承担这部分资金的任何债务和利息;投资者可按其出资比例依法享有所有者权益,也可转让其出资,但不得以任何方式抽回,党中央、国务院另有规定的除外。适用资本金制度的投资项目,属于政府投资项目的,有关部门在审批可行性研究报告时要对投资项目资本金筹措方式和有关资金来源证明文件的合规性进行审查,并在批准文件中就投资项目资本金比例、筹措方式予以确认。

基础设施建设项目中,港口、沿海及内河航运项目最低资本金比例为 20％,机场项目最低资本金比例为 25％,其他基础设施项目为 20％。其中,公路(含政府收费公路)、铁路、城建、物流、生态环保、社会民生等领域的补短板基础设施项目,在投资回报机制明确、收益可靠、风险可控的前提下,可以适当降低项目最低资本金比例,但下调不得超过 5 个百分点。实行审批制的项目,审批部门可以明确项目单位按此规定合理确定的投资项目资本金比例。实行核准或备案制的项目,项目单位与金融机构可以按此规定自主调整投资项目资本金比例。法律、行政法规和国务院对有关投资项目资本金比例另有规定的,从其规定。

项目资本金来源主要包括政府财政性资金,国内外企业法人入股资金,赠予资金,项目法人可用于项目的现金,国家授权投资机构入股的资金,社会团体和个人入股的资金等。资本金出资形态可以是现金,也可以是只能在资本金中占有一定比例的、经资产评估机构评估作价的实物、产权、非专利技术、土地使用权和资源开采权等。

(二)债务资金筹集

债务资金是包括公共项目在内的项目投资中除资本金外,需要从金融市场借入的资金。债务资金的筹集主要有信贷融资、债券融资和融资租赁三种渠道。

1.信贷融资

(1)商业银行贷款。商业银行贷款是项目获得短期、中长期贷款的重要渠道。其特点是手续简单、融资成本较低,适用于具备偿债能力的投资项目包括具有偿债能力的经营性政府投资公共项目。

(2)政策性银行贷款。政策性银行贷款是为配合国家产业政策等经济社会发展战略而实施的贷款。其特点是利率较低,但一般期限较长,在我国开展政策性贷款业务的银行主要有国家开发银行、中国银行进出口银行和中国农业发展银行。

(3)国际间政府贷款。国际间政府贷款是两国政府间提供的具有一定援助或部分赠予性质的优惠贷款。其特点是,第一,在经济上带有援助性质,期限长、利率低甚至免息;一般年利率为2%~4%,还款期平均为20~30年,最长可达50年。第二,贷款方式一般为混合贷,即在贷款总额中,政府贷款一般占1/3,而其出口信贷占2/3。第三,贷款限定用途,如贷款只能用于从贷款国进口设备,或只能用于某类特定项目。

(4)国际金融组织贷款。国际金融组织贷款是国际金融组织按照其章程向某成员国提供贷款的活动。目前比较著名的国际金融组织有国际货币基金组织、世界银行、亚洲基础设施投资银行和亚洲开发银行等。国际金融组织依据各自的贷款政策,遵循特定程序和方法确认应当支持某项目时才向该项目予以贷款。这其中,国际货币基金组织贷款只限于成员国财政和金融机构,贷款期限一般为1~5年。世界银行贷款程序严密,审批时间长达一年半到两年,通常只提供货物和服务所需的外汇部分于其所资助的项目,贷款期限长达20年左右,最长可达30年。亚洲开发银行贷款分为硬贷款、软贷款和赠款,其中:硬贷款是由亚洲开发银行提供的普通资金提供的贷款,此类贷款的期限一般为10~30年,含2~7年的宽限期,贷款的利率为浮动利率,每年调整一次;软贷款又称优惠利率贷款,是由亚洲开发银行开发基金会提供的贷款,只提供给还款能力有限的发展中国家,期限为40年,含10年的宽限期,免收利息,仅收1%的手续费;赠款由技术援助特别基金提供。

我国于2015年倡议设立的亚洲基础设施投资银行(Asian Infrastructure Investment Bank,简称亚投行,AIIB)是一个政府间性质的亚洲区域多边开发机构,重点支持基础设施建设,旨在促进亚洲区域的建设互联互通化和经济一体化的进程,加强我国与其他亚洲国家和地区的合作,总部设在北京。

(5)出口信贷。出口信贷是设备出口国政府为促进本国设备出口、鼓励本国银行向本国出口商贷款或向外国进口商(或进口方银行)提供的贷款,前者称卖方信贷,后者称买方信贷。出口信贷利率通常要低于国际上商业银行的贷款利率,但需支付一定的附加费用如管理费、承诺费、信贷保险费等。

2.债券和票据融资

债券是经济组织以自身的财务状况和信用条件为基础,依照《中华人民共和国证券法》《中华人民共和国公司法》等法律法规规定的条件和程序发行的、约定在一定期限内还本付息的债券,如三峡债券、铁路建设债券等。债券融资是发行债券筹集资金用于项目建设的融资方式,其特点是筹资对象广且发行条件严格、手续复杂,利率虽低但发行费用高,适用于资金需求量大同时偿债能力强的项目。

融资性票据是票据持有人通过非贸易方式取得商业汇票,并以该票据向银行申请贴现套取资金以实现融资。融资性票据产生于承兑环节而非贴现环节,票据贴现后的资金往往被用于投资或偿债。

债券和票据的区别在于:票据一般可以自由转让,而债券转让则需要一定条件;债券发行需要特定条件,而票据发行不需要特定条件;商业票据有带息和不带息之分,而债券一般带息。

3.融资租赁

2015 年国务院印发《关于加快融资租赁业发展的指导意见》,提出以坚持市场主导与政府支持相结合、发展与规范相结合、融资与融物相结合、国内与国外相结合的基本原则全面系统部署加快发展融资租赁业。

融资租赁是资产拥有者在一定期限内将资产租给承租人使用,由承租人分期付款的融资方式,其特点是租赁物品的所有权与使用权相分离。融资租赁程序是:出租人首先购置承租人选定的设备后出租给承租人长期使用;其后,出租人收取租金而取得收益,承租人支付租金而租用设备用于运营项目;租赁期满后,出租人将设备作价转让给承租人。融资租赁的优点是承租人无需预先筹集一笔相当于资产买价的全部资金,就可以获得与资产所有权相对应资产全部的使用权。

融资租赁方式特别适用于设备密集型项目,其业务流程如图 3-2 所示。承租人首先向出租人提出租赁申请,签订融资租赁合同;之后根据承租人选择供货方,承租人、出租人和供货方签订三方合同;出租人向银行提出贷款请求;银行向供货商支付货款;供货商向承租人供货并提供售后服务;承租人向出租人支付租金;出租人向银行偿还贷款。

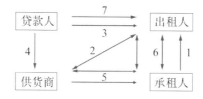

1.承租人向出租人提出租赁申请,签订融资租赁合同;
2.根据承租人的选择签订三方购买合同;
3.出租人向银行提出贷款请求;
4.银行向供货商支付货款;
5.供货商向承租人供货并提供售后服务;
6.承租人按期向出租人支付租金;
7.出租人向银行偿还贷款

图 3-2　融资租赁业务流程

4.特许经营项目融资

2015 年,中华人民共和国国家发展和改革委员会、中华人民共和国财政部、中华人民共和国住房和城乡建设部、中华人民共和国交通运输部、中华人民共和国水利部、中国人民银行联合发文《基础设施和公用事业特许经营管理办法》,鼓励和引导社会资本参与基础设施和公用事业建设运营,包括将能源、交通运输、水利、环境保护、市政工程等五大吸纳资金规模巨大和投资收益含金量高的行业开辟为特许经营的领域,并提出最长 30 年的运营期限,明确国家鼓励包括政策性开发性金融机构参与,以扩大民间投资,激发社会活力,增加公共产品和服务供给。

特许经营是特许人和受许人之间建立契约关系,受许人在由特许人所有和控制下的一个共同标记、经营模式和过程之下进行经营,并从自己的资源中对其业务进行投资。特许经营项目融资是适用于基础设施、公用事业和自然资源开发等大中型项目的越来越流行的重要筹资手段。

特许经营项目包括 BOT(建设—经营—移交)、BT(建设—移交)、BOO(建设—经营—拥有)、TOT(移交—经营—移交)、ROO(改造—经营—拥有)、PPP 等 20 多个类别,其中最为典型的是 BOT 和 PPP 项目。BOT(build-operate-transfer)项目主体包括项目发起人、项目的投资者经营者、项目贷款银行三方。BOT 是以项目未来现金流作为抵押的一种融资方式,是指政府就某个基础设施项目与私人企业签订特许权协议,授予签约方的私人企业来承担项目的投资、融资、建设和维护;在协议规定的特许期限内,许可私人企业融资建设和经营特定的公用基础设施,并准许其通过向用户收取费用或出售产品以清偿贷款,回收投资并赚取利润。政府项目对相应的基础设施有监督权、调控权;特许期满后,签约方的私人企业将项目对应的基础设施无偿移交给政府部门。

PPP(Public-Private Partnership)是在公共服务领域,政府采取竞争性方式选择具有投资、运营管理能力的市场主体,双方按照平等协商原则订立合同,由市场承担公共服务的生产责任,政府则承担公共服务提供责任。在 PPP 项目中,政府将项目建设尤其是项目建成后的运营权授予企业,同时对企业提供包括运营补贴、减免税收等在内的资金支持,政府也可以从企业经营中分享收益。PPP 是政府和社会资本合作投资项目,主要适用于政府必须承担供给责任并且又适合市场化运作的基础设施等公共服务类领域。通过 PPP 项目融资方式,政府和市场主体建立长期合作伙伴关系,分担风险、各自发挥优势与特长,最终为公众提供质量更高、效果更好的公共产品及服务。

四、公共项目资金筹措方案分析

包括公共项目在内的项目融资方案分析是对项目不同融资主体与融资组织形

式、项目不同融资资金来源、项目不同融资方式等进行综合比选，最终确认具有资金来源可靠、资金结构合理、成本低、风险小等特点的融资方案。总体而言，项目资金筹措方案分析内容通常包括融资结构分析、融资成本分析、融资风险分析等。

（一）融资结构分析

项目融资结构分析是对项目资本金与债务资金比例、股本结构比例、债务结构比例等的合理性进行分析，包括资本金比例分析、股本结构分析和债务结构分析，确认最终的项目融资结构。

资本金比例分析是对项目资本金在项目总投资中所占比例进行分析。从1996年起，我国对各种经营性固定资产投资项目，包括国有单位的基本建设、技术改造、房地产开发项目和集体投资项目试行资本金制度，投资项目必须首先落实资本金才能进行建设。通常情况下，项目资本金比例越低就意味着项目债务资金比例越高，项目建设和项目建成后运营的财务风险也就越高。资本金分析包括分析不同行业资本金比例是否符合国家有关规定，分析资本金来源渠道是否清晰，分析出资方、出资方式、出资额、承诺出资文件、资产评估证明等是否可靠等。

股本结构是股本的各个构成包括普通股、优先股、可转债等股份占总股本的比例关系，其实质是项目股东各方出资额和相应的权益。我国股份制经济组织股本一般由国有股、法人股、外资股、职工股、社会公众股构成。其中，国有股是国家持有的股份，法人股是组织法人所持有的股份，外资股是指国外和中国香港、澳门、台湾地区的投资者以购买人民币特种股票形式向项目投资形成的股份。项目股本结构根据项目特点和主要股东方参股意愿确定，过程须符合我国合同法等规定。

项目债务结构通常是指项目负债的金额和比例，反映项目各债权方为项目提供的、形成项目债务及其占项目总资金的比例。债务结构按还款速度或还款时间分为流动负债和长期负债。流动负债是指在一年内或一个一年以上的商业周期内偿还的债务，主要包括短期贷款、应付票据、应付账款、应付工资、应付税款、其他应付款、其他应交税款等；长期负债是指偿还期为一年或一个商业周期以上的债务，包括长期贷款、应付债券、长期应付账款等。除此之外，债务结构按债权国不同可分为内债与外债，按债权金融机构不同分为政策性金融机构贷款和商业性金融机构贷款，按债务资金供给者不同分为信贷资金与债券资金。在债务结构分析中，可根据债权人提供债务资金的方式、附加条件，以及利率、汇率、还款等方式的不同，确认各类合理且可行的债务结构。

（二）融资成本分析

项目融资成本是项目资金使用者为筹集资金、使用资金而支付的费用，其实质是资金使用者支付给资金所有者的报酬，又被称为用资成本。经济组织融资是一种交易行为,有交易就会有交易费用,而作为资金使用方的交易者为了获得资金使用权,就必须支付有关费用,如委托金融机构代理发行股票、债券而支付注册费和代理费,向银行借款支付手续费等。

融资成本分析是在对资金筹集费和资金占用费进行分析的基础上计算融资成本率,确认成本率最低的融资方案。资金筹集费是在资金筹资过程中发生的各种费用,如承诺费、手续费、担保费、代理费等;资金占用费是因使用资金而向资金提供者支付的报酬,如股票融资中向股东支付的股息、红利,发行债券和借款中支付的利息,借用资产支付的租金等。融资成本率在数值上为资金占用费与融资净额比率,其中融资净额为融资总额与融资费用之差。

在进行融资成本分析时,一般要分别分析债务资金融资成本和资本金融资成本。分析债务资金融资成本时,结合不同债务资金融资利率水平、利率计算方式、计息和付息方式以及偿还期,计算债务资金的综合资金占用费,比选最低的融资成本率所对应的项目融资方案。分析资本金融资成本时,按机会成本原则计算项目资金占用费,比选最低的融资成本率所对应的项目融资方案。

(三)融资风险分析

项目融资风险是因筹集资金活动而引起的项目收益不确定的风险。项目的融资风险分析内容主要包括项目资金运用风险、项目控制风险、资金供应风险、资金追加风险、利率及汇率风险等。项目资金运用风险主要是项目筹资者虽运用所筹集到的资金于项目建设和项目建成后的运营,但结果是非盈利的风险。项目控制风险是经过融资活动后,项目筹资者可能会失去对项目某些控制权如项目的经营权、收益权、管理权等。项目资金供应风险是项目融资方案在实施过程中可能会出现资金不能及时、足额到位而导致建设工期拖长、工程成本升高的风险。项目资金追加风险是项目实施过程中可能会出现因设计变更、技术变更、市场变化等而需要对项目追加资金的风险。利率风险是利率的非预期性波动可能使项目资金成本增大的风险。汇率风险是项目可能因汇率变动而遭受损失或预期收益难以实现的风险。

在进行项目融资风险分析时,一般遵循识别融资风险因素、估计融资风险程度、提出融资风险对策等步骤。例如在进行汇率风险分析时,首先分析人民币对各种外币币值变动和各外币之间比价变动因果关系,其次判断人民币对外汇汇率的走势尤其量化分析汇率发生较大变动时对项目遭受的损失,最后提出风险防范应对措施。

第三节 项目投资估算实例

实例一

某一建设项目,设计加工处理能力35万吨,已知加工处理能力为10万吨的同类项目投入设备费用为5 000万元,设备综合调整系数1.15。该项目加工处理能力指数估计为0.75,该类项目的建筑工程是设备费的10%,安装工程费用是设备费的20%,其他工程费用是设备费的10%,这三项的综合调整系数定为1.0,其他投资费用估算为1 200万元。该项目的自有资金4 000万元,其余通过银行贷款获得,年利率为8%,按季计息。建设期为2年,投资进度分别为40%、60%,基本预备费率为7%,建设期内生产资料涨价预备费率为5%,自有资金筹资计划为:第一年4 200万元,第二年5 800万元,估算该项目的固定资产总额。建设期间不还贷款利息。预计运营期项目需要流动资金580万元。假设该项目的生产期为8年,固定资产的折旧年限为10年,采用平均年限法提取折旧,残值率为4%。要求:

1.估算建设期借款利息;

2.计算建设项目的总投资;

3.计算各年的固定资产折旧及寿命期末收回的固定资产残值。

解:

1.估算建设期借款利息

(1)采用生产能力指数法估算设备费为:

$$5\ 000 \times \left(\frac{35}{10}\right)^{0.75} \times 1.15 = 14\ 713.6(万元)$$

(2)采用比例法估算静态投资为:

建安工程费 = 14 713.60 × (1+10%+20%+10%) × 1.0 + 1 200
  = 21 799.04(万元)

基本预备费 = 21 799.04 × 7% = 1 525.93(万元)

建设项目静态投资 = 建安工程费 + 基本预备费
    = 21 799.04 + 1 525.93 = 23 324.97(万元)

(3)计算涨价预备费为：

第 1 年的涨价预备费＝23 324.97×40％×[(1＋5％)−1]＝466.50(万元)

第 1 年含涨价预备费的投资额＝23 324.97×40％＋466.50＝9 796.49(万元)

第 2 年的涨价预备费＝23 324.97×60％×[(1＋5％)^2−1]＝1 434.49(万元)

第 2 年含涨价预备费的投资额＝23 324.97×60％＋1 434.49＝15 429.47(万元)

涨价预备费＝466.50＋1 434.49＝1 900.99(万元)

(4)计算建设期借款利息为：

$$实际年利率＝\left(1＋\frac{8\%}{4}\right)^4−1＝8.24\%$$

本年借款＝本年度固定资产投资−本年自有资金投入

第 1 年当年借款＝9 796.49−4 200＝5 596.49(万元)

第 2 年借款＝15 429.47−5 800＝9 629.47(万元)

各年应计利息＝(年初借款本息累计＋本年借款额/2)×年利率

第 1 年贷款利息＝(5 596.49/2)×8.24％＝230.58(万元)

第 2 年贷款利息＝[(5 596.49＋230.58)＋9 629.47/2]×8.24％＝876.88(万元)

建设期贷款利息＝230.58＋876.88＝1 107.46(万元)

2.计算建设项目的总投资：

固定资产投资总额＝建设项目静态投资＋涨价预备费＋建设期贷款利息

＝23 324.97＋1 900.99＋1 107.46＝26 333.42(万元)

建设项目的总投资＝固定资产投资总额＋流动资金投资＋其他投资

＝26 333.42＋580＝26 913.42(万元)

3.计算各年的固定资产折旧及寿命期末收回的固定资产残值。

固定资产折旧＝26 333.42×(1−4％)/10＝2 528(万元)

固定资产余值＝年折旧费×(固定资产使用年限−运营期)＋残值

＝2 528×(10−8)＋26 333.42×4％＝6 109.34(万元)

实例二

某政府拟投资一个建设项目,项目建设期为 2 年,实施计划进度为:第 1 年完成项目全部投资的 40％,第 2 年完成项目全部投资的 60％,第 3 年项目投产,投产当年项目的运营负荷达到设计能力的 80％,第 4 年项目的运营负荷达到设计能力。项目运营期为 8 年,固定资产使用年限总计为 10 年,采用平均年限法提取折旧,残值率为 4％。

建设投资估算为:项目工程费与工程建设其他费的估算额为 12 500 万元,预备费为:基本预备费率为 8%,涨价预备费率为 5%。

该项目的资金来源为自有资金和贷款,贷款总额为 10 000 万元,从银行获得,按照施工计划进度分期贷入,年利率为 8%(按季计息)。

建设项目达到设计能力后,全场定员为 600 人,工资和福利费按照每人每年 14 000 元估算,每年的其他费用为 360 万元,年外购原材料、燃料及动力费估算为 9 750 万元。年运营成本为 15 300 万元,年修理费占年运营成本 10%。各项流动资金的最低周转天数分别为:应收账款 36 天,现金 40 天,应付账款 30 天,存货 40 天。

要求:

1.计算基本预备费、涨价预备费和建设期贷款利息;

2.用分项详细估价法估算拟建项目的流动资金;

3.估算拟建项目的总投资;

4.计算各年的资产折旧及寿命期末回收的固定资产残值。

解:

1.估算基本预备费、涨价预备费和建设期贷款利息

(1)估算静态投资

建安工程费 = 12 500 万元

基本预备费 = 12 500 × 8% = 1 000(万元)

建设项目静态投资 = 建安工程费 + 基本预备费 = 12 500 + 1 000 = 13 500(万元)

(2)计算涨价预备费

第 1 年的涨价预备费 = 13 500 × 40% × [(1+5%)−1] = 270(万元)

第 1 年含涨价预备费的投资额 = 13 500 × 40% + 270 = 5 670(万元)

第 2 年的涨价预备费 = 13 500 × 60% × [(1+5%)^2−1] = 830.25(万元)

第 2 年含涨价预备费的投资额 = 13 500 × 60% + 830.25 = 8 930.25(万元)

涨价预备费 = 270 + 830.25 = 1 100.25(万元)

(3)计算建设期借款利息

$$实际年利率 = \left(1+\frac{8\%}{4}\right)^4 - 1 = 8.24\%$$

各年应计利息 = (年初借款本息累计 + 本年借款额/2) × 年利率

第 1 年贷款利息 = (10 000 × 40%/2) × 8.24% = 164.8(万元)

第 2 年贷款利息 = [(10 000 × 40% + 164.8) + 10 000 × 60%/2] × 8.24%

= 590.38(万元)

建设期贷款利息 = 164.8 + 590.38 = 755.18(万元)

2.用分项估算法估算拟建项目的流动资金

$$估算流动资金投资额＝流动资产－流动负债$$
$$流动资产＝应收账款＋存货＋现金$$

(1)应收账款

$$应收账款＝\frac{年经营成本}{年周转次数}$$

$$=\frac{15\ 300}{\dfrac{360}{36}}=1\ 530(万元)$$

(2)存货估算

$$外购原材料、燃料＝\frac{年外购原材料燃料动力费}{年周转次数}$$

$$=\frac{9\ 750}{\dfrac{360}{40}}=1\ 083.33(万元)$$

$$在产品＝\frac{年(工资福利费＋其他费用＋外购原材料燃料动力费＋修理费)}{年周转次数}$$

$$=\frac{1.4×600+360+9\ 750+15\ 300×10\%}{\dfrac{360}{40}}=1\ 386.67(万元)$$

$$产成品＝\frac{年经营成本}{年周转次数}$$

$$=\frac{15\ 300}{\dfrac{360}{40}}=1\ 700(万元)$$

$$存货＝外购原材料、燃料＋在产品＋产成品$$
$$=1\ 083.33+1\ 386.67+1\ 700=4\ 170(万元)$$

(3)现金

$$现金＝\frac{年工资福利费＋年其他费用}{年周转次数}$$

$$=\frac{1.4×600+360}{\dfrac{360}{40}}=133.33(万元)$$

$$流动资产＝应收账款＋存货＋现金$$
$$=1\ 530+4\ 170+133.33=5\ 833.33(万元)$$

（4）应付账款

$$应付账款 = \frac{年外购原材料燃料动力费}{年周转次数}$$

$$= \frac{9\ 750}{\frac{360}{30}} = 812.5（万元）$$

流动负债 = 应付账款 = 812.5（万元）

流动资金投资 = 5 833.33 − 812.5 = 5 020.83（万元）

3.计算建设项目的总投资

固定资产投资总额 = 建设项目静态投资 + 涨价预备费 + 建设期贷款利息

= 13 500 + 1 100.25 + 755.18 = 15 355.43（万元）

建设项目的总投资 = 固定资产投资总额 + 流动资金投资 + 其他投资

= 15 355.43 + 5 020.83 = 20 376.26（万元）

4.计算各年的固定资产折旧及寿命期末收回的固定资产残值

$$固定资产折旧 = 15\ 355.43 \times \frac{1 - 4\%}{10} = 1\ 474.12（万元）$$

固定资产余值 = 年折旧费 × (固定资产使用年限 − 运营期) + 残值

= 1 474.12 × (10 − 8) + 15 355.43 × 4% = 3 562.46（万元）

 本章小结

包括公共项目在内的项目投资是指向项目投入资金,确保项目建成和项目建成后运行。项目投资最基本的要素包括项目投资主体、项目投资客体、项目投资目的和项目投资方式等。项目投资主体又被称为项目投资方、投资者,是指具有独立投资决策权并且对投资负有责任的法人和自然人,项目投资客体是投资对象、目标或标的物,投资目的是投资主体所要取得的结果,投资方式是投入资金运用的形式与方法。

包括公共项目在内的项目总投资由建设投资和流动资金两部分构成。建设投资是项目建设单位在项目建成前投入的全部费用,它在项目建成后按有关规定划分成固定资产、无形资产和递延资产等。建设投资由工程费用、工程建设其他费用、基本预备费、涨价预备费、建设期利息等构成,其估算步骤通常为首先估算设备与工器具购置费、安装费、建筑工程费,其次估算工程建设其他费用和基本预备费,最后估算涨价预备费和建设期利息。

周期性支付、垫付的资金,具有很强的价值流动性,因而被称为流动资金,它在项目建成后运营中长期、永久性流动。流动资金在数值上等于在一个运营周期内变现或者耗用的各类资产合计。流动资金估算一般采用分项详细估算法。

　　融资是筹集资金的行为与过程,是当事组织机构根据自身经营状况、资金拥有状况和未来运营发展需要,采取某种方式、通过某种渠道向投资者和债权人筹集资金,组织资金供应,以保证自身正常建设和运营的资金需要。公共项目融资组织形式分为新设项目法人和既有项目法人。融资资金主要包括内源融资和外源融资两个渠道的资金。公共项目融资方式分为资本金筹集和债务资金筹集,其中后者又包括信贷融资、债券和票据融资、融资租赁、特许经营项目融资等。项目资金筹措方案分析内容通常包括融资结构分析、融资成本分析、融资风险分析等。

 关键术语

投资分析　建设投资　工程费用　工程建设其他费用　基本预备费　涨价预备费
建设期利息　静态投资　动态投资　流动资金　融资分析　新设项目法人融资
既有项目法人融资　信贷融资　债券和票据融资　融资租赁　特许经营项目融资
融资结构　融资成本　融资风险

 复习思考题

　　1.简述建设投资构成。

　　2.简述流动资金构成。

　　3.新设项目法人融资相对于既有项目法人融资具有哪些特点?

　　4.债务资金的筹集主要有哪些渠道?

　　5.公共项目管理中,特许经营项目融资为什么越来越流行?

　　6.试述公共项目资金筹措方案分析的内容。

　　7.某工程项目实施方计划从国外引进挖掘设备。设备每台重量78吨,运费110美元/吨,离岸价7.5万美元。假如1美元兑换6.85元人民币,运输保险费率为2.66%,进口关税率为9%,增值税率为17%,银行财务费为5‰,外贸手续费为1.5%,设备运杂费率为2%。请计算该挖掘设备进口抵岸价。

　　8.某拟建福利项目年经营成本估算15 000万元,存货资金估算4 500万元,全部职工1 200人,每人每年工资及福利估算10 000元,年其他费用估算3 000万元,年外购原材料、燃料和动力费为12 000万元。各项资金周转天数中应收账款为35天,现金为20天,应付账款为40天。试估算该项目流动资金。

第四章 公共项目财务分析与国民经济评价

 **本章导读** ....

公共项目可行性研究中的财务分析是计算项目直接发生的财务收益和费用,以确认项目财务可行性。公共项目可行性研究中的国民经济评价是分析评价国民经济因项目而付出的费用,以及项目为国民经济所做的贡献以论证项目在经济上的合理性。结合项目财务分析与国民经济评价理论,本章介绍公共项目财务分析与国民经济评价内涵及一般方法。

知识结构 ....

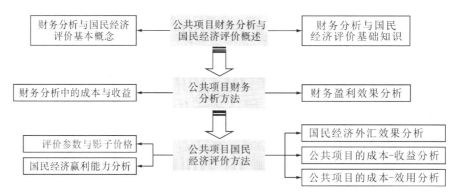

重点问题 ....

☆ 公共项目财务分析的定义　　　　☆ 公共项目财务分析指标

☆ 公共项目国民经济评价的定义　　☆ 公共项目财务分析与国民经济评价的联系与区别

☆ 财务分析与国民经济评价基础理论　☆ 国民经济评价条件

☆ 国民经济论证中成本-效用分析

第一节　公共项目财务分析与国民经济评价概述

一、公共项目财务分析与国民经济评价基本概念

（一）公共项目财务分析基本概念

项目财务分析也被称为财务效益分析，是以财务预测所得报表为基础，用多种方法分析项目的收益额、收益率、投资回收率以及偿还债务能力，对经济组织过去和现在有关筹资活动、投资活动、经营活动、分配活动的盈利能力、营运能力、偿债能力和增长能力状况等进行分析，以确认项目在财务效益上可行的经济管理活动。

项目财务分析具体可分为融资前和融资后分析，如图 4-1 所示。融资前分析主要是计算项目投资内部收益率及净现值、投资回收期。融资后分析主要是计算项目

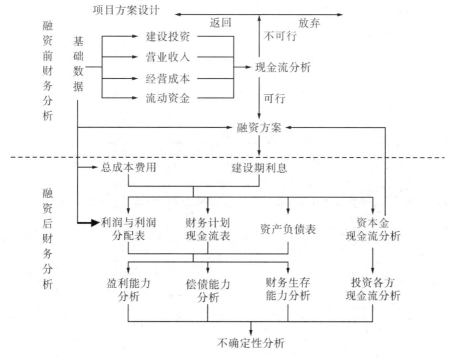

图 4-1　项目财务分析的具体步骤

资本金财务内部收益率、项目投资各方内部收益率、项目总投资收益率、项目资本金净利润率、项目累计盈余资金,分析项目财务生存能力,计算资产负债率、偿债备付率和利息备付率。

项目财务分析通常要制作一系列报表,比较重要的包括项目财务计划现金流量表、项目投资现金流量表和项目资本金现金流量表,如表 4-1、表 4-2 和表 4-3 所示。

表 4-1　财务计划净现金流量表

序号	项　目	合计	计算期			
			1	2	3	…
1	经营活动净现金流量					
1.1	现金流入					
1.1.1	客运收入(不含税)					
1.1.2	非客运业务收益(不含税)					
1.1.3	可行性缺口补助(不含税)					
1.1.4	增值税销项税额					
1.1.5	其他流入					
1.2	现金流出					
1.2.1	运营成本(不含税)					
1.2.2	增值税进项税额					
1.2.3	应交增值税					
1.2.4	税金及附加					
1.2.5	所得税					
1.2.6	其他流出					
2	投资活动净现金流量					
2.1	现金流入					
2.2	现金流出					
2.2.1	建设投资					
2.2.2	维持运营投资					
2.2.3	流动资金					
2.2.4	其他流出					
3	筹资活动净现金流量					
3.1	现金流入					
3.1.1	项目资本金投入					
3.1.2	建设投资借款					
3.1.3	流动资金借款					

续表

序号	项 目	合计	计算期			
			1	2	3	…
3.1.4	维持运营借款					
3.1.5	其他流入					
3.2	现金流出					
3.2.1	利息支出					
	长期借款利息支出					
	维持运营借款利息支出					
3.2.2	偿还本金					
	长期借款本金偿还					
	维持运营借款本金偿还					
3.2.3	利润分配					
3.2.4	其他流出					
4(1+2+3)	净现金流量					
5	维持运营投资					
6	累计盈余资金					

表 4-2　项目投资现金流量表

序号	项 目	合计	计算期			
			1	2	3	…
1	现金流入					
1.1	营业收入					
1.2	补贴收入					
1.3	回收固定资产余值					
1.4	回收流动资金					
2	现金流出					
2.1	建设投资					
2.2	流动资金					
2.3	经营成本					
2.4	营业税金及附加					
2.5	维持运营投资					
3	所得税前净现金流量(1-2)					
4	累计所得税前净现金流量					

续表

序号	项　　目	合计	计算期			
			1	2	3	…
5	调整所得税					
6	所得税后净现金流量(3－5)					
7	累计所得税后净现金流量					

表 4-3　项目资本金现金流量表

序号	项　　目	合计	计算期			
			1	2	3	…
1	现金流入					
1.1	营业收入					
1.2	补贴收入					
1.3	回收固定资产余值					
1.4	回收流动资金					
2	现金流出					
2.1	项目资本金					
2.2	借款本金偿还					
2.3	借款利息支付					
2.4	经营成本					
2.5	营业税金及附加					
2.6	所得税					
2.7	维持运营投资					
3	净现金流量					

　　项目财务分析主要目的包括:第一,从项目角度出发分析投资效果,判明项目投资后能获得的实际利益。第二,为项目制定资金决策和规划作参考。第三,为协调项目微观利益和区域宏观利益、国家利益提供依据,即当项目的财务效果和国民经济效益发生矛盾时,需要采取何种经济手段予以调节,使项目微观利益与区域宏观利益、国家利益趋于一致。

(二)公共项目国民经济评价基本概念

　　包括公共项目在内的项目国民经济评价通常简称为国民经济评价,是以资源得到合理配置为导向,运用影子价格、影子汇率、社会贴现率、影子工资等经济评价国家参数和通用参数以及采用"有无"对比法,分析计算项目为国民经济带来的费用和效益,确认项目有助于实现国民经济可持续发展的过程。

国民经济评价的意义包括:第一,响应和适应国家政策的要求,协调好宏观规划与项目建设的关系。项目决策的可行性研究不仅要做好财务分析,更应当做好国民经济评价,协调国家层面的公平与具体项目的效率,实现宏观经济发展与微观项目协同共进。第二,协调经济增长与资源有限的矛盾,促进可持续发展。宏观经济增长依托建设具体投资项目包括公共项目来实现,但项目建设和运营必然消耗资源。国民经济评价对资源消耗程度进行分析,提出合理措施促进资源可持续利用。第三,促进国家产业结构优化。一方面,通过运用影子价格和汇率等国家参数,国民经济评价在边际程度上促进资源合理分配,引导产业结构调整;另一方面,根据宏观政策安排,国民经济评价优选出符合产业结构发展方向的项目,优化产业结构。

国民经济评价的内容主要是将财务评价中的财务费用和财务效益调整为经济费用和经济效益,剔除国民经济内部的转移支付,计算和分析项目的间接费用和效益,按影子价格及其他经济参数对有关经济数据进行调整。其中,项目的经济费用是国民经济为项目所付出的代价,分为直接费用和间接费用。直接费用是建设项目所产生的并在项目范围内计算的经济费用,包括其他部门因该项目而扩大生产规模所耗用的资源费用,其他部门因该项目而减少对其他项目的投入而放弃的效益,增加进口(减少出口)所耗用(或减收)的外汇。间接费用是因建设项目引起却在项目的直接费用中未得到反映的费用,可定性描述但不能定量的间接费用。项目的经济效益是项目对国民经济所作的贡献,分为直接效益和间接效益。直接效益是建设项目产生的并在项目范围内计算的经济效益,包括项目增加某产出满足国内需求的效益、替代其他相同或类似产出物而使被替代产品减产以减少国家有用资源耗费的效益、增加出口(或减少进口)所增收(或节支)的国家外汇等。间接效益是由项目引起而在直接效益中未得到反映的那部分效益,包括:项目的辐射效益,拟建项目为就业提供的直接就业机会或间接就业机会,技术扩散的效益,如城市供水、供气部门的项目为其他产业部门提供生产用水、生产用煤气等,而使其他产业部门提高生产产量;交通运输项目节约运输时间、运输费用,缓解拥挤程度,提高运输质量,增加运输收入等;城市基础交通设施建设项目为城市上下班者节约生产、生活时间,也能为上下班者提供乘车舒适度,防止或减轻上下班者乘车疲劳从而保障他们的工作效率;农田灌溉用水项目使农作物增产,增加种植收入和农产品加工收入;防灾工程、水坝和堤防工程、农田和城镇安全防护林等项目减少灾害给城乡居民带来的生命和财产损失。

国民经济评价中的项目成本是国民经济为建设和运营项目所付出的代价,分为直接成本和间接成本。其中直接成本是项目使用投入物所产生的、用影子价格计算的经济费用,通常包括其他部门因对本项目供应投入物而扩大生产规模所耗用的资源费用,其他部门因减少对其他项目供应投入物或减少供应最终消费品而放弃的效益,其他部门增加进口(减少出口)所耗用(减收)的外汇等。间接成本是指由建设本项目所引起的,但在直接费用中未能被反映的费用。

国民经济评价大致按以下步骤进行:第一,根据国民经济评价指标所要求的基础数据,列出需进行调查和调整的内容;第二,针对需要调查和调整的内容,逐项确定影子价格;第三,将影子价格引入后测算出项目的费用和效益;第四,计算国民经济评价的费用、效益、各项评价指标及现金流量表,包括静态指标和运用资金时间价值计算的动态指标;第五,选定评价基准;第六,评价、决策。

在国民经济评价步骤的一个环节,评价者要在计算费用和效益时剔除转移支付,即剔除只在国民经济内部各部门发生而没有造成国内资源的真正增加或耗费的支付行为,包括直接与项目有关的国内各种税金、借款利息、职工工资、补贴收入等。具体而言,税收是国家凭借政治权力强制、无偿、固定地参与企业利益分配和再分配而取得的一部分收入,并没有造成国民经济的损失。工资是作为国民收入的一部分而由企业支付给职工的项目财务代价,它不能作为费用,作为费用的是影子工资。利息是项目转移给国家的一种转移性支出,不作为项目费用。补贴是国家转移给项目的,不增加国民经济效益,不作为项目收益。项目建设征用土地(主要是征用可耕地或已开垦土地)费用是上级政府转移给下级政府或政府转移给集体或个人的支付款,不列作费用;要列为费用的是被占用土地的机会成本和国家新增的资源消耗如拆迁费等。

(三)公共项目财务分析与国民经济评价的联系与区别

财务评价与国民经济评价既有相同之处,又有明显区别。相同之处是:第一,评价目的相同,都是为寻求最有利的项目及其方案;第二,评价阶段相同,都是在完成项目需求分析、技术条件分析、投资估算及资金筹措等可行性研究工作之后进行;第三,分析基础方法相同,都要对利润表、现金流量表等基本报表进行分析;第四,评价主要指标相同,如内部收益率、净现值等都是主要评价指标。

其区别在于,第一,分析和评价的角度不同。财务评价从项目本身微观角度进行分析评价,主要计算项目直接效益和直接费用。国民经济评价从宏观角度评价项目需要国家付出的代价和项目对国民经济的影响,既考察项目的直接费用和直接效益,更要考察项目间接费用和间接效益。第二,费用、效益的含义及划分范围不同。财务分析根据项目直接财务收支来计算项目费用和效益,国民经济评价则根据项目实际耗费的有用资源、向社会提供的有用物品(服务)来衡量项目的费用和效益。第三,费用、效益的计算价格不同。财务分析采用实际可能的财务价格来计算,国民经济评价则采用反映各种资源及产品真实的社会价值的影子价格或调整价格。第四,分析和评价依据不同。财务分析主要依据行业基准收益率或设定的折现率,国民经济评价则主要依据社会折现率。第五,评价采用的价格不同。财务分析采用现行价格,国民经济评价采用影子价格且影子价格是国民经济评价专用价格。

二、财务分析与国民经济评价基础知识

资金具有时间价值。资金时间价值是资金经过一定时间的投资和再投资所增加的价值,是在没有风险和没有通货膨胀条件下的社会平均资金利润率。资金的时间价值来源于资金的运动:首先,从投资者角度看,资金的运动伴随着生产与交换的进行,通过资金与劳动力结合的生产过程使价值增值;其次,从消费者角度看,资金一旦用于投资,就不能用于消费,牺牲现期消费所受到的损失应当被给予补偿。

在资金具有时间价值规律作用下,本金在贷款期限中获得利息,本金与利息之和称为本利和或终值。本利和或终值的计算方式分为单利和复利两种。

(一)单利的计算

计算单利时,本金在贷款期限中所生利息不加入本金,即仅以本金为基数计息,利息不再计息。利息是衡量资金时间价值的绝对尺度。单利本利和可用式 4-1 表示:

$$F_n = P + I_n \tag{4-1}$$

式中:F_n 为存款本利和;I_n 为存款期内所有利息;P 为存款金额即本金;n 为计息周期数(年、月、日等)。

利息一般依据利率来计算。利率是一个计息周期内利息与本金之比,是衡量资金时间价值的相对尺度,一般以百分数来表示,可记作 i,计算式如式 4-2 所示。

$$i = \frac{I_1}{p} \times 100\% \tag{4-2}$$

式中 I_1 为一个计息周期的利息。

单利利息计算式如式 4-3 所示:

$$I_n = P_n i \tag{4-3}$$

(二)复利的计算

计算复利时,前次计息期之后,将所生利息加入本金再计算本次利息,逐期滚算。复利终值计算式如 4-4 所示:

$$F_n = P(1+i)^n \tag{4-4}$$

其中 $(1+i)^n$ 被称为复利终值系数,用符号 $(F/P, i, n)$ 表示。

[例题 4-1]某单位想知道按 10% 的复利把 10 000 元存入银行,5 年后的终值是多少?

解:

$$F = P \times (F/P, i, n)$$
$$= 10\ 000 \times (1+0.1)^5 = 16\ 105.1(元)$$

复利现值计算式如 4-5 所示:

$$P = F(1+i)^{-n} \tag{4-5}$$

其中 $(1+i)^{-n}$ 称为复利现值系数,用 $(P/F, i, n)$ 表示。

[例题 4-2]某单位想知道,按 10% 的复利计算,5 年后 10 000 的现值是多少?

解:

$$P = \frac{F}{(1+i)^n}$$
$$= \frac{10\ 000}{(1+0.10)^5} = 6\ 209.2(元)$$

(三)名义利率与实际利率

计算复利时,计息期不一定非得要一年,也可以是季、月、日。名义利率是每一计息周期的利率与每年的计息周期数的乘积。

例如:本金 10 000 元,年利率 12%,若每年计息一次,一年后本利和为:

$$F = 10\ 000 \times (1+0.12) = 11\ 200(元)$$

按年利率 12%,每月计息一次,一年后本利和为:

$$F = 10\ 000 \times \left(1 + \frac{0.12}{12}\right)^{12} = 11\ 268.3(元)$$

实际年利率 i 为

$$i = \left(\frac{11\ 268.3 - 10\ 000}{10\ 000}\right) \times 100\% = 12.68\%$$

这个"12.68%"就是实际利率。

一般情况下,如果计息周期为一定的时间区间(如年、季、月),并按复利计息,称为间断复利即一般意义上的复利;如果计息周期无限缩短,则称为连续复利。

间断复利时名义利率与实际利率的换算式如 4-6 所示:

$$i = \left(1 + \frac{r}{m}\right)^m - 1 \tag{4-6}$$

其中 r 为名义利率,m 为一年中计息次数。

连续复利时名义利率与实际利率的换算式如 4-7 所示:

$$i = e^r - 1 \tag{4-7}$$

其中 $e = 2.71828\cdots$,是自然对数的底数,是一个无限不循环小数。

(四)常用的其他复利计算公式

除了一次支付复利终值和复利现值计算之外,还有现金流入和现金流出发生在多个时点上的多次支付复利终值和复利现值计算,其中比较常见的是连续等额支付复利终值和复利现值计算。

1.等额分付终值公式

从第一年末至第 n 年末有等额现金流序列,每年支付金额均为 A,A 被称为等额年值或年金。等额分付终值公式如 4-8 所示:

$$F = A \frac{(1+i)^n - 1}{i} \tag{4-8}$$

[例题 4-3]某单位计划从今年起每年末都把工资剩余的 200 000 元存入银行,如果银行的存款利率为 3%,银行采用复利计算,问 10 年后该单位的银行账户有多少钱?

解:

$$
\begin{aligned}
F &= A \times (F/A, i, n) \\
&= 200\,000 \times (F/A, 3\%, 10) = 200\,000 \times \frac{(1+0.03)^{10} - 1}{0.03} \\
&= 200\,000 \times 11.436\,9 = 2\,292\,776(\text{元})
\end{aligned}
$$

2.等额分付偿债基金公式

等额分付偿债基金是为了在若干年后获得所需资金,而在每年需等额存入之款。其计算公式如 4-9 所示:

$$A = F \frac{i}{(1+i)^n - 1} \tag{4-9}$$

[例题 4-4]为了能在 5 年存款金额相等、年利率为 10% 的条件下获得 100 000 元,每年年末需存款多少?

解:

$$
\begin{aligned}
A &= F(A/F, i, n) = F \frac{i}{(1+i)^n - 1} \\
&= 100\,000 \times \frac{10\%}{(1+10\%)^5 - 1} \\
&= 16\,380(\text{元})
\end{aligned}
$$

3.等额分付现值公式

等额分付现值是等额分付终值在一定时期内的贴现值,从第 1 年末至第 n 年末有一等额现金流量序列,每年支付金额均为 A。其计算公式如4-10所示:

$$P = A\frac{(1+i)^n - 1}{i(1+i)^n} \tag{4-10}$$

[例题 4-5]如期望 5 年内每年年末收回 10 000 元,问在利率为 10％时,开始需一次投资多少?

解：

$$
\begin{aligned}
P &= A\frac{(1+i)^n - 1}{i(1+i)^n} \\
&= 10\,000 \times \frac{(1+10\%)^5 - 1}{10\%(1+10\%)^5} \\
&= 37\,908(元)
\end{aligned}
$$

4.等额分付资本回收公式

等额分付资本回收公式是由已知现值 P 求等额年值 A。其计算公式如 4-11 所示:

$$A = P\frac{i(1+i)^n}{(1+i)^n - 1} \tag{4-11}$$

[例题 4-6]若投资 100 000 元,银行利率为 8％,在 10 年内收回全部本利,则每年应回收多少?

解：

$$
\begin{aligned}
A &= P\frac{i(1+i)^n}{(1+i)^n - 1} \\
&= 100\,000 \times \frac{8\%(1+8\%)^{10}}{(1+8\%)^{10} - 1} \\
&= 14\,903(元)
\end{aligned}
$$

以上常用的复利计算公式如表 4-4 所示。

表 4-4 常用的复利计算公式

公式名称	已知项	欲求项	复利系数代号	计算公式	系数公式
复利终值	P（现值）	F（终值）	$(F/P,i,n)$	$F_n = P(1+i)^n$	$F_n = P(1+i)^n$
复利现值	F	P	$(P/F,i,n)$	$P = F(1+i)^{-n}$	$P = F(1+i)^{-n}$

续表

公式名称	已知项	欲求项	复利系数代号	计算公式	系数公式
等额分付终值	A（年金）	F	$(F/A,i,n)$	$F=A\dfrac{(1+i)^n-1}{i}$	$F=A\dfrac{(1+i)^n-1}{i}$
等额分付偿债基金	F	A	$(A/F,i,n)$	$A=F\dfrac{i}{(1+i)^n-1}$	$A=F\dfrac{i}{(1+i)^n-1}$
等额分付资本回收	P	A	$(A/P,i,n)$	$A=P\dfrac{i(1+i)^n}{(1+i)^n-1}$	$A=P\dfrac{i(1+i)^n}{(1+i)^n-1}$
等额分付现值	A	P	$(P/A,i,n)$	$P=A\dfrac{(1+i)^n-1}{i(1+i)^n}$	$P=A\dfrac{(1+i)^n-1}{i(1+i)^n}$

第二节　公共项目财务分析方法

一、财务分析中的成本与收益

　　财务分析的本质是确认最小的成本获得了最大收益,因此识别成本、收益是财务分析的基础工作。在财务分析中,只计算能计入财务的支出和收入,其中,计入财务的支出即为成本,计入财务的获得即为收益。在财务分析中,成本是所耗费的资源用货币计量的经济价值,收益则是获得的、用货币计量的经济价值。

(一)成本

　　财务分析中的成本主要包括建设投资和流动资金、经营成本、销售税等。

　　建设投资和流动资金中,建设投资包括固定资产投资(含工程费用、预备费用及其他费用)、无形资产投资、建设期借款利息、开办费(形成递延资产)等,流动资金包括现金、存货等。

　　经营成本是从总成本费用中分离出来的部分成本,在数值上等于总成本费用扣除折旧、摊销费和利息支出。

　　销售税包括销售税金及附加,它的计算口径与销售收入口径相对应,即只有从销售收入中支付的税金才列入。

(二)收益

　　财务分析中的收益主要由销售收入、资产回收、补贴等几部分组成。

销售收入是经济组织获得收入的最主要形式,其高低由销售量和价格两个要素决定:销售量和价格都增长时销售收入增加;销售量和价格都减小时销售收入减少;销售量和价格中一个增大、一个降低时,销售收入是增加还是减少不确定。

资产回收是项目寿命到期时回收的固定资产残值,以及回收的流动资金。

补贴是政府依据有关政策对项目建设或运营给予的价格、汇率、税收等方面的优惠。

(三)价格和汇率

项目财务分析以及国民经济评价中的收益和成本计算都涉及价格选取,有些有外购设备和出口产品的项目收益和成本计算还涉及汇率的确定。财务分析中的价格均采用市场价格或计划价格,汇率采用实际结算汇率。

二、财务盈利效果分析

财务盈利效果分析分两步进行。第一步,把全部资金都看作自有资金,进行"全投资"财务效果评价。第二步,分析包括财务条件在内的全部因素影响的结果,进行"自有资金"财务效果评价。"全投资"评价是在企业范围内考察项目的经济效果,"自有资金"评价则是考察企业投资的获利条件,反映企业的实际利益。

(一)全投资财务效果评价

无论是"全投资"评价还是"自有资金"评价,都要先编制出现金流量表,然后在其基础上进行有关指标计算。现金流是项目寿命期内各个时间点的现金流入 CI(cash input)、现金流出 CO(cash output)、净现金流量 NCF(net cash flux)的统称。现金流可以用表格形式表示,如表 4-5 所示。

表 4-5 现金流量表

单位:万元

项　目	年　份					
	0	1	2	3	4	5
CI	0	0	200	300	300	300
CO	160	200	150	200	200	200
NCF	−160	−200	−50	+100	+100	+100

从表中可知,现金流量表有两个要素:一是年份,二是金额,包括现金流入 CI、现金流出 CO 和净现金流 NCF。

1.全投资现金流量表的绘制

全投资现金流量表不区分资金来源,它把全部投资一律视为自有资金来计算财务内部收益率、财务净现值、投资回收期等指标,考察项目全部投资的盈利能力。其计算公式为:

年净现金流＝销售收入＋资产回收－投资－经营成本－销售税金

2.全投资经济效果指标的计算

建设项目财务评价的指标体系如图 4-2 所示,主要分为静态指标和动态指标两类。

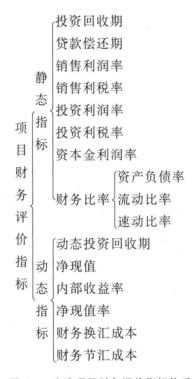

图 4-2 建设项目财务评价指标体系

静态指标包括投资回收期、销售利润率、销售利税率、投资利润率、投资利税率等,动态指标包括动态投资回收期、净现值、内部收益率、净现值率等。财务比率包括资产负债率、流动比率、速动比率。

(1)投资回收期的计算

投资回收期是从项目投建之日起,用项目投产后每年获得的净收入收回全部投资所花去的时间。

①静态投资回收期的计算。其计算公式为:

$$T_p = (T-1) + \frac{\text{第}(T-1)\text{年的累积净现金流量的绝对值}}{\text{第 } T \text{ 年的净现金流量}}$$

式中 T_p 为静态投资回收期。

设基准投资回收期为 T_0,则判别准则为:若 $T_p \leqslant T_0$,则项目可以接受;若 $T_p \geqslant T_0$,则项目应予以拒绝。

[例题 4-7]某项目的现金流量表如表 4-6,单位为万元。设基准投资回收期为 8 年,计算静态投资回收期,并初步判断方案的可行性。

表 4-6　现金流量表

项　　目	年　份								
	0	1	2	3	4	5	6	7	8~N
净现金流量	−100	−400	100	150	200	200	200	200	200
累计净现金流量	−100	−500	−400	−250	−50	150	350	550	750

解:应用静态投资回收期计算公式得

$$T_p = (T-1) + \frac{\text{第}(T-1)\text{年的累积净现金流量的绝对值}}{\text{第 } T \text{ 年的净现金流量}}$$

$$= 5 - 1 + \frac{50}{200} = 4.25(\text{年})$$

如果设 $T_0 = 8$ 年,则由于 $T_p = 4.25$ 年 < 8 年,所以项目可行。

②动态投资回收期计算。其计算公式为:

$$T_p = \left(\begin{array}{c} \text{累计净现金流量折现值} \\ \text{开始出现正值的年份 } T-1 \end{array} \right) + \frac{\text{第 } T-1 \text{ 年累计净现金流量折现值的绝对值}}{\text{第 } T \text{ 年净现金流量折现值}}$$

在例题 4-7 中,如果计算动态投资回收期,设基准折现率为 12%,则有表 4-7 的现金流量表。

表 4-7　现金流量表

单位:万元

项　　目	年　份								
	0	1	2	3	4	5	6	7	8~N
净现金流量	−100	−400	100	150	200	200	200	200	200
净现金流量折现值	−100	−357.14	79.72	106.77	127.1	113.49	101.33	90.47	80.78
累计净现金流量折现值	−100	−457.14	−377.42	−270.65	−143.55	−30.06	71.27	161.74	242.52

此时,$T_p = 6 - 1 + \frac{30.06}{101.33} = 5.30(\text{年})$

如果设 $T_0=8$ 年,由于 $T_p=5.30$ 年 <8 年,所以项目可行。

(2)贷款偿还的计算

贷款偿还方式主要有六种。第一,等额利息法,即每期付息额相等,期中不还本金,期末归还本金和当期利息。第二,等额本金法,即每期还相等的本金和相应的利息。第三,等额摊还或等额分付法,即每期偿还本利额相等。第四,"气球法",即期中任意期都可偿还本利,且到期末全部还清。第五,一次性偿付法,即最后一期偿还本金和利息。第六,偿债基金法,即每期偿还贷款利息,同时向银行存入一笔等额现金,期末时的存款正好偿付贷款本金。各种还款方式计算公式如表4-8所示。

表 4-8 还款方式计算公式

还款方式	偿还利息额	偿还本金额
等额利息法	$I_t=L_a \cdot i(t=1,2,\cdots,n)$	$CP_t=0 \quad (t=1,2,\cdots,n-1)$ $L_a(t=n)$
等额本金法	$I_t=i\left[L_a-(t-1)\dfrac{L_a}{n}\right] \quad (t=1,2,\cdots,n)$	$CP_t=\dfrac{L_a}{n} \quad (t=1,2,\cdots,n)$
偿债基金法	$I_t=L_a \cdot i \quad (t=1,2,\cdots,n)$	$CP_t=L_a \cdot (A/F,i_s,n)$
一次性偿付法	$0 \quad (t=1,2,\cdots,n-1)$ $I_t+CP_t=La \cdot (1+i)^n \quad (t=n)$	
等额摊还法	$I_t+CP_t=L_a \cdot (A/P,i,n)$ $(t=1,2,\cdots,n)$	
"气球法"	任意期均可偿还任意额本利,到期末全部还清	

注:I_t 为第 t 期付息额;CP_t 为第 t 期还款额;i 为银行贷款利率;i_s 为银行存款利率;L_a 为贷款总额。

表4-9为等额利息法、一次性偿付法、等额本金法与等额摊还法四种还款方式价值比较,这四种方式的还款额与原来的1 000元本金是等值的。

表 4-9 四种还款方式价值比较

还款方案	年数(1)	年初所欠金额(2)	年利息额(3)=(2)×6%	年终所欠金额(4)=(2)+(3)	偿还本金(5)	年终付款总额(6)=(3)+(5)
等额利息法	1	1 000	60	1 060	0	60
	2	1 000	60	1 060	0	60
	3	1 000	60	1 060	0	60
	4	1 000	60	1 060	0	60
	5	1 000	60	1 060	1 000	1 060
	总计		300			1 300

续表

还款方案	年数 (1)	年初所欠 金额(2)	年利息额 (3)=(2)×6%	年终所欠金额 (4)=(2)+(3)	偿还本金 (5)	年终付款总额 (6)=(3)+(5)
一次性 偿付法	1	1 000	60	1 060	0	0
	2	1 060	63.6	1 123.6	0	0
	3	1 123.6	67.4	1 191.0	0	0
	4	1 191.0	71.5	1 262.5	0	0
	5	1 262.5	75.8	1 338.3	1 000	1 338.3
	总计		338.3			1 338.3
等额本金法	1	1 000	60	1 060	200	260
	2	800	48	848	200	248
	3	600	36	636	200	236
	4	400	24	424	200	224
	5	200	12	212	200	212
	总计		180			1 180
等额摊还法	1	1 000	60	1 060	177.4	237.4
	2	822.6	49.4	872	188.0	237.4
	3	634.6	38.1	672.7	199.3	237.4
	4	435.3	26.1	461.4	211.3	237.4
	5	224.0	13.4	237.4	224.0	237.4
	总计		187			1 187

在计算贷款利息时,如果按实际提款日期和还款日期计算,计算工作将十分复杂。为此一般作如下两个简化:一是长期借款当年贷款按半年计息;二是当年归还的贷款计全年利息。相应的计算公式如下:

$$建设期年利息额(纯借款期)=\left(\frac{年初借款累计+本年借款额}{2}\right)\times 年利率$$

$$生产期年利息额(还款期)=年初借款累计\times 年利率$$

根据贷款偿还表,可计算出贷款偿还期(即企业偿清债务所需要的时间)。贷款偿还期计算公式为:

$$贷款偿还期=偿清债务年份数-1+\frac{偿清债务当年应付利息}{当年可用于偿债的资金总额}$$

(3)销售利税率与销售利润率

销售利税率又被称为销售税前利润率,一般是正常年份的年度税前利润与项目的年销售收入之比,体现销售的赢利程度。其计算公式为:

$$销售利税率=\frac{税前利润}{销售收入}\times 100\%$$

销售利润率又被称为销售税后利润率或销售净利润率,一般是正常年份的净利润与项目的年销售收入之比,体现销售收入所获净利润程度。其计算公式为:

$$销售利润率 = \frac{税后利润}{销售收入} \times 100\%$$

(4)投资利税率与投资利润率

投资利税率和投资利润率也是将项目正常年份的税前利润和税后利润分别与项目的总投资额进行比较,以说明项目投资的获利能力。其计算公式分别为:

$$投资利税率 = \frac{税前利润}{项目投资总额} \times 100\%$$

$$投资利润率 = \frac{税后利润}{项目投资总额} \times 100\%$$

(5)净现值和内部收益率

①净现值。净现值是项目某一方案在寿命期内各年的净现金流按照一定的折现率折现到同一时点通常是期初的现值之和。其表达式为:

$$NPV = \sum_{t=0}^{n} (CI - CO)_t (1 + i_0)^{-t} \tag{4-12}$$

式中:NPV 为净现值;n 为项目寿命年限;CI 为第 t 年的现金流入额;CO 为第 t 年的现金流出额;i_0 为基准折现率;t 为年份。

项目方案判别准则:单一方案,若 NPV≥0,则项目可以接受;若 NPV<0,则项目应予以拒绝;多方案比选,NPV≥0 且最大者最优。

[例题 4-8]某项目的各年现金流如表 4-10 所示。假设 $i_0 = 10\%$,试用净现值指标判断项目在财务上是否可行。

表 4-10 项目各年现金流量表

项 目	年 份					
	0	1	2	3	4	5
CI		800	800	800	800	800
CO	1 000	500	500	500	500	500
净现金流 NCF=CI−CO	−1 000	300	300	300	300	300
$(P/F, i_0, n)$	1	0.909 1	0.826 4	0.751 3	0.683 0	0.620 9
净现金流折现值	−1 000	272.73	247.93	225.39	204.90	186.28

$$\begin{aligned}
\text{NPV} =& -1\ 000 + 300(P/F,10\%,1) + 300(P/F,10\%,2) + 300(P/F,10\%,3) + \\
& 300(P/F,10\%,4) + 300(P/F,10\%,5) \\
=& -1\ 000 + 300 \times 0.909\ 1 + 300 \times 0.826\ 4 + 300 \times 0.751\ 3 + 300 \times \\
& 0.683\ 0 + 300 \times 0.620\ 9 \\
=& -1\ 000 + 272.73 + 247.93 + 225.39 + 204.90 + 186.28 = 137.23
\end{aligned}$$

因为 NPV>0,所以项目在财务上可行。

②内部收益率。使项目在整个计算期内的净效益现值(或净效益年金)等于零或其效益费用比等于1时的折现率被称为内部收益率。内部收益率用 IRR 表示,其数值大小用式 4-13 求解:

$$\text{NPV(IRR)} = \sum_{t=0}^{n} (CI - CO)_t (P/F, \text{IRR}, t = 0) \tag{4-13}$$

用内部收益率 IRR 判别方案是否可行的标准是:如果 $\text{IRR} \geqslant i_0$(基准收益率),则项目可行;如果 $\text{IRR} < i_0$(基准收益率),项目不可行。

计算内部收益率时,通常采用线性内插法。具体方法为:首先分别预估出两个折现率 i_1 和 i_2,且 $i_1 < i_2$;其次,分别计算与 i_1 和 i_2 相对应的 NPV_1 和 NPV_2;再次,若 $\text{NPV}_1 > 0$,$\text{NPV}_2 < 0$,则由式 4-14 计算 IRR。

$$\text{IRR} \approx i_1 + \frac{|\text{NPV}_1|}{|\text{NPV}_1| + |\text{NPV}_2|} \times (i_2 - i_1) \tag{4-14}$$

式 4-14 计算误差与 $(i_2 - i_1)$ 的大小有关,一般取 $(i_2 - i_1) \leqslant 5\%$。

[例题 4-9]某项目净现金流量如表 4-11 所示,单位为万元。当基准折现率为 12% 时,试用内部收益率指标判断该项目在经济效果上是否可以接受。

表 4-11 项目净现金流量表

单位:万元

年末	0	1	2	3	4	5
净现金流量	-100	20	30	20	40	40

解:设 $i_1 = 5\%$,$i_2 = 10\%$,分别计算净现值:

$$\begin{aligned}
\text{NPV}_1 =& -100 + 20(P/F,5\%,1) + 30(P/F,5\%,2) + 20(P/F,5\%,3) + \\
& 40(P/F,5\%,4) + 40(P/F,5\%,5) = 27.78 \\
\text{NPV}_2 =& -100 + 20(P/F,10\%,1) + 30(P/F,10\%,2) + 20(P/F,10\%,3) + \\
& 40(P/F,10\%,4) + 40(P/F,10\%,5) = 10.16
\end{aligned}$$

因为在计算 IRR 时,满足 $\text{NPV}_1 > 0$ 且 $\text{NPV}_2 < 0$ 才能够使用内插法公式进行计算,而当前 $\text{NPV}_1 > 0$ 同时 $\text{NPV}_2 > 0$,不满足使用内插法公式进行计算的条件,故重

设 $i_1=10\%, i_2=15\%$，再次分别计算净现值：

$$\text{NPV}_1^* = 10.16$$

$$\text{NPV}_2^* = -100+20(P/F,15\%,1)+30(P/F,15\%,2)+20(P/F,15\%,3)+$$
$$40(P/F,15\%,4)+40(P/F,15\%,5)=-4.02$$

用内插法计算内部收益率 IRR：

$$\text{IRR} = 10\%+(15\%-10\%)\times\frac{10.16}{10.16+4.02}$$

$$\approx 13.6\%$$

因为 $\text{IRR}>i_0=12\%$，所以项目可行。

(6)财务比率

财务比率包括资产负债比率、流动比率和速动比率，它们分别从总资产、流动资产和速动资产与债务的关系角度评判债务及还债能力。

①资产负债比率。资产负债比率是负债总额与资产总额的比值，反映项目总体偿债能力，这一比率越低则偿债能力越强，这一比率越高则偿债能力越弱。

②流动比率。流动比率是流动资产总额与流动负债总额的比值，反映项目短期内（通常指一年）偿还债务的能力，这一比率越高则偿还短期负债能力越强，这一比率越低则偿还短期负债能力越弱。

③速动比率。速动比率是速动资产总额与流动负债总额的比值，反映项目在很短时间内偿还短期负债的能力。速动资产是流动资产中变现最快的资产，数值上等于流动资产总额减去存货。速动比率越高，则在很短的时间内偿还短期负债的能力越强；速动比率越低，则在很短的时间内偿还短期负债的能力越弱。

在衡量项目偿还债务能力时，要将上述实际财务比率值与基准比率值相比较，后者依据行业平均水平、银行信贷政策及有关法规等确定。项目各年实际资产负债率、流动比率和速动比率数值可根据资产负债表计算。

(7)财务换汇成本及财务节汇成本

财务换汇成本是指换取 1 美元外汇所需的人民币。其计算式如 4-15 所示：

$$财务换汇成本 = \frac{\sum_{t=1}^{n}\text{DR}_t(1+i)^{-t}}{\sum_{t=1}^{n}(\text{FI}-\text{FO})_t(1+i)^{-t}} \tag{4-15}$$

式中：DR_t 为项目在第 t 年生产出口产品投入的国内资源包括投资、原材料、工资及其他投入；FI 为外汇流入量；FO 为外汇流出量；n 为计算期；$(\text{FI}-\text{FO})_t$ 为第 t 年的净外汇流量；i 为折现率，一般取外汇贷款利率。

财务节汇成本是指替代进口项目节约 1 美元外汇所需的人民币,它等于项目计算期内生产替代进口所投入的国内资源的现值与生产替代进口产品的外汇净现值的比。

(二)自有资金财务效果评价

财务条件对项目经济效果有显著影响,通过编制"自有资金现金流量表"并分析资金结构,这种影响能得到量化。"自有资金现金流量表"与"全投资现金流量表"的主要区别在于,前者站在项目财务的角度考察各项资金的收入和支出,而后者排除财务条件影响即把全部资金都视为自有资金。

自有资金现金流量表的编制基础是全投资现金流量表和资金来源与运用表。自有资金现金流量表如表 4-12 所示,其内容主要包括现金流入、现金流出、净现金流量,其中现金流出包括借款本金和利息的偿还。

表 4-8　自有资金现金流量表

单位:万元

项　　目	年　份							
	建设期				投产期	达产期		
	0	1	2	3	4	5	6	7
(一)现金流入					5 600	8 000	8 000	8 000
1.产品销售收入					5 600	8 000	8 000	8 000
2.回收固定资产余值								
3.回收流动资金								
(二)现金流出					5 167	7 040	7009	6 978
1.固定资产投资(自有资金)	1 500	1 500	1 000					
2.流动资金(自有资金)								
3.经营成本								
4.销售税金及附加					3 500	5 000	5 000	5 000
5.所得税					320	480	480	480
6.固定投资本金偿还					172	431	447	462
7.固定投资利息支付					463	463	463	463
8.流动资金本金偿还					463	417	370	324
9.流动资金利息支付					249	249	249	249
(三)净现金流量(一)—(二)	—1 500	—1 500	—1 000		433	960	991	1 022

还款方式不同则自有资金现金流量表不同,自有资金投资效果也随之不同。当全投资内部收益率大于贷款利率时,一方面晚还款的内部收益率比早还款的内部收益率大,另一方面自有资金内部收益率大于全投资内部收益率,且贷款比例越高则自

有资金内部收益率越高。当全投资内部收益率大于基准折现率且基准折现率大于借款利率时,自有资金净现值大于全投资净现值。

第三节　公共项目国民经济评价方法

一、评价参数与影子价格

　　国家参数包括影子汇率、社会折现率,由国家统一制定而供各类投资建设项目统一使用。评估人员不得自行测定国家参数。影子汇率用国家外汇牌价乘以影子汇率换算系数得到,现阶段我国影子汇率换算系数取 1.08。社会折现率依据投资收益水平、资金机会成本、资金供求状况、合理投资规模以及项目国民经济评价的实际情况设定,当前社会折现率取 8%。

　　通用参数包括影子工资换算系数、贸易费用率、建筑工程和交通运输及水电等基础设施的价格换算系数、土地的影子费用等。

　　影子工资换算系数:现阶段我国一般投资项目的影子工资换算系数为 1,在建设期内大量使用民工的项目,如水利、公路项目,其民工的影子工资换算系数为 0.5。

　　贸易费用率:一般贸易费用率取值为 6%。

　　建筑工程影子价格系数:建筑工程影子价格系数按成本分解法测算,其中房屋建筑工程影子价格的换算系数为 1.1,矿山井港工程影子价格的换算系数为 1.2。

　　交通运输基础设施价格换算系数:铁路货运影子价格的换算系数为 1.84,公路货运影子价格的换算系数为 1.26,沿海货运影子价格的换算系数为 1.73,内河货运影子价格的换算系数为 2.00。

　　动力原煤、电力影子价格:动力原煤影子价格采用边际成本分解法,按照合理可行的调运方案综合测定;电力影子价格采用长期边际成本分解法计算。

　　土地影子费用:投资项目的实际征地费用分为三部分:第一,属于机会成本性质的费用,包括土地补偿费、青苗补偿费等;第二,新增资源消耗费用,包括拆迁费用、剩余劳动力安置费、养老保险费等;第三,转移支付,包括粮食开发基金、耕地占用税等。

　　普通货物的影子价格供非主要投入物使用,一般自行测定。

　　以上参数仅仅供项目评价及决策使用,并不表明现行价格、汇率及利率变动趋势,也不作为国家分配投资、企业间商品交换的依据。同时,这些参数具有时效性,应随时间对它们做阶段性调整。

二、国民经济赢利能力分析

国民经济赢利能力的分析主要是计算经济内部收益率和经济净现值等指标。

(一)经济内部收益率

经济内部收益率(economic internal rate of return,EIRR)是使拟建项目在计算期内各年经济净现金流量折现值的累计数等于零的折现率,反映项目对国民经济的创益能力,是项目进行国民经济评价的主要判别依据。其计算式如式 4-16 所示:

$$\sum_{t=1}^{n}(B-C)(1+\text{EIRR})^{-t}=0 \tag{4-16}$$

式中:B 为效益流入量;C 为费用流出量;$(B-C)$ 为第 t 年的净效益流量;n 为计算期。

EIRR 与财务评价中财务内部收益率 IRR 的计算方法一样,也采用试差法来进行。通常情况下,若项目经济内部收益率等于或大于社会折现率,则项目被认为可行。

(二)经济净现值

经济净现值(economic net present value,ENPV)是用社会折现率将项目计算期内各年净效益流量折算到项目建设期初的现值之和,反映项目对国民经济的净贡献。其计算式如式 4-17 所示:

$$\text{ENPV}=\sum_{t=1}^{n}(B-C)(1+i_s)^{-t} \tag{4-17}$$

式中:i_s 为社会折现率;B 为效益;C 为费用;$(B-C)$ 为第 t 年的净效益;n 为计算期,以年计;t 为年份序号。

当 ENPV=0 时,说明项目占用投资对国民经济所做的净贡献正好达到社会折现率的要求;当 ENPV>0 时,说明国家为项目付出代价后,可以得到以现值计算的超额社会盈余;当 ENPV<0 时,说明国家为项目付出的代价对国民经济的净贡献达不到社会折现率的要求。通常认为,经济净现值大于或等于零的项目是经济合理的,可以接受。在进行方案比较时,一般选择经济净现值大于零且最大者为最佳方案。经济净现值依据影子价格、影子工资、影子汇率和社会折现率等参数进行计算,并在效益和费用中计入间接效益和间接费用。

三、国民经济外汇效果分析

对于出口创汇及替代进口节汇的项目,要进行外汇效果的分析。外汇效果主要是通过经济外汇净现值、经济换汇成本、经济节汇成本等指标来评价。

(一)经济外汇净现值

经济外汇净现值是拟建项目实施后对国家的外汇净贡献,由经济外汇流量表直接求得。其计算式如式 4-18 所示:

$$\text{ENPVF} = \sum_{t=1}^{n} (FI - FO)_t (1 - i_s)^{-t} \tag{4-18}$$

式中:ENPVF 为项目的经济外汇净现值(在整个寿命期内);FI 为外汇流入量;FO 为外汇流出量;$(FI-FO)_t$ 为第 t 年的净外汇流量;i_s 为社会折现率;n 为计算期。

(二)经济换汇成本

经济换汇成本是用影子价格、影子工资和社会折现率计算出的项目耗费国内资源现值与经济外汇净现值之比。其表达式如式 4-19 所示:

$$经济换汇成本 = \frac{\sum_{t=1}^{n} DR_t (1 + i_s)^{-t}}{\sum_{t=1}^{n} (FI - FO)_t (1 + i_s)^{-t}} \tag{4-19}$$

式中:DR_t 为在第 t 年投入的国内资源(包括国内投资、原材料投入和劳务工资、其他投入和贸易费用),可从"国内资源流量表"求得;FI 为外汇流入量;FO 为外汇流出量。

(三)经济节汇成本

经济节汇成本是项目计算期内用国家参数计算的为生产替代进口产品而投入的国内资源现值(用人民币单位,元)与节约外汇支出的折现值累计数(用外币单位,通常为美元)的比值,即节约一美元外汇所需要投入的人民币金额。其表达式如式 4-20 所示:

$$经济节汇成本 = \frac{\sum_{t=1}^{n} DR_t (1 + i_s)^{-t}}{\sum_{t=1}^{n} (FI - FO)_t (1 + i_s)^{-t}} \tag{4-20}$$

式中:DR_t 为项目在第 t 年为生产替代进口产品投入的国内资源(元);FI 为生产替代进口产品所节约的外汇(美元);FO 为生产替代进口产品的外汇流出(美元)。

经济换汇成本(元/美元)或经济节汇成本若小于或等于影子汇率,则拟建项目产品出口或替代进口是有利的,可以接受。

四、公共项目的成本-收益分析

(一)分析指标与准则

成本/收益分析(cost benefit analysis,CBA)是决策者模拟市场分析方法,对多个项目或方案所需要的社会成本(直接的和间接的)同可得到的社会收益(直接的和间接的)进行计量与分析。计量与分析时,应尽可能用统一的计量单位——货币分别进行计量,以便从量上进行分析对比、权衡得失。成本/收益分析公式如式 4-21所示:

$$(B/C) = \frac{\displaystyle\sum_{t=0}^{n} B_t(1+i)^{-t}}{\displaystyle\sum_{t=0}^{n} C_t(1+i)^{-t}} \tag{4-21}$$

式中:(B/C) 为项目的收益与成本之比;B_t 为项目第 t 年的收益值($t=0,1,2,\cdots,n$);C_t 为项目第 t 年的成本值($t=0,1,2,\cdots,n$);i 为基准折现率;n 为项目寿命年限或计算年限。

成本/收益分析准则为:若$(B/C) \geqslant 1$,则接受项目;若$(B/C) < 1$,则拒绝项目。

当在多个互斥方案间进行比选时,通常计算两两项目或方案的增量收益现值与增量成本现值之比。其计算公式如式 4-22所示:

$$(\Delta B/\Delta C) = \frac{\displaystyle\sum_{t=0}^{n} Bx_t(1+i)^{-t} - \sum_{t=0}^{n} By_t(1+i)^{-t}}{\displaystyle\sum_{t=0}^{n} Cx_t(1+i)^{-t} - \sum_{t=0}^{n} Cy_t(1+i)^{-t}} \tag{4-22}$$

式中:$(\Delta B/\Delta C)$ 为增量收益与成本之比;Bx_t,Cx_t 为第 x 方案第 t 年的收益和成本($t=0,1,2,\cdots,n$);By_t,Cy_t 为第 y 方案第 t 年的收益和成本($t=0,1,2,\cdots,n$)。

其他符号意义与式(4-21)相同。

多个互斥方案的成本/收益分析准则为:当 $\Delta B > 0$ 且 $\Delta C > 0$ 时,若$(\Delta B/\Delta C) > 1$,则接受收益现值大的项目或方案;若$(\Delta B/\Delta C) < 1$,则接受收益现值小的项目或方案。

（二）成本-收益分析案例

1.单一方案成本-收益分析

[例题 4-10]某市内有 A、B 两条公路在某处交叉,十字路口设有红绿信号灯控制系统,指挥车辆通行,此信号系统年运行成本为 1 000 元;此外,还有负责指挥的交通民警 1 人,每日执勤 2 小时,每小时工资为 3 元。据统计,公路 A 日平均车辆通行数为 5 000 辆,公路 B 为 4 000 辆,其中 20％为商业性货车,80％为普通客车。由于车辆通行量大,约有 50％的车辆在十字路口要停车等候,每次停车公路 A 为 1 分钟,公路 B 为 1.2 分钟。如果将停车时间折算成金额,则货车停车每小时损失 5 元,客车停车每小时损失 2 元;车辆每起动一次的费用,货车为 0.06 元,客车为 0.04 元。另据前 4 年的统计资料,因车辆违反信号控制,发生死亡事故两件,每件付赔偿费用 50 000 元;伤残事故 40 件,每件付赔偿费用 1 500 元。现设想用立交公路桥,需投资 750 000 元,项目使用寿命为 25 年,年维修费为 2 500 元,残值为零。预计立交桥投入使用后,停车现象与交通事故可基本消除,但通行车辆的 15％需要增加行驶路程 0.25 公里,货车与客车每公里行驶成本分别为 0.25 元和 0.06 元。设投资的最低期望收益率 $i＝7％$。试用成本-收益评价法评价立交桥工程项目的经济效益。

解:项目受益者的收入计算:

消除车辆等待时间所获节约额:

$$\begin{aligned}
\text{公路A行驶车辆节约额} &= [(5×20％＋2×80％)(5\ 000×365×50％×1/60)] \\
&\quad (P/A,7％,25) \\
&= 39\ 541.667×11.653＝460\ 779.04(元)
\end{aligned}$$

$$\begin{aligned}
\text{公路B行驶车辆节约额} &= [(5×20％＋2×80％)(4\ 000×365×50％×1.2/60)] \\
&\quad (P/A,7％,25) \\
&= 37\ 960×11.653＝442\ 347.88(元)
\end{aligned}$$

$$\begin{aligned}
\text{减少车辆起动次数所获节约额} &= (0.06×20％＋0.04×80％)×[(5\ 000＋4\ 000)× \\
&\quad 365×50％](P/A,7％,25) \\
&= 72\ 270×11.653＝842\ 162.31(元)
\end{aligned}$$

$$\begin{aligned}
\text{消除交通事故所获节约额} &= (2/4×50\ 000＋40/4×1\ 500)(P/A,7％,25) \\
&= 40\ 000×11.653 \\
&= 466\ 120(元)
\end{aligned}$$

$$\begin{aligned}行驶路程延长导致的\\车辆运行成本增加额\end{aligned} &= (0.25 \times 20\% + 0.06 \times 80\%)[(5\ 000 + 4\ 000) \times \\ &\quad 365 \times 15\% \times 0.25](P/A,7\%,25) \\ &= 0.098 \times 123\ 187.5 \times 11.653 = 140\ 679.39(元)\end{aligned}$$

$$\begin{aligned}受益者总收入现值为\\(1)+(2)+(3)-(4)\end{aligned} &= 460\ 779.04 + 442\ 347.88 + 842\ 162.31 + \\ &\quad 466\ 120 - 140\ 679.39 \\ &= 2\ 070\ 729.84(元)\end{aligned}$$

兴办者成本费用计算:投资额为 750 000(元)

立交桥维修费用支出额 $= 2\ 500(P/A,7\%,25) = 2\ 500 \times 11.653 = 29\ 132.5(元)$

$$\begin{aligned}取消信号系统与指挥\\交通民警节约额\end{aligned} &= (1\ 000 + 3 \times 2 \times 365)(P/A,7\%,25) \\ &= 3\ 190 \times 11.653 = 37\ 173.07(元)\end{aligned}$$

$$兴办者总成本费用现值(1)+(2)-(3) = 750\ 000 + 29\ 132.5 - 37\ 173.07$$
$$= 741\ 959.43(元)$$

成本-收益分析结论:

$$B/C = \frac{2\ 070\ 729.84}{741\ 959.43} = 2.79$$

$$B - C = 2\ 070\ 729.84 - 741\ 959.43 = 1\ 328\ 770.41(元)$$

由于立交桥项目经济效益相对值 B/C=2.79>1,经济效益绝对值(B-C)>0,所以接受该项目。

2.互斥方案的增量成本-收益分析

[例题 4-11]某地区因洪水灾害平均每年损失 2 000 万元。为防洪,当地政府提出三个新的防洪工程方案,这些方案实施后可以不同程度地减少受灾面积和洪水造成的损失。为计算方便,现给出四种方案投资及运行成本的年值,有关数据如表 4-13 所示。试从方案总成本与追加成本两个方面进行收益-成本分析。

表 4-13　四种备选方案数据

单位:万元

方　案	投资和运行成本年值	水灾损失年值	方案收入年值
Ⅰ 维持现状	0	2 000	0
Ⅱ 筑堤	400	1 300	700
Ⅲ 建小水库	1 200	400	1 600
Ⅳ 建大水库	1 600	100	1 900

解:四种方案收益-成本分析的计算结果如表 4-14 所示,其中,收入差值 ΔB 与成本差值 ΔC 是紧邻的后一方案与前一方案的收入年值之差与成本年值之差。

表 4-14　四种备选方案计算结果

单位:万元

方　　案	收入年值	成本年值	总成本的收益-成本计算		ΔB	ΔC	追加成本的收益-成本计算	
			B/C	$B-C$			$\Delta B/\Delta C$	$\Delta B-\Delta C$
I 维持现状	0	0						
II 筑堤	700	400	1.75	300	700	400	1.75	300
III 建小水库	1 600	1 200	1.33	400	900	800	1.125	100
IV 建大水库	1 900	1 600	1.19	300	300	400	0.75	—100

(1)总成本的收益-成本计算显示,除了维持现状的方案 I 外,方案 II、III 和 IV 的相对评价指标 B/C 值均大于 1,因此新投资方案均为备选方案。

(2)追加成本的收益-成本计算显示,方案 IV 相对评价指标 ΔB/ΔC 之值为 0.75 即小于 1,且其绝对评价指标 ΔB—ΔC 之值为负值,说明方案 IV 的边际收入下降,故拒绝方案 IV。

(3)方案 III 与方案 II 比较计算显示,ΔB/ΔC 为 1.125 即大于 1,说明方案 III 的边际收入增大,且方案 III 的绝对评价指标(B—C)在各方案中数量最大(400),故接受方案 III。

五、公共项目的成本-效用分析

包括公共项目在内的项目成本-效用分析法是将备选方案的成本以货币形态度量,收益则以效果指标来表示,进而对备选方案从成本与效果比值角度进行比较,是评价公共项目经济效益的重要方法之一。当经济效益可用货币单位计量时,项目国民经济评价一般采用成本-收益分析法;而当经济效益无法或很难采用货币单位,项目国民经济评价就可采用反映项目功能、特性、效率等优劣或高低的计量单位进行成本-效用分析。

具体的成本-效用分析常用三种方法:第一种,效用固定法,即当效用(效果)相同时,选择成本低的方案为优;第二种,成本固定法,即当成本相同时,选择效用(效果)高的方案为优;第三种,最大效用成本比法,即当存在追加成本和增量效用(效果)时,选择增量效果(效用)的单位追加成本(费用)最低的方案为优。

使用公共项目成本-效用分析法时,被分析项目方案需具备以下三个条件:第一,待评价的方案数目不少于两个,且所有方案都是相互排斥的方案;第二,各方案具有共同的目标或目的,即各方案是为实现同一使命而设计;第三,各方案的成本采用货币单位计量,各方案的收益采用非货币的同一计量单位计量。

具体成本-效用分析法一般有以下五步。第一,设定项目总目标和任务。例如一个应急空运的总目标是在预定的时间内按指定地点运输一定数量的救援物资和人员。第二,制定反映总目标和任务的效用指标。例如上述应急空运系统可以用运输机单位时间的运载能力作为基本指标,即以该指标表征项目效用。第三,拟定备选方案。预设各种方案,并测算各方案的投资额与运行成本。例如在上述应急空运系统中,可以预设不同的运输机、不同的运输线路以及不同的运载量方案。第四,使用成本固定法、效用固定法或最大效用成本比法进行计算分析。先提出项目必须达到的最低效用水平,然后选择出能满足最低效用要求且总成本最低的方案;计算增量效果(效用)的单位追加成本(费用),挑选出最大效用成本比所对应的方案。第五,写出评价报告,确定最终方案。

[例题 4-12]某城市近年来火灾事故呈上升趋势,由此造成的财产损失和人员伤亡增加。为有效控制火灾发生,减少火灾损失,当地政府决定增强消防能力,增加消防车及相应配备。为此提出了如下四种方案:Ⅰ方案,维持现有的消防能力不变;Ⅱ方案,原有 6 个消防站每站增加 2 辆消防车,增配相应设施、器材和人员;Ⅲ方案,在消防力量薄弱的 2 个市区增建两座新消防站,每站配备 3 辆消防车及相应设施、器材和人员;原有 6 个消防站每站增加 2 辆消防车,增添相应设施、器材及人员;Ⅳ方案,增建 6 个新的消防站,以改善消防站地理分布,每个新站配备 2 辆消防车及相应设施、器材和人员,而原有的消防站维持不变。请用公共项目成本-效用分析法对以上方案进行国民经济分析。

解:

(1)计算四种方案的费用

各方案的费用包括购置消防车购置费用、器材工具购置费用、车库及办公设施的扩建费用、新建物料消耗及人员费用等,如表 4-15、表 4-16、表 4-17 所示。表中项目计算期为 11 年,所列各项费用是比Ⅰ方案增加的费用。

表 4-15　方案Ⅱ费用估算

单位:万元

费用种类	计算期		
	1	2～10	11
1.购置消防车及其他设备器材	360		
2.车库改扩建及其他设施费	120		
3.物料消耗		48	48
4.人员开支及其他支出	160	240	240

续表

费用种类	计算期		
	1	2～10	11
5.资产期末残值			96
6.费用合计(1+2+3+4-5)	640	288	192
费用现值($i=10\%$)	640(P/F,10%,1)+288(P/A,10%,9)(P/F,10%,1)+192(P/F,10%,11)=2157		
费用年值($i=10\%$)	2 157(A/P,10%,11)=332		

表 4-16　方案Ⅲ费用估算

单位:万元

费用种类	计算期		
	1	2～10	11
1.购置消防车及其他设备器材	560		
2.车库改扩建及其他设施费	420		
3.物料消耗		72	72
4.人员开支及其他支出	400	560	560
5.资产期末残值			262
6.费用合计(1+2+3+4-5)	1 380	632	370
费用现值($i=10\%$)	1 380(P/F,10%,1)+632(P/A,10%,9)(P/F,10%,1)+370(P/F,10%,11)=4 693		
费用年值($i=10\%$)	4 693(A/P,10%,11)=723		

表 4-17　方案Ⅳ费用估算

单位:万元

	1	2～10	11
1.购置消防车及其他设备器材	420		
2.车库改扩建及其他设施费	900		
3.物料消耗		48	48
4.人员开支及其他支出	300	500	500
5.资产期末残值			490
6.费用合计(1+2+3+4-5)	1 620	548	58
费用现值($i=10\%$)	1 620(P/F,10%,1)+548(P/A,10%,9)(P/F,10%,1)+58(P/F,10%,11)=4 349		
费用年值($i=10\%$)	4 349(A/P,10%,11)=670		

（2）设定项目总目标和任务

增加消防能力的目标是减少火灾造成的生命与财产的损失，这种损失的减少就是消防的效用。

（3）制定反映总目标和任务的效用指标

如果把生命财产损失的减少直接作为本案例方案的效用，则会产生计量上的困难：一方面，财产有货币价值，但人的生命价值却很难用金钱衡量；另一方面，不同的火灾其损失各异，影响损失的因素极多，难以给出适当的估计。有鉴于此，本案例为了便于效用计量，为各方案规定了一个减少火灾损失的间接目标——缩短消防车的回应时间，即从接到报警到赶到火灾现场的时间。回应时间缩短越多，方案的效用值越大。

依据目标追求的具体差异，可把方案效用区分为两类：一类是同维持现有消防布局与能力不变的现状相比，Ⅱ、Ⅲ、Ⅳ各方案平均缩短的每次火灾回应时间；一类是回应时间不超过 20 分钟的次数比率，此比率越高，救火的有效性也就越强。据此，本案例中评价指标有三个：一是，每次火灾的回应时间缩短/费用年值；二是，回应时间不超过 20 分钟的次数比率；三是，回应时间不超过 20 分钟的次数比率/费用年值。

（4）拟定备选方案

Ⅱ、Ⅲ、Ⅳ为备选方案。

（5）计算分析缩短的回应时间

本案例采用蒙特卡罗模拟技术对缩短的回应时间进行预测，表 4-18 给出了有关预测结果。

表 4-18　各方案缩短的回应时间预测

备选方案	缩短每次火灾平均回应时间/分钟	回应时间不超过 20 分钟的救火次数比率/%
Ⅱ	3.2	11
Ⅲ	7.8	19
Ⅳ	12.6	26

（6）评价指标分析及评价结论

评价指标分析结果如表 4-19 所示。

表 4-19　评价指标分析结果

备选方案	指标		
	单位费用缩短每次火灾平均回应时间（分钟/万元）	回应时间不超过 20 分钟的救火次数比率（%）	单位费用的回应时间不超过 20 分钟的救火次数比率（%）
Ⅱ	0.0096	11	0.033

续表

备选方案	指标		
	单位费用缩短每次火灾平均回应时间（分钟/万元）	回应时间不超过 20 分钟的救火次数比率（%）	单位费用的回应时间不超过 20 分钟的救火次数比率（%）
Ⅲ	0.0108	19	0.026
Ⅳ	0.0188	26	0.039

依据表 4-19 所示的计算结果，可从三个方面对备选方案进行研判，作出决策。

若特别重视平均回应时间的缩短和资金的利用效率，则宜选方案Ⅳ；若特别重视20 分钟以内的回应率，且同时重视资金效率，则宜选方案Ⅳ。

综合以上分析结果，选择方案Ⅳ。

 本章小结

包括公共项目在内的项目财务分析也被称为财务效益分析，是以财务预测所得报表为基础，用多种方法分析项目的收益额、收益率、投资回收率以及偿还债务能力，对经济组织过去和现在有关筹资活动、投资活动、经营活动、分配活动的盈利能力、营运能力、偿债能力和增长能力状况等进行分析，以确认项目在财务效益上可行的经济管理活动。项目财务分析的具体步骤分为融资前分析和融资后分析，其中融资前分析主要是计算项目投资内部收益率及净现值、投资回收期，融资后分析主要是计算项目资本金财务内部收益率、项目投资各方内部收益率、项目总投资收益率、项目资本金净利润。

包括公共项目在内的项目国民经济评价通常简称为国民经济评价，是以资源得到合理配置为导向，运用影子价格、影子汇率、社会贴现率、影子工资等经济评价国家参数和通用参数以及采用"有无"对比法，分析计算项目为国民经济带来的费用和效益，确认项目是否有助于实现国民经济的可持续发展的过程。国民经济评价大致按以下步骤进行：根据国民经济评价指标所要求的基础数据，列出需进行调查和调整的内容；针对需要调查和调整的内容，逐项确定影子价格；将影子价格引入后测算出项目的费用和效益；计算国民经济评价的费用、效益、各项评价指标及现金流量表，包括静态指标和运用资金时间价值计算的动态指标；选定评价基准；评价、决策。

资金具有时间价值。在资金具有时间价值规律作用下，本金在贷款期限中获得利息，本金与利息之和称为本利和或终值。本利和或终值的计算方式分为单利和复利两种。除了一次支付复利终值和复利现值的计算之外，还有现金流入和现金流出发生在多个时点上的多次支付复利终值和复利现值的计算，其中比较常见的是连续等额支付复利终值和复利的现值计算。

　　财务分析的本质是确认以最小的成本获得了最大的收益,因此识别成本、收益是财务分析的基础工作。财务盈利效果分析分两步进行,第一步,把全部资金都看作自有资金,进行"全投资"财务效果评价;第二步,分析包括财务条件在内的全部因素影响的结果,进行"自有资金"财务效果评价。"全投资"评价是在企业范围内考察项目的经济效果,"自有资金"评价则是考察企业投资的获利条件,反映企业的实际利益。财务静态指标包括投资回收期、销售利润率、销售利税率、投资利润率、投资利税率、财务比率等,动态指标包括动态投资回收期、净现值、内部收益率、净现值率等。

　　国民经济评价中的国家参数包括影子汇率、社会折现率,由国家统一制定,供各类投资建设项目统一使用,评估人员不得自行测定。通用参数包括影子工资换算系数、贸易费用率、建筑工程和交通运输及水电等基础设施的价格换算系数、土地的影子费用等。包括公共项目在内的项目国民经济赢利能力的分析主要是计算经济内部收益率和经济净现值等指标。国民经济评价中的成本/收益分析是决策者模拟市场分析方法,对多个项目或方案所需要的社会成本(直接的和间接的)同可得到的社会收益(直接的和间接的)进行计量与分析。计量与分析时,应尽可能用统一的计量单位——货币分别进行计量,以便从量上进行分析对比、权衡得失。

　　包括公共项目在内的项目成本-效用分析法是将备选方案的成本以货币形态度量,收益则以效果指标来表示,进而对备选方案从成本与效果比值角度进行比较,是评价公共项目经济效益的重要方法之一。具体的成本-效用分析常用三种方法即效用固定法、成本固定法和最大效用成本比法。

 ## 关键术语

财务分析　现金流量　国民经济评价　直接成本　间接成本　资金时间价值　利息单利　复利　复利终值系数　名义利率　实际利率　等额分付终值　等额分付偿债基金　等额分付现值　等额分付资本回收　投资回收期　投资利税率　投资利润率净现值　内部收益率　流动比率　速动比率　影子价格

复习思考题

　　1.试述公共项目财务分析的具体步骤。

　　2.试述公共项目国民经济评价的意义。

　　3.试述公共项目国民经济评价的大体步骤。

　　4.公共项目财务分析与国民经济评价有何联系与区别?

　　5.试述建设项目财务评价的指标体系。

　　6.如何理解内部收益率?

　　7.试述公共项目成本-效用分析方法与步骤。

8.某公共项目存款 1 500 万元,年利率为 5%,按月计息,存期 4 年,求该存款终值是多少?

9.某公共建设项目第一年初投资1200 万元,第二年初投资 2 500 万元,第三年初投资 2 000 万元,从第三年起连续 6 年每年可获净收入 1 500 万元。若期末残值忽略不计,基准折现率为 12%,试计算净现值和内部收益率,并判断该项目经济上是否可行。

10.某建设项目有两个互斥方案,均计划 4 年建成投产,生产经营期均为 8 年。基准收益率为 10%。A 方案:第一年年初投资 120 万元,第二年年初投资 250 万元,第三年年初投资 350 万元,投产后每年经营费用均为 150 万元。B 方案:第一年年初一次性投资 720 万元,投产后每年经营费用均为 130 万元。试用费用现值法和费用年值法比较选择最优方案。

11.某县为改善交通秩序并提高车辆通行率,拟建新交通自动信号控制系统。该系统效用计量指标为可靠度,可靠度用预定期限和条件下系统不发生失误的概率表示。已知该项目的投资与运行费用年限额为 25 万元,效用水平要求不低于 97%,备选方案有 4 个,其有关数据下表所示,基准折现率为 5%。试用成本-效用法评价与选择最优方案。

不同方案有关数据

方案	投资/万元	年运行费用/万元	系统可靠性	寿命期年
甲	100	9	0.992	11
乙	92	10	0.981	9
丙	92	12	0.985	11
丁	70	12	0.978	9

第五章　公共项目社会评价

本章导读

公共项目决策的可行性研究必须对项目社会影响、项目社会效益和项目社会接受性实施论证,以确认项目能最大程度促进社会发展并规避社会风险。结合项目社会作用评价理论与方法,本章介绍公共项目社会作用评价内涵及一般方法。

知识结构

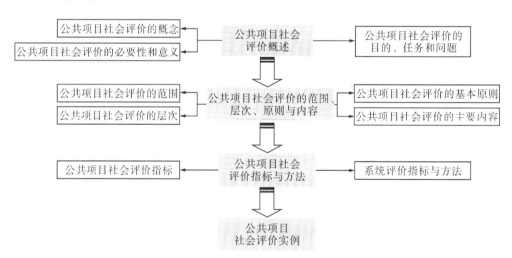

重点问题

☆ 公共项目社会评价的含义　　☆ 公共项目社会评价的特点

☆ 公共项目社会评价的范围　　☆ 公共项目社会评价的层次

☆ 公共项目社会评价指标与方法

第一节 公共项目社会评价概述

公共项目评价总体上是为实现国家或地区发展目标而对项目进行可行性评价。其中,财务分析是从投资主体角度出发分析项目成本和收益,确认项目在财务上可行;国民经济评价是从国家角度出发,分析国家因为发展项目而在经济方面所付出的代价和项目对国家经济的贡献,确认项目赢利能力强,收益高而成本低以及效用高而成本低。公共项目财务分析和国民经济评价都属于经济评价。

但一个具体的公共项目作为经济社会系统的一个部分,它对宏观经济和社会发展产生的影响并不能完全用经济指标衡量。一个公共项目如果与国家的发展方向和目标不一致甚至有矛盾,尽管它有较好的经济效益,也可能造成社会失业人数增加、经济衰退。为此,公共项目评价必须强调项目与社会互适性,强调项目与自然、社会、文化等共赢而协调发展。公共项目与自然、社会、文化等共赢问题无法用经济评价充分解决,它只能设法在社会层面加以解决。

一、公共项目社会评价的概念

公共项目社会评价是根据国家或地区的基本目标,把效益目标、公平目标、环境目标以及加速欠发达地区经济发展等影响社会发展的其他因素通盘考虑,对项目进行多因素、多目标的综合分析评价,从而选出并实施那些有助于实现国家或地区最终目标的公共项目。

社会评价与经济评价有较大不同,这主要体现在四个方面:第一,社会评价目标涉及资源、环境及社会的诸多方面,而经济评价主要分析财务赢利与经济增长;第二,社会评价具有战略性,它不仅研判项目近期社会效果,而对项目的社会长期影响进行预测;第三,社会评价定量难,大部分指标无法或很难用经济货币指标来衡量;第四,社会评价范围有限,即并不是所有项目都要进行社会评价。只有以发挥社会功能为目的的公益性和基础性的公共项目,以及对社会经济、生态资源以及社会环境等方面有较大影响的项目才进行社会评价。

于经济学范畴内,在进行项目财务分析、国民经济评价等微观经济指标分析的基础上所进行的宏观经济指标分析,被称为狭义社会评价。狭义社会评价总体上属于收入分配分析,分析内容包括:项目如何对就业率、分配效果、国际竞争力等产生影响;项目投入品如何对国民经济相关部门产生影响;项目产出增值的分配如何对国内各个部门收入分配产生影响;项目所涉及的不同部门收入的变化如何引起消费的变化进而引起新的需求变化等。

超出经济学范围,分析项目对政治、文化、生态等领域的贡献和影响,以及反过来政治、文化、生态等各领域对项目的接受度,被称为广义社会评价。项目对政治、文化、生态等领域的贡献是项目对这些领域发展目标带来的好处即正效益,这种正效益既包括有形的也包括无形的,既包括短期的更包括长期的。项目对政治、文化、生态等领域的影响通常指负面或不利的影响,这种影响既包括自然影响也包括社会影响,既包括直接影响也包括间接影响,既包括近期影响也包括远期影响,既包括明显的影响也包括潜在的影响。政治、文化、生态等各领域对项目的接受度是指当地社会、政治、文化、民族关系、生活质量、风俗习惯等在何种程度接纳该项目,反映建设项目的社会阻力。由此可见,项目社会评价的实质是分析项目与其环境的互适性。

对项目进行广义社会评价一直处于不断探索和完善之中。20 世纪 60 和 70 年代起,美国开始对项目实施社会影响评价,并率先在水资源开发利用项目中开展社会评价,其后通过立法对项目实施环境影响评价和城市及社会影响分析,其评价和分析内容主要集中在政策、项目和方案实施对人民生活包括居住环境、健康、安全、教育、文化娱乐和风俗习惯、社区凝聚力等有什么影响和如何应对这种影响上。世界银行对项目所做的社会评价不仅体现在可行性研究报告中,而且也体现在项目后评估中,其经验理论是:社会评价做得好的项目即项目与社会各方面相互协调的项目,其经济效益一般较高。

之所以要对项目尤其是公共项目进行广义社会评价,是因为公共项目建设或直接为生产服务或间接为生产服务,它同社会发展中的政治、文化、生态、卫生、教育、安全、国防等目标息息相关。只有进行广义社会评价,充分掌握项目与其环境相互作用的各种信息,做到经济评价与社会评价相结合,才能进一步提高项目可行性研究即项目决策能力和水平。

二、公共项目社会评价的必要性和意义

(一)公共项目社会评价的必要性

进行公共项目社会评价有利于加强投资的宏观指导与调控,实现项目与社会相互协调发展,促使经济与社会发展目标顺利实现。任何公共项目都离不开具体的社会环境:一方面,项目建设过程和项目建成后的运行对社会各领域产生广泛多样的影响;另一方面,社会环境对项目建设过程和项目建成后的运行又有着或多或少、或直接或间接的影响,有些影响甚至决定项目能否生存与发展。显然,在进行公共项目社会评价时,不能忽略项目与环境的关系评价。也就是说,对公共项目不仅要进行财务分析与国民经济评价,还要从系统的角度分析国家、区域各项社会发展目标与公共项

目的互适性,最终选择项目与经济、社会能够最大限度共赢的公共项目。在项目尤其是公共项目决策中忽视项目与社会发展的关系评价,必定会使公共项目决策能力和水平大打折扣。

(二)公共项目社会评价的意义

进行公共项目社会评价有利于提高公共项目决策能力和水平。包括公共项目在内的项目社会评价主要应用社会学、人类学、项目评估学的一些理论和方法,系统调查、收集与项目有关的各种社会性因素和数据,对项目建设和项目建成后运行中可能出现的各种社会问题进行预判,提出尽可能减少或避免这些问题产生负面社会影响的建议和措施,确保项目顺利实施并取得预期效果。社会评价是用以分析社会问题并构建利益相关者参与框架的一种项目决策手段。开展社会评价有助于克服项目决策中急功近利、单纯注重财务和局部观点,使决策者从全局、长远利益层面确保项目对经济与社会发展系统目标的实现作出贡献。

进行项目社会评价有利于实现可持续发展指标。可持续发展指标越来越成为发达经济、发展经济和转型经济等不同经济类型国家在全面、部门、项目等不同层面干预公共政策和决策的一个基本指标。可持续发展是经济、政治、社会、文化、生态相互依赖、相互促进的发展。公共项目作为可持续发展的重要一环,它对利益相关者的影响往往是复杂而不可预见的,很难在经济上被度量、预见、估价,此时对项目进行社会评价就成为必然。项目社会评价是可行性研究的一种形式,是经济、财务、技术、环境分析的有益补充。其中,要求项目建设者开展项目环境影响评价以严格落实生态功能区制度、"三同时"制度,尤其能够促进自然资源得到合理利用,自然与生态环境得到有效保护。

三、公共项目社会评价的主要目的、任务和问题

(一)公共项目社会评价的主要目的

进行公共项目社会评价的主要目的是提高项目实施效果,尽量减少或消除因实施项目而对社会产生的负面影响,确保项目建设和项目建成后的运行符合项目所在地社会发展目标,促进经济与社会共赢。

(二)公共项目社会评价的任务

进行项目社会评价的主要任务是,首先,在识别广泛的项目利益相关者的基础上,制定适当的参与机制,确保包括贫困者和弱势者在内的项目影响群体和目标群体参与必要的项目决策、实施、监测和评估活动。其次,在项目的决策和组织实施中考

虑目标人群的性别、民族及其他社会差异问题,确保目标人群顺畅接受项目带来的社会变化。再次,分析项目的社会影响尤其是负面影响,提出符合当地社会习俗、有助于减轻或消除负面影响的应对措施。最后,通过项目社会评价,提高目标群体在参与社区公共服务、解决社区冲突等方面的能力。

(三)公共项目社会评价中存在的问题

第一,未能建立较为系统的社会评价指标体系。社会评价涉及经济、文化、科技、教育、环境、资源、卫生、民族以及国家或区域政策等众多的社会因素,具有显著的多目标性。除此之外,社会评价指标还具有长期性、许多指标难以量化、不同具体项目社会评价指标不确定性等特征,故至今仍未形成较为系统的项目社会评价指标体系。

第二,既有指标之间缺乏有效的比较手段。社会评价涉及社会诸多方面,其中的许多方面难以采用统一的衡量标准。社会评价着重于其社会效益和效用,但经济学界已证明社会效益尤其是社会效用难以计量;同时效用内涵随着需求者不同而不同,且同一需求者在不同的时空也存在着较大的差异。

第三,评价方法有待完善。社会评价方法目前主要是层次分析法,该方法的基本步骤是"分解、判断、综合",具有思路清晰、方法简便和系统性强等特点。但实践表明,层次分析法所使用的判断矩阵由专家或评价者给定,严重受制于专家们的知识结构、判断水平及个人偏好等主观因素,这就在一定程度上降低了层次分析法的科学性。

第二节　公共项目社会评价范围、层次、原则与内容

一、公共项目社会评价范围

(一)项目范围

项目建设和项目建成后的运行都与社会有不可分割的联系,因此在理论上,社会评价适合于各类项目。但是,由于进行项目社会评价不仅需要投入大量资金和时间,而且技术难度大、指标要求高,所以从项目社会评价的成本角度考虑,并不要求所有项目都进行社会评价。

实践当中,就社会评价的项目类型而言,主要对公益事业项目、较大的基础设施

性项目、可能引起社会动荡的项目、国家和地区大中型骨干项目等进行评价。显然，不同类型的项目由于对应着不同目标、内容，也对应着不同所在地社会经济环境、不同项目影响群体和目标群体，还对应着不同社会风险，所以社会评价内容会有差异。

就进行社会评价的时间范围而言，社会评价虽然贯穿项目全生命周期，但在周期的不同阶段，社会评价的任务和内容不同。具体而言，在项目建议书阶段适合做初步或狭义社会影响分析，在项目决策的可行性研究阶段要进一步进行广义社会影响分析，在项目建设和项目建成后运行阶段要分别进行社会监测与项目后社会评估。不是所有的项目都要进行上述三个阶段的全部评价。

有些项目例如引发大规模移民征地的项目包括交通、供水、采矿和油田等项目，具有明确社会发展目标的项目包括教育、文化和公共卫生等项目，其社会因素复杂、社会影响久远、社会矛盾突出、社会风险较大或社会问题较多，应当进行全阶段社会评价。

有些项目适合先做初步社会分析，然后根据结果来决定是否需要进行全阶段社会评价。这些项目通常具有以下社会特征：项目地人口无法从以往建设的项目中受益，或历来处于不利地位；项目地存在比较严重的社会、经济不平等；项目地存在严重的社会问题；项目地面临大规模产业结构调整，这种调整可能引发大规模失业；项目可能会产生重大负面影响，如造成非自愿移民、文物古迹严重破坏等；项目建设和项目建成后运行会改变当地人口行为和价值观念；社区参与对项目的成功实施及项目效果的可持续十分重要；项目决策者、实施者等对项目影响群体和目标群体的需求，以及对项目地发展的制约因素缺乏足够了解。

(二)人群范围

项目社会评价强调以人民为中心，认为人既是发展的主体也是发展的客体，既为建设项目付出也因项目而受益。以人民为中心的项目观，要求项目社会评价将人的因素放在中心位置。项目社会评价重点关注的人群有贫困人群、不同社会性别人群、少数民族人群、非自愿移民人群等。

1.贫困人群

公共项目的本质是提供公共物品和服务，其目标人群的核心是绝对或相对贫困人口。如果公共项目不关注贫困人口，甚至将贫困人口排除在项目受益人群之外，建设项目就失去了公共性。因此，社会评价关注贫困人口是与公共项目目标相一致的。

2.不同社会性别人群

社会性别指男女在社会活动中的角色定位，一般而言，由于男性和女性在社会活动中扮演的角色不同，所以一个建设项目对男性和女性会产生的影响往往不同。使建设项目尽可能满足不同性别群体需求，消除项目对不同性别群体的负面影响，不仅能提高项目实施效果，而且能促进社会性别平等这一长远社会发展目标的实现。

3.少数民族人群

由于历史原因,少数民族人群往往同时也是贫困人群,因此以人民为中心的项目社会评价必须关注当地少数民族人群。同时,出于保护民族文化多样性的社会发展目标,项目社会评价要有民族文化保护评价,确保项目建设和项目建成后运行不对少数民族文化造成破坏。关注少数民族人群在项目社会评价中具体体现为,制定适当机制确保少数民族参与到项目的决策、组织实施中,并从项目建设和项目建成后运行中获得实实在在的收益。

4.非自愿移民人群

非自愿移民人群是建设项目中重要的受影响群体。在没有项目时,非自愿移民或许不仅不是弱势群体或贫困人群,而且还可能是建设项目的主流人群。但有了项目后,非自愿移民可能因丧失土地、丧失社会资本以及自身原有劳动和管理技能贬值而成为弱势群体或贫困人群。因此,项目尤其是涉及移民的项目,其社会评价的一个重点关注人群必然是非自愿移民人群。

二、项目层次

包括公共项目在内的项目社会评价在三个层次上进行,这三个层次是总体评价层次、系统评价层次和具体项目评价层次。

(一)总体评价层次

进行项目总体评价是在区域社会发展总体规划中,对各种类型的公共项目规划及其社会效益总体评价,从战略层面将需要在较长时期建设的所有类型的公共项目系统确定下来,为进一步做好系统评价和项目评价奠定基础。在该层次,决策者根据区域规划期内的经济社会发展目标、规模与布局等,为确保区域新建公共项目能够适应当地社会情况并能够促进区域经济社会发展,对各类公共项目的建设规则作出评价,评价的重点是各种类型公共项目的总水平、相互间的适应关系及当地综合社会效益。

(二)系统评价层次

项目系统评价是根据区域总体规划,对项目所属类别的公共项目进行总类社会效益评价,把一定时期内拟建项目的类别及其建设顺序确定下来,为具体的项目评价提供依据。在该层次上,各种类型公共项目主管部门根据区域总体规划对本类项目的建设要求,为确保该类公共项目适应区域经济社会发展并能够与其他公共项目相平衡,对本部门内长、中、近期项目包括单个项目作出综合社会效益评价。评价重点是每一类公共项目选址、建设规模、建设顺序及综合社会效益。

(三)项目评价层次

项目评价是在具体项目可行性研究及评估报告中对单个项目社会效益作出评价,从项目社会评价角度对项目进行决策。项目评价在总体评价和系统评价之后进行,主要解决三个问题,第一,被评价的具体项目何时动工。第二,被评价的具体项目的各种方案哪个最优。第三,具体项目的社会效益哪个最好。

总体评价、系统评价和项目评价前后衔接,构成完整的公共项目社会评价体系。没有总体评价,系统评价将陷入无序,各类项目间产生的冲突与矛盾难以解决。没有系统评价,具体的项目评价也将陷入无序,究竟哪个项目应当优先建设及建设规模难以确定。没有项目评价,就无法比选各种建设方案。公共项目社会评价体系之所以具有多层次性,是因为建设公共项目要在区域内做到整体性和渐进性的对立统一。

三、公共项目社会评价的原则

公共项目社会评价遵循的原则通常包括以人民为中心原则,追求客观公正原则,促进社会可持续发展原则,统一性和灵活性相结合原则,定量与定性相结合原则,评价指标可比与可操作原则。

(一)以人民为中心原则

综合考虑国家、地方和当地人民利益,既重视项目对国民经济整体利益的贡献,又做到项目直接服务于民,同等重视项目利益与当地人民利益,并在涉及人民切身利益的问题上把人民的利益摆在首位。实事求是,深入实践调查研究,采取切实措施提高人民参与项目全过程的程度,促进项目与当地社会协调发展。

(二)追求客观公正原则

进行项目社会评价时,评价人员以独立第三方身份公正、客观、求是的态度从事社会评价工作。评价工作不受任何人为因素的干扰,评价结果反映客观实际。

(三)促进社会可持续发展原则

认真贯彻国家经济建设和社会发展政策、战略规划,遵守有关法律及规章制度。以国民经济与社会发展目标为依据,以近期目标为重点,兼顾远期目标并考虑项目与当地社会环境的关系,全面反映建设项目引发的各项社会效益与影响、当地人民对项目的不同反应,促进项目与当地社会情况相互适应,促进可持续发展。

(四)统一性与灵活性相结合原则

项目的社会效益与其影响涉及面广、内容复杂,因此在制定评价指标时,一方面要有通用评价指标,相应的分析方法基本上适用于各类项目,力求统一。另一方面,要制定专用指标,相应的分析方法结合行业特点,适当灵活一些,力求反映个别。

(五)定量与定性相结合原则

在进行项目社会效益评价时,能定量则尽可能定量,不宜或不能定量则定性。定量分析原则上做到参数评价与多目标分析相结合,其中参数评价用于单项定量评价;对于不能制定参数的指标,根据国家政策或参照同类国内外历史项目经验取值。定量与定性指标综合纳入多目标分析。

(六)评价指标可比与可操作原则

在进行社会影响分析、方案比选时,无论定量分析还是定性分析,均做到评价指标可比尤其是做到"有无"对比。根据公共项目特点,对评价对象进行合理分类,并分类设置评价指标。评价方法力求有科学依据,理论联系实际,讲求实用,适合中国国情,具有较强可操作性。

四、公共项目社会评价主要内容

(一)以评价内涵划分的内容

以评价内涵划分公共项目社会评价重点内容有三个方面:第一,利益相关者评价;第二,项目地社会生产评价;第三,项目的文化可接受性及预期受益者需求一致性评价。

1.对利益相关者的评价

进行项目社会评价时,首要工作是检验项目决策基础是否包含当地文化及人口统计特征,如是否考虑项目地人口规模、密度、社会结构等,尤其是否考虑少数民族、迁移人口和妇女等人群因素。其后,要调查项目利害关系人意见,掌握他们参与项目决策、实施、维护、运营和监督的意愿,并制定有关措施帮助利害关系人自组织参与项目。

2.对项目地社会生产的评价

充分评价以下社会生产因素在项目实施后的变化,确认项目地社会生产组织可适应因项目引入而致的技术条件变化。第一,充分评价项目地民众主流居住模式和家庭体系特点、劳动力可获得性和所有制形式。第二,充分评价小型生产者合理利用市场、获得地区经济信息的能力和水平。第三,充分评价土地所有制度和使用权。第四,充分评价社会生产组织利用可获得自然资源和其他生产性资源的方式。

3.对项目的文化可接受性及预期受益者需求一致性的评价

项目应是项目地文化可以接受的,能被当地社会活动者及其机构和组织所理解,符合项目地价值观、风俗习惯、信仰和感知需要。

(二)以评价阶段划分的内容

就项目全生命周期而言,在项目不同阶段,社会评价侧重点不同。通常,在项目建议书阶段进行初步社会筛选,在项目可行性研究阶段进行详细社会评价与分析,在项目的实施阶段进行社会监测与评估。

1.初步社会筛选

初步社会筛选是识别对项目决策或实施具有重要影响的社会因素,初步确定需要在项目准备阶段进行详细社会分析的对象。通过实地考察,社会评价人员考察拟建项目涵盖的样本地区和社区,访问目标受益人群和受影响人群,访问掌握相关信息的关键人物。初步社会筛选要完成的任务一般包括,第一,识别关键利益相关者。关键利益相关者是影响项目决策及实施的各种社会群体、公共部门和私有部门及其正式和非正式机构,以及非政府组织。在识别过程中,社会评价人员可以从审阅资料入手,然后经与决策者、中央和地方政府代表、经验丰富的国内外社会学家以及当地非政府组织进行磋商后,识别与项目活动关系最大的团体和机构;同时,充分了解和掌握项目地面临广泛的社会发展问题,确定项目内容和可能包括的技术方案。第二,识别与项目密切相关的社会因素和社会风险。在对项目地面临的社会发展问题进行总体判断并确定关键利益相关者、确定项目内容和可能包括的技术方案之后,社会评价人员着手分析项目对不同利益相关者产生的不同社会影响,项目社会风险,关键利益相关者、贫困和弱势群体参与能力及其影响;同时,尽力考虑更广义的社会因素包括社会凝聚力、社会资本、社会组织等对项目决策和实施的影响。第三,研判实施详细社会分析的必要性及其内容。在初步筛选之后,根据结果确定进一步的详细社会分析的具体内容。

2.可行性研究阶段的详细社会评价与分析

详细社会评价与分析是为项目行动方案提供详尽的项目地社会组织、文化习俗等社会经济数据,以减缓或消除项目负面社会影响,确保项目得到高质量决策和成功实施。详细社会评价与分析的内容基于初步社会筛选的结果而确定,通常重点包括以下五个方面。

(1)对利益相关者进行分析。评价和分析各利益相关者受项目影响的程度,以及反过来他们对项目的影响能力和程度。

(2)对当地机构及其制度和社会组织进行分析。评价预期受益的项目目标人群在利用项目成果方面可能遇到的阻力,分析阻力来源如当地风俗习惯、不同群体之间的关系、正式的和习惯的规章制度、产权安排等,提出克服这些阻力的建议。其中,机构分析是对项目财务分析、国民经济评价的有力补充,它侧重于系统考察在政府机构层面项目措施的可行性和项目参与机制的可持续性。在进行机构分析的同时,社会评价人员分析社会资本、社会网络等因素对项目决策与实施的影响,确认能帮助利益相关者实现收益目标的当地政府部门机构;识别机构障碍,提出相应改进现有机构安排和建立新制度的建议;识别影响项目实施的非正式机构和道德规范、价值观念、信仰体系等文化因素,提出应对措施建议。

(3)制定参与机制。构建适当机制,引导和激励不同社会群体参与社会评价,尤其是引导和激励贫困和弱势群体参与。制定参与机制是社会评价工作的重要内容之一,一般包括制定分享机制、制定协商机制和制定参与机制三个部分。

(4)制定详尽的负面影响减缓方案。对于已被识别的负面影响,提出和确认减轻或消除影响的具体方案,并将责任落实到相应机构。对于无法量化但确定的尤其是弱势群体的负面或间接影响,提出科学、系统的预防措施。

(5)制定和确认评价指标并完成基线调查。一方面,依据项目目标统筹项目地社会发展目标、项目目标群体和影响群体的社会经济条件,制定和确认评价指标。另一方面,进行无项目时的基线调查,确认项目地"无项目"时的经济社会状态并尽可能将状态予以量化、数据指标化,进行"有无对比"分析,研判项目带来变化的程度。

3.项目实施阶段的社会监测与评估

对项目建设和建成后运行实施监测与评估是公共项目社会评价体系的重要组成部分,有助于及时发现项目实施中存在的问题并及时提出调整实施方案。社会监测与评估的一项重要工作是估计无项目情况即没有项目时情况怎样或者会出现何种情况。此时,通过将比较群体和随机抽样而选定控制群体加以对比,即将不参与项目也不从中受益群体同参与项目且受益人群进行对比,可掌握这方面情况。估计无项目情况所采用的方法分为两大类,一类是实验法或随机抽样法,另一类是类实验法或非随机抽样法。由于"实验"出无项目情况并非易事,所以也可让有关项目受益人群自己对项目发表看法。

第三节　公共项目社会评价指标与方法

一、公共项目社会评价指标

公共项目社会评价指标可分为定量和定性两大类,其中定量指标是用定量形式表示的社会效益指标,包括收入分配效果指标、劳动就业效果指标、自然资源节约效果指标、环境保护效果指标等。定性指标是用非定量化指标表示的社会效益指标,包括先进技术引进、人民科学文化水平提高等指标。选用公共项目社会评价指标的原则通常包括:第一,根据项目的特点及其在国民经济中的地位和作用,以及项目所在地区的社会经济结构等因素选择社会评价指标;第二,反映公共项目的社会效益的指标是一个评价指标体系;第三,评价指标体系需符合国家现行政策。

(一)定量指标

1.收入分配效果指标

收入分配效果指标主要有社会机构分配指标、地区分配指标和国内外分配指标三类。

(1)社会机构分配指标。该指标表征项目国民收入净增值在社会机构之间的分配情况,一般用以下四种分配指数表示,这四种指数相加值等于1。第一,职工分配指数。该指数表征正常生产年份的职工所获工资和附加福利的增值在项目年度国民收入净增值中所占比重。第二,企业或部门分配指数。该指数表征正常生产年份的企业或部门所获得的利润、折旧和其他收益总额所占项目年度国民收入净增值的比重。第三,国家分配指数。该指数是正常生产年份的企业上缴国家的税金、利润、折旧、股息和保险费等国家收益在项目年度国民收入净增值中所占比重。第四,未分配增值指数。该指数是正常生产年份由国家掌握的扩建基金、后备基金、社会公共福利基金之总额在项目年度国民收入净增值中所占比重。

(2)地区分配指标。该指标表征项目所得的国民收入净增值在各个地区之间的分配情况,也就是表征项目的净增值能分配给项目所在地区的增值效益,可用地区分配指数表示。地区分配指数是项目正常生产年份支付给当地工人工资、当地企业利润、当地政府税收和地区福利收入等增值与项目年度国民收入净增值之比值。

(3)国内、国外分配指标。该指标指建设项目所获得的国内净增值在国内和国外之间的分配比重,主要用于评价技术引进和中外合资等涉外投资项目的社会效益,具体用国内、国外两种分配指数表示,这两种指数之和为1。国内分配指数是项目在国内获得国民净增值占项目国内净增值的比重,国外分配指数是项目汇出国外的付款增值在项目整个国内净增值中之比重。分配指标是社会评价中的一个主要指标,通过该指标选择项目或方案有助于合理公平分配国民收入从而有利于社会稳定和发展。

实践当中,判别指标所遵循的一般原则是,若分配目标是要提高职工收入,则选择职工分配指数高的项目或方案;若分配目标是增加国家收入,则选择国家分配指数高的项目或方案;若分配目标是增加国民收入,则选择国内分配指数高的项目或方案,同时若国外付款的分配指数过高则采取措施减少国外贷款。

2.劳动就业效果指标

在其他条件相同情况下，劳动就业效果指标是评价项目社会效益的关键指标。项目劳动就业效果是项目建成后给社会创造的新就业机会，一般可按每单位投资提供的就业人数衡量，也可按提供每个就业机会所需的投资额衡量，分为总就业效果指标、直接就业效果指标和间接就业效果指标。

（1）总就业效果指标。总就业效果指标又称单位投资就业人数指标，是项目建成后社会新增总就业人数与项目总投资比值，其表达式为：

$$总就业效果 = \frac{项目建成后社会新增总就业人数}{项目总投资}$$

由总就业效果指标衍生出以下直接和间接就业效果指标。

（2）直接就业效果指标。直接就业效果指标是项目本身直接投资所能提供的直接就业机会，其表达式为：

$$直接就业效果 = \frac{项目提供的直接就业人数}{项目直接投资}$$

（3）间接就业效果指标。间接就业效果指标是同项目相关联的配套或其他项目以及项目所在地区和部门增加的全部附加投资与其创造的间接就业人数之比，其表达式为：

$$间接就业效果 = \frac{项目提供的间接就业人数}{项目间接投资}$$

以上总就业效果指标、直接就业效果指标和间接就业效果指标的单位均为人/万元，指标值都是越高越好。实践当中，在协调劳动生产率和就业效果指标之间关系的前提下，国家有关部门一般都根据实际情况制定出项目最低就业效果标准定额。

3.自然资源节约效果指标

对于项目而言，自然资源是从自然界直接获得的物质与能量如土地、矿产、生物、山川、海洋、湖泊等。确保自然资源能被永续利用才能确保项目可持续发展，也才能确保经济社会可持续发展，为此必须节约使用资源。

自然资源节约效果指标所评价的内容依据项目主要涉及的自然资源的不同而不同。公共项目主要涉及较大范围能源、水、耕地等资源，相应地，其自然资源节约效果指标多评价的内容就主要是能源、水、耕地等资源节约情况。项目节约能源、耕地、水等资源情况一般用项目综合能耗、项目单位投资占用耕地、项目单位产品或服务耗水量表征，其表达式分别如下。

$$项目综合能耗 = \frac{项目的年综合能耗}{项目增加值}$$

$$项目单位投资占用耕地 = \frac{项目占用耕地面积}{项目总投资}$$

$$项目单位产品或服务耗水量 = \frac{项目年耗水量}{项目年产量或服务次数}$$

在自然资源节约效果指标的具体计算过程中,能耗折合成"年吨标准煤"的消耗计算,能耗定额标准由各主管部门根据国家计划期的节能要求制定;单位产品或服务耗水量由主管部门按行业规定定额考核;单位投资占用耕地依据同类项目经验予以评定。

自然资源节约效果指标的评判原则是,项目的自然资源节约效果指标必须低于国家规定的标准或低于本行业平均水平。

4.环境保护效果指标

环境影响评价是项目社会评价重要一环,它是在环保系统工作的基础上将环境治理效益纳入社会评价,评价由于项目实施对环境造成的影响并提出防治污染的方案和措施。项目环境保护效果指标是反映项目对环境污染物的治理是否达到国家或地方规定标准的指标,可用环境质量指数即各项环境污染物治理的指数之和的算术平均数表示,其表达式如 5-1 所示:

$$环境质量指数 = \frac{\left[\sum_{r=1}^{n} \frac{Q_r}{Q_{r0}} \right]}{n} \tag{5-1}$$

式中,Q_r 为项目实际治理第 r 种有害物效率;Q_{r0} 为国家或地方规定的治理第 r 种有害物标准效率;有害物包括废水、废气、废渣、噪声、放射物等,有 r 种则计算 r 种;$\frac{Q_r}{Q_{r0}}$ 为项目实际治理第 r 种有害物效率与标准效率之比。

若项目的环境影响较大,项目各类污染物对环境影响的差别也很大,则对各类污染给予不同权重后求平均指数。

环境保护效果也可以用项目环保费用衡量,此时环境保护效果指标是达到符合国家标准的环境保护目标所花费的环保费用,该指标越小则项目方案越具有环境保护竞争力。

(二)定性指标

除定量指标外,项目社会评价指标还包括定性指标。定性指标被用来评价不能或不易定量分析的项目宏观社会效果,如基础设施、技术保密、环境保护、资源利用、生态平衡、可持续发展等效果。定量与定性分析相结合是项目社会评价的基本原则。

1.定性指标使用范围

采用定性指标进行评价时,主要对项目以下影响进行分析:第一,项目对提高地区和部门科技水平的影响即项目采用的新技术和技术扩散的影响;第二,项目对环境保护和生态平衡的影响;第三,项目对提高产品质量和对产品用户的影响;第四,项目对基本设施和基础结构的影响等。

2.定性指标评价内容

定性指标所评价的社会效益内容包括社会环境影响分析,自然与生态环境影响分析,自然资源影响分析,社会经济影响分析等。

(1)社会环境影响分析。定性的社会环境影响分析主要是项目对当地人口、文化教育、卫生保健、政治、社区等方面的影响分析,具体而言包括对当地人口的影响分析,对当地文化教育的影响分析,对人民卫生保健的影响分析,对社会安全、稳定、保障的影响分析,对民族关系的影响分析,对国防的影响分析,对提高国家国际威望的影响分析,对人际关系的影响分析,对社区的人民生活、基础设施和服务设施、社会结构、生产组织、人民习惯和道德规范、人民宗教信仰、人民生活质量、凝聚力、人民社会福利和其他社会影响分析等。

(2)生态环境影响分析。国家要求对项目进行环境影响评价,其中包括评价项目采取何种措施保护生态环境及其效果预测,其定性内容具体包括对环境质量的影响进行分析,对污染治理进行分析,对自然景观、植物植被所受影响进行分析,对传播有害细菌进行分析,对水土流失进行分析,对项目诱发地震进行分析,对野生动植物受到影响进行分析等。

(3)自然资源影响分析。定性的自然资源影响分析主要是分析项目对自然资源合理利用、综合利用、节约使用等情况,具体内容包括分析水、土地、能源节约情况,分析海洋、生物、矿产等国土资源开发效益,分析自然资源综合利用效益等。

(4)社会经济影响分析。定性的社会经济影响分析主要是从宏观角度分析项目对国民经济和社会发展的影响,具体内容包括项目技术进步效益分析,项目节约时间效益分析,项目促进地区经济社会发展分析,项目促进行业发展分析等。

3.项目与社会互适性及其他定性分析

项目与社会只有相互适应,才能有效减低社会风险、确保项目存续,才能促进社会进步与发展。定性的项目与社会互适性分析包括项目是否适应国家、地区的产业政策分析,项目是否满足产业结构调整、实施可持续发展战略要求分析,项目是否适应当地人民需要分析,当地人民在文化与技术上能否接受此项目分析,项目是否最好、最易为当地人所接受分析等。

定性的项目社会风险程度分析包括项目有无社会风险、程度如何,干部与群众对风险有何反应,采取风险防范措施的效果等;因项目而受损的群众补偿问题,包括项目受益、受损对象及受益、受损因素,如何防止效益流失、如何减少受损群众数量以及如何补偿等内容。

定性的项目参与水平分析包括分析社区干部、群众参与项目的态度、要求,分析可能参与的人数和水平,拟定促进参与的规划方案等。

定性的项目承担机构能力适应性分析包括分析项目承担机构的能力,分析是否需要采取措施提高机构能力,以及是否需要建立非政府组织以协助项目承担机构开展工作等。

定性的项目持续性分析主要是分析项目与社会的各种适应性,研究项目能否存续以及如何存续等内容。

二、公共项目社会评价方法

对公共项目进行社会评价采用的基础方法是层次分析法和模糊综合评价法。

(一)层次分析法

层次分析法是将与决策有关的因素分解成目标、准则、方案等层次并进行定性和定量分析的层次权重决策分析法。层次分析法的特点是,它把现代管理中存在的模糊不清但彼此间又相关的系统问题转化为定量分析问题,即把一个复杂问题建构成有序的递阶层次结构,通过两两比较、判断和计算,完成对决策方案的优劣排序。这种方法能够统一处理决策中的定性与定量元素,因而尤其适合对无结构问题建模。在具体运用时,层次分析法按总目标、各层子目标、评价准则直至具体的备投方案的顺序,先将决策问题分解为不同的层次结构,之后求解判断矩阵特征向量,获得每一层各元素对上一层某元素的优先权重,最后使用加权法和递阶归并得到各备择方案对总目标的最终权重,最终权重最大者即为最优方案。

层次分析法包括建立层次结构模型、构造判断(成对比较)矩阵、层次单排序及其一致性检验几个步骤。

1.建立层次结构模型

将决策目标、考虑因素(评价准则)和决策对象按它们之间的相互关系分为最高层、中间层和最低层,并以图形表现出来,即绘出层次结构图。其中,最高层是决策目的、要解决的问题,它只有一个元素;中间层是决策要考虑的因素,也称决策准则;最低层是备选方案。

2.构造判断(成对比较)矩阵

两两相互比较,确定各层次各因素之间的权重,并按其重要性程度评定等级。判断矩阵元素的标度方法如表 5-1 所示。

表 5-1　判断矩阵元素的比例标度表

因素 i 比因素 j	标度值
同等重要	1
稍微重要	3

续表

因素 i 比因素 j	标度值
较强重要	5
强烈重要	7
极端重要	9
两相邻判断的中间值	2,4,6,8

3.层次单排序及其一致性检验

对应于判断矩阵最大特征根的特征向量,经归一化即使向量中各元素之和等于1后,记为 W。W 的元素为同一层次因素对于上一层次某因素相对重要性的排序权值,这一过程称为层次单排序。能否确认层次单排序,则需要进行一致性检验。所谓一致性检验是指对 A 确定不一致的允许范围。其中,n 阶一致矩阵的唯一非零特征根为 n;n 阶正互反阵 A 的最大特征根 $\lambda \geqslant n$,当且仅当 $\lambda = n$ 时,A 为一致矩阵。

(二)模糊综合评价法

模糊综合评价方法是根据模糊数学的隶属度理论,把定性评价转化为定量评价,对受到多种因素制约的事物或对象作出一个总体的评价。

进行模糊综合评价的步骤是,第一,构建模糊综合评价指标体系。模糊综合评价指标体系是进行综合评价的基础,指标选取的适宜度直接影响综合评价的准确性。构建评价指标体系时,一般需要广泛搜集与该评价指标体系相关的各领域资料、相关法律法规。第二,构建权重向量。运用层次分析法或采用专家经验,计算或直接获得权重向量。第三,构建隶属矩阵。建立适合的隶属函数,进而计算隶属矩阵。第四,隶属矩阵与权重的合成。采用适合的合成因子对隶属矩阵与权重进行合成,并对结果向量进行解释。

第四节　公共项目社会评价实例

X—H 铁路经过四省,横跨中国西部、中部和东部,将欠发达的西部地区与快速发展的沿海地区连接起来。本案例根据 X—H 铁路项目非自愿移民的实际情况,根据移民生活质量多目标模糊综合评价方法和可持续发展发展能力(DEA)分析方法,对该项目进行社会评价。

一、项目背景

（一）项目概况

X—H 铁路（以下简称 X—H），西起 S 省新丰镇编组站，东止 A 省 HF 东编组站，正线长 953.97 公里（另加联络线 70.38 公里）。其中 S 省境内 256.06 公里，H 省境内 528.29 公里，W 省境内 89.45 公里（正线长 19.07 公里，联络线长 70.38 公里），A 省境内 150.55 公里。X—H 建设总工期 5 年；全线部分控制点工程于 2000 年 9 月开工，并且在 2000 年年底基本完成全线各项开工准备工作；预计投资总额 249 亿元。

X—H 的建成将对中国 21 世纪经济发展产生巨大的促进作用。修建的主要目的和意义在于：第一，该线的建成将成为贯穿中国中部地区的重要东西向通道，从根本上解决西北、西南至华东、中南铁路运输紧张状况，增加运输能力；第二，从满足中国经济发展和运输需求的角度看，该线的线路位置是最合适的位置之一，同时这也是发展铁路网、优化和强化铁路网结构的需要；第三，通过同东部富裕地区和世界其他地区的连接，该线将帮助中部、西部较贫穷的地区改变贫困状况。

（二）非自愿移民规模

X—H 线建设经过 4 省、8 地区（市）、28 县（市区）、133 乡镇，涉及非自愿移民 76 500 人，永久征用土地 63 070 亩，拆迁房屋 935 889 平方米。平均每公里铁路线影响人数 75 人，征用土地 61.57 亩，拆迁房屋 913.6 平方米。

除房屋拆迁之外，另有通信线路、电力线路、道路、水渠、桥涵等基础设施受到影响。全线需要迁移通信线路 1 353 公里，迁移电力线路 1 500 公里，改移道路 164 公里。在工程施工期间，还将借用一定数量（预计为 16 305 亩）的临时土地，使用期为 3~4 年。82％的借用土地是农业用地。使用期满后，工程施工单位要将土地恢复成原有耕种条件，然后归还给农民或其他土地所有者。

X—H 移民始于 2000 年，该年春季开始重点工程的征地，夏季开始大规模的征地拆迁。到 2001 年中期移民的房屋拆迁工作基本完成，移民的土地调整工作也基本完成。到 2002 年，移民基本全部搬迁到新建住房。

（三）受影响群体的社会经济状况

X—H 所经过的 4 省区总人口约 2.5 亿，占全国总人口的 20％。本铁路沿线 28 个县/区的总人口为 2 240 万人，其中 82％即 1 840 万人为农业人口。

X—H 沿线 4 省的人均 GDP 均低于全国平均水平。S 省的人均 GDP 只相当于全国平均水平的 60％，其中某地区的人均 GDP 甚至仅为全国平均水平的 25％。

沿线农村人均耕地数量很少,人均仅为 1.17 亩/人,并且土地质量不高,以坡旱地和平旱地居多,而水田和水浇地的比例很低。在山区农村,因为远离城镇或交通不便,所以农户只能种植粮食作物和蔬菜用于满足自家的需要,以及用于养殖家禽,少部分用于出售。而在交通便利的地区和城镇周围地区,农户可以种植经济价值较高的经济作物并完全用于出售,以便换取更高的经济收益。耕地资源缺乏是沿线农村收入低下的一个主要因素。

本铁路沿线农村人口较全国农村人口更为贫困。2000 年全国农村人均纯收入 2 253.42元/人,而本铁路沿线农村人均纯收入仅为 1 707 元/人,不到全国平均水平的 80%,28 个县中仅一个县农村人均纯收入高于全国平均水平。S 省的 4 个贫困县的农村人均纯收入不到全国平均水平的 40%。

山区地理位置和交通不便也是限制沿线经济收入提高的一个重要因素。X—H 经过三座主要山脉——秦巴山区、桐柏山区和大别山区,而秦巴山区和大别山区名列中国最贫穷的 18 个集中连片的贫困区之中。生活在这些山区的人们极度贫困。靠近城镇及便利的交通运输条件都将有效地改善收入水平,这在沿线各县非常明显。9 个已通铁路的县的农村人均纯收入为 2 095 元/人,明显高于沿线 28 个县 1 707 元/人的水平和 16 个贫困县1 507 元/人的水平。沿线最贫穷的当属某地区的 3 个山区县,其农村人均纯收入仅有 765 元/人,相当于沿线已通铁路各县的 1/3。

该项目沿线 28 个县总计有 120 万贫困人口(国家贫困线 635 元以下的绝对贫困人口)。沿线 4 省贫困率分别是:S 省 17.7%,H 省 4.4%,W 省 3.0%,A 省 4.7%。而全国平均贫困率是 4.7%。

(四)移民安置监测与评估

受铁道部等机构委托,西南交通大学外资引进与利用研究所对 X—H 移民安置进行监测与评估。2000 年 3 月,《X—H 移民安置计划》经铁道部等机构批准后,X—H 的移民监测与评估工作便开始了。从 2000 年到 2004 年,每年向铁道部等机构提供一份监测评估报告,共完成移民基底调查报告(2000 年 8 月)、第一期监测评估报告(2001 年 12 月)和第二期监测评估报告(2002 年 12 月)。

监测评估在全面掌握移民安置情况的基础上,遵照社会调查的规定,采取抽样调查的方法进行。调查时,事先专门设计调查问卷,选择了 98 个行政村和 1 000 个移民户作为 X—H 所有移民的样本,并对其进行跟踪调查。对移民样本户的调查问卷包括家庭人口基本情况、家庭经济收入与支出及构成、住房情况、耐用消费品、耕地及农具等生产资料以及种植业养殖业构成、受影响情况、安置方式、家庭对补偿安置的意见及原因等近 60 项调查指标,对样本村的调查包括样本村人口及构成、收入及其来源构成、贫困情况、耕地等生产资料及构成、基础设施、劳动力及就业、二三产业状况、受影响情况、安置与补偿方式、安置困难等近 50 项指标。另外,还进行了数次公众参与的问卷调查。除问卷调查外,还综合利用个别访谈、座谈会、实地观察、文献资料收集等多种方法调查收集资料。

评估的主要结论是:搬迁后的基础设施比搬迁前更为完善,移民的居住条件有了较大的改善,体现出相当好的扶贫效益;铁路建设期间为移民提供了新的收入来源;搬迁期间移民的就业和收入虽然受到一定的影响,但安置完成后移民的就业条件逐步得到改善,移民的收入恢复较快;耕地减少有一定的负面影响,但对移民的生活没有起决定性的影响;移民普遍对该铁路建设表示支持,对补偿安置基本满意。

二、项目非自愿移民生活质量的度量

2000年8月的基底调查主要是调查移民搬迁前的社会经济状况,到2002年12月,移民的安置第一阶段工作基本完成。以2000年8月(搬迁前)、2001年年底、2002年年底等三个时间点展开对移民的生活质量研究。

(一)构建生活质量指标体系

鉴于X—H影响人口绝大部分是农村人口的特点,按照生活质量指标选取原则,构造出X—H移民生活质量多级递阶指标体系。移民生活质量应该从就业、收入水平、收入分配、贫困、消费、医疗卫生、教育、基础设施、居住质量、安置满意度十个方面进行综合反映,围绕这十个方面来选择因素指标。

1.就业

由于农业就业比重与非农就业比重这两个指标强相关,因此就业这一聚类就选取劳动力就业率与非农就业比重这两个指标,以免重复。

2.收入水平

人均纯收入是反映收入水平的综合性的主要指标。人均纯收入是以家庭纯收入除以家庭人口得出的。在计算人均纯收入指标指数时,一个必不可少的步骤是选取比较系统中的上限和下限。2000年全国农村人均纯收入2 253.42元,以此作为移民人均纯收入预期未来目标的规划值,并把它视为该指标的最大值,超过最大值按照最大值计算(认为超出部分对移民生活质量的贡献等于零,其余指标也类似)。最低值移民人均纯收入为635元,这是国内贫困线标准。非农业收入比重是指从事非农业生产经营收入占总收入的比重,这一指标对于移民的收入水平有较大影响。

3.收入分配

为预测一个项目使哪些人受益、哪些人受损,是否有利于扶助贫困人口,并且使项目收益分配更趋合理,常需利用基尼系数。X—H移民前的基尼系数为0.352,按照国际一般的标准,基尼系数在0.3~0.4之间的收入分配相对公平。

4.贫困

国内贫困线按人均纯收入 635 元/人计算。国际贫困线是世界银行的贫困标准，相当于 1985 年美元不变价每天 1 美元，然后按购买力平价调整为 1 120 元。

5.消费

消费方面选择了人均消费总支出、恩格尔系数、4 个耐用消费品等 6 个派生指标。2001 年中国农民人均生活消费支出 1 741.1 元，以此作为人均消费总支出的最大值，最小值根据经验确定为 3 元/天。所谓恩格尔系数，即食品消费的支出占家庭消费总支出的比例。恩格尔系数作为衡量一个国家、一个地区或一个家庭富裕程度的重要指标，已经被很多研究机构证实。恩格尔系数的优点是可以忽略社会调查中受影响人的瞒报和虚报行为。有些受影响人因为种种原因要对调查人员少报自己的收入，还有一些或许要多报自己的收入以满足虚荣心。从消费结构之中估计恩格尔系数，可以在假定人们对各项消费支出项目都具有相等瞒报或多报成分的前提下，比较准确地计算出食品支出这一最基本消费项目的比重，从而观察人们的生活质量。联合国根据恩格尔系数确定了一个划分贫富的标准，如表 5-2 所示。

表 5-2　恩格尔系数与发展阶段的对应关系

发展阶段	极富裕	富裕	小康	温饱	绝对贫困
恩格尔系数	0～0.3	0.3～0.4	0.4～0.5	0.5～0.6	＞0.6

耐用消费品方面选择了每百户拥有的电视机数、每百户拥有的洗衣机数、每百户拥有的冰箱数和每百户拥有的电话数等 4 个指标。2001 年，中国农民平均每百户拥有电视机 74.4 台，洗衣机 29.9 台，电冰箱 13.6 台，电话机 34.1 部。耐用消费品以中国农民平均每百户拥有量作为它们的最大值，最小值均为零。

6.医疗卫生

医疗卫生情况通过每万人拥有医生数和每万人拥有病床数这两个指标来反映。由于未系统地对移民医疗卫生情况做专门调查，这两个指标值只能以受影响区域的统计数据来代替。

7.教育

教育方面包含成人文盲率、3 公里内有完小、适龄儿童入学率、中学入学率等 4 个指标。2000 年中国农民文盲率为 6.72％，以此作为成人文盲率的最小值，最大值为 12％。3 公里内有完小是一个中介评价指标，指以居住地为中心，3 公里路程为半径，在此范围内有完全小学这一状况，采用处于这一状况的移民人口占总移民人口的比例计算。适龄儿童入学率是指 6～12 周岁的儿童入学率，2001 年中国的适龄儿童入学率达到 99.05％，据此，将这一指标的最大值定为 100％，最小值根据经验定为 90％。中学入学率即小学毕业生的升学率，根据经验，将这一指标的最大值定为 95％，最小值为 80％。

8.基础设施

基础设施方面,选择了供水质量、供电质量、交通质量、通信设施 4 个指标。供水质量以能得到安全饮用水的人所占百分比来衡量,供电质量以用电普及率来衡量,交通质量以公路交通是否直达中心村来衡量,通信设施以通电村的比例来衡量。

搬迁前,只有少数村镇的居民饮用经过处理的清洁自来水,大部分农村居民饮用井水和河水,初始社会调查估计大概有 60％的人口可以得到安全卫生饮用水。移民安置实施时,实施机构对移民饮用水极为重视,对水源均进行了调查和水质检测,保证选定的饮用水水源符合国家规定的标准。2001 年、2002 年该指标上升到 80％和 85％。

供电质量方面,搬迁前后用电普及率均为 100％。

公路交通是最便利最有效的交通手段,选择公路交通作为衡量交通质量的指标,以中心村是否通达为依据。乡村公路交通中分公路、机耕路两种形式,分别赋予序分值 100 分和 60 分。公路交通指标值按照下式计算:

$$公路交通指标值＝公路交通的人口占移民总人口的比重 \times 100＋$$
$$机耕地交通的人口占移民总人口的比重 \times 60 \qquad (5-1)$$

搬迁前有 76.5％的移民居住地通公路,18.4％通机耕路,另有 5.1％不通公路和机耕路;2001 年这些比例分别为 77.8％、20.2％和 0％;2002 年分别为 81.6％、18.4％和 0％。按照式(5-1)计算得交通质量指标值搬迁前、2001 年和 2002 年分别为87.54、89.92、92.64。

搬迁前后村村均通电话。

9.居住质量

居住质量方面,选择住房结构、人均住房面积和住房新旧程度 3 个派生指标。

人均住房面积是指人均拥有的住房的建筑面积(平方米/人),采用评价对象的平均值。2001 年,全国农民人均住房面积为 25.7 平方米,根据移民的实际情况,以此作为人均住房面积最大值,凡高于最大值者按 25.7 平方米/人计算(超过部分对移民生活质量贡献为零)。

住房结构指住房的建筑结构,分框架、砖混、砖木、土木和其他(如茅草房)5 类,给每一种住房结构依次赋予序分值,框架 100 分、砖混 90 分、砖木 70 分、土木 50 分、其他 30 分。住房结构指标值按下式计算:

$$住房结构指标值＝\sum (HA_i \times HV_i) \qquad (5-2)$$

式(5-2)中,HA_i 为第 i 种结构住房的建筑面积占总住房建筑面积的比重,HV_i 为第 i 种结构住房的结构序分值。

对于新房和旧房分别赋予序分值 100 分和 60 分,住房新旧状况指标值按下式计算:

住房新旧状况指标值＝新房的建筑面积占总住房建筑面积的比重×100＋
旧房的建筑面积占总住房建筑面积的比重×60

(5-3)

移民原有住房拆迁后,重建的房屋一般向更好的标准靠拢(这一点在住房结构的变化中也得到体现)。因此,移民选择结构较好的住房,往往根据自己家庭的经济实力,而面积上则会有所减少。在调查过程中,调查人员了解到农户最倾向于砖混结构楼房,至少也会选择砖木结构的住房,土木结构的住房总体上已成为历史,大多数农户已不喜欢这种结构的房屋。

搬迁前移民住房 24.39％是砖混结构,19.55％为砖木结构,53.41％为土木结构,2.66％为其他类型。2001 年和 2002 年移民样本住房数据相同,36.58％住房是砖混结构,45.12％是砖木结构,18.3％为土木结构,其他结构住房为零。根据式(5-2),搬迁前后住房结构指标值分别为 70.32 和 73.66。根据式(5-3)算得住房新旧状况指标值在搬迁前后分别为 72.69 和 100。

10.安置满意度

在选择主观指标时,采用认知层面的满意度作为主观评判的关键词。根据实际情况,选择了补偿满意度、就业满意度、提供帮助满意度和解决问题满意度 4 个指标。借助心理学的研究,把安置满意度划分为 7 个级度,如表 5-3 所示。需要指出的是,安置满意级度的界定是相对的,因为满意虽有层次之分,但毕竟界限模糊,从一个层次到另一个层次并没有明显的界限。这里仅给出各级度的参考标准和序分值,如表 5-3 所示。

表 5-3 满意级度指标

满意级度	特 征	序分值
很不满意	愤怒、恼怒、投诉、反宣传	0
不满意	气愤、恼怒	20
不太满意	抱怨、遗憾	40
一般	无明显正负情绪	60
较满意	好感、肯定、赞许	70
满意	称心、赞扬、愉快	85
很满意	激动、满足、感谢	100

在初始社会经济调查和监测评估调查中,都有安置满意度调查内容,对补偿、安置点等多个方面的满意度进行了专门调查。调查和访谈结果是:第一,与其他公共项目(如 1999 年建成的 312 国道项目)相比,X—H 的补偿费较好,因此 100％的移民对补偿较满意;第二,X—H 对于移民安置点非常重视,一般把宅基地安排在交通便利的

地点,基础设施也较好,80％的移民对此表示满意,另有 20％对安置点有抱怨情绪;第三,绝大部分移民对移民安置实施机构在提供帮助、解决问题方面无明显负面情绪。

(二)X—H 移民生活质量的评判

10 大类聚类指标重要程度相同,各赋予 10％的权重。派生指标按照 AHP 法确定权重。根据重要度判断原则,构造的移民生活质量各派生指标判断矩阵如表 5-4,然后根据 AHP 法计算出各派生指标相对权重。

表 5-4　移民生活质量判断矩阵

聚类指标	派生指标	权重	判断矩阵					
B₁	C₁ 劳动力就业率	0.500	1	1				
	C₂ 非农就业比重	0.500	1	1				
B₂	C₃ 人均纯收入	0.857	1	6				
	C₄ 非农业收入比重	0.143	1/6	1				
B₃	C₅ 基尼系数		1					
B₄	C₆ 国家贫困线以下人口比重	1.000	1	3				
	C₇ 国际贫困线以下人口比重		1/3	1				
B₅	C₈ 人均消费总支出	0.186	1	1/3	2	3	3	2
	C₉ 恩格尔系数	0.484	3	1	5	7	7	5
	C₁₀ 每百户拥有的电视机数	0.106	1/2	1/5	1	2	2	1
	C₁₁ 每百户拥有的洗衣机数	0.059	1/3	1/7	1/2	1	1	1/2
	C₁₂ 每百户拥有的冰箱数	0.059	1/3	1/7	1/2	1	1	1/2
	C₁₃ 每百户拥有的电话数	0.106	1/2	1/5	1	2	2	1
B₆	C₁₄ 每万人拥有的医生数	0.500	1	1				
	C₁₅ 每万人拥有的病床数	0.500	1	1				
B₇	C₁₆ 成人文盲率	0.061	1	1/5	1/3	1/7		
	C₁₇ 3 公里内有完小	0.288	5	1	2	1/2		
	C₁₈ 适龄儿童入学率	0.162	3	1/2	1	1/3		
	C₁₉ 中学入学率	0.489	7	2	3	1		
B₈	C₂₀ 供水质量	0.519	1	3	3	5		
	C₂₁ 供电质量	0.201	1/3	1	1	3		
	C₂₂ 交通质量	0.201	1/3	1	1	3		
	C₂₃ 通信设施	0.079	1/5	1/3	1/3	1		
B₉	C₂₄ 人均住房面积	0.230	1	2	1/3			
	C₂₅ 住房新旧状况	0.122	1/2	1	1/5			
	C₂₆ 住房结构	0.648	3	5	1			

续表

聚类指标	派生指标	权重	判断矩阵			
B₁₀	C₂₇ 补偿满意度	0.250	1	1	1	1
	C₂₈ 就业满意度	0.250	1	1	1	1
	C₂₉ 提供帮助满意度	0.250	1	1	1	1
	C₃₀ 解决问题满意度	0.250	1	1	1	1

根据指标的模糊隶属函数和权重可计算各派生指标的指数值,再计算聚类指标的指数值,最后得出移民生活质量综合指数。移民生活质量综合指数按照式(5-4)算:

$$\text{移民生活质量综合指数} = (B_1+B_2+B_3+B_4+B_5+B_6+B_7+B_8+B_9+B_{10}) \times 10\%$$

$$(5-4)$$

搬迁前,X—H 移民生活质量综合指数为 0.5823,处于中等偏下水平。2001 年、2002 年的生活质量综合指数上升到 0.6207、0.6456,生活质量有明显提高,进入中等水平。

各聚类指标显示,除收入分配指标有轻微下降外(这说明社会公平方面没有得到改善),其余聚类指标均有不同程度的提高。其中,基础设施指标提高最快,说明政府对移民安置规划和扶持工作相当重视,明显改善了移民饮用水和交通的质量。其次是贫困指标,根据移民监测工作了解到,各级政府抓住 X—H 建设的契机,结合移民安置工作来推进扶贫工作,取得了很好的成绩。另外,教育、收入水平、医疗卫生、消费等方面提高也比较显著。至 2002 年年底,X—H 第一阶段的移民安置目标基本实现,但第一阶段的移民安置成果仍需要后期生产扶持来进一步巩固。

根据分析,X—H 移民安置社会效益提高是显著的,这与移民监测评估得出的结论吻合。

三、项目非自愿移民可持续发展能力评价

根据可持续发展评价指标体系,选取其中有代表性的指标作为投入和产出变量。

针对 X—H 项目,选取人均耕地面积、人均补偿资金和公众参与作为输入变量,输出变量选取人均纯收入、基尼系数、恩格尔系数和居住质量。四个输出变量在生活质量度量中已做过定量分析,人均纯收入直接引用原始数据,而后三者均采用归一化处理后的数据。重点测算人均耕地面积、公众参与和人均补偿资金 3 个输入变量值。

(一)人均耕地面积

在土地中,耕地是精华所在,农民的生存之本。耕地为人类生命活动提供 80%

以上的热量、75％以上的蛋白质。人均耕地面积对于农民的就业和收入有很大的影响。涉及大量征地的建设项目,会引起移民的人均耕地面积的较大变化,从而对移民的收入、就业方式和发展带来影响。表5-5反映了X—H移民耕地数量的变化情况。

表5-5 耕地质量指标及数量

指 标	耕地种类				
	水浇地	坡耕地	水田	菜地	其他耕地
耕地质量指标	1.0	0.7	1.2	1.6	0.5
搬迁前人均占有量/亩/人	0.28	0.36	0.60	0.12	0.08
2001年人均占有量/亩/人	0.23	0.32	0.53	0.10	0.06
2002年人均占有量/亩/人	0.19	0.29	0.47	0.09	0.05
2004年人均占有量/亩/人	0.21	0.33	0.49	0.10	0.06

注:其他耕地是指不属于前四种类型的耕地,如河滩地等;到2004年,工程趋近结束,临时征地由施工单位恢复成原有耕种条件,因此人均耕地面积大约可以恢复0.1亩,表中2004年的数据是估计值。

由于各个地区耕地利用结构各异,即使同一地区利用结构也有所不同,因此特拟定"标准地"概念,其表达式为:

$$标准地＝水浇地\times1.0＋坡耕地\times0.7＋水田\times1.2＋菜地\times1.6＋$$
$$其他耕地\times0.5 \tag{5-5}$$

由式(5-5)可算出搬迁前、2001年、2002年和2004年标准地人均占有量分别为1.484亩、1.290亩、1.126亩、1.219亩。

移民环境容量是一个移民安置区在保证该区域可持续发展,即社会—经济—生态—环境复合系统向良性循环演变的条件下,该区经济、环境所能容纳的移民人口数量。移民环境容量研究主要是从宏观上论证移民安置的数量、方向、范围、方式、开发前景和就业途径,为开发性移民安置规划的制定提供科学依据。移民环境容量是一个包含人均耕地面积且比后者广泛得多的指标,对移民的安置方案优化和可持续发展有很大的影响。移民环境容量比人均耕地面积更能反映外部环境对移民生产生活的作用,但由于缺少这方面的数据,此处没有进行专门研究。

(二)公众参与

公众参与是一种有计划的行动,它通过政府部门和开发行动负责单位与公众之间的双向交流,使公民们能参加决策过程并且防止和化解公民和政府机构与开发单位之间、公民与公民之间的冲突。在建设项目社会影响评价报告书中,公众参与是其重要组成部分。由多边开发银行(MDBs)援助的项目,公众参与被列为项目环境影响评价的一个规定内容,很多国家已将公众参与列为项目环境影响评价工作程序。

规划、设计和施工部门应对受建设项目直接影响的公众给予应有的关注,进行可行性研究和环境影响评价都要求同公众进行磋商来确定一些问题。一些国家的经验表明,在建设项目立项阶段进行系统化的公众参与,可以减少此后可能产生的许多不利于项目建设的问题出现。有关部门应让受影响的公众了解项目的概况、项目的总目标、工程建设的规划和计划以及国家和其他方面的有关法律和规定,并且充分听取公众对项目建设的适当性鉴定以及意见和建议,吸收有意义的部分。特别要注意受项目影响最大的也可能是最困难的公众的意见。进而修改完善建设规划和计划,使得公共建设项目不但满足经济建设的需要和环境保护的需要,并且符合社会的需要。

实行公众参与的作用一般有八个方面:(1)改善各种对社区(街道)和环境可能有影响的决策;(2)给予公民们表达他们意见和听取有关方面意见的机会;(3)提供公民们对开发行动后果施加影响的机遇;(4)提高一个评价项目为消减负面影响所采取各种措施的公众可接受性;(5)化解公民之间在环境问题上的不同意见或冲突,以及消除其对政府机构执行计划的阻力;(6)确立政府机构及其决策过程的合理性和合法性;(7)满足公民法定的各种要求;(8)在政府机构官员和工作人员与公民们之间开展双向的意见交换,以辨识公众关注的主要问题及其价值观,便于公众了解政府和有关机构的计划,同时使政府机构了解各个备选方案及其影响从而作出满意的决策。

X—H 在 1999—2002 年进行过多次的公众参与调查,统计情况见表 5-6。

表 5-6 X—H 公众参与程度调查统计

因　　素	公众参与选择程度高			公众参与选择程度一般			公众参与选择程度低		
	搬迁前	2001 年	2002 年	搬迁前	2001 年	2002 年	搬迁前	2001 年	2002 年
对项目的了解程度	34.4	70.0	74.1	65.6	30.0	25.9	0.0	0.0	0.0
铁路的走向和选线参与程度	19.4	35.9	31.6	68.0	57.7	55.7	12.6	6.4	12.7
实物调查参与程度	75.7	83.8	85.9	24.3	16.3	14.1	0.0	0.0	0.0
补偿安置信息了解程度	38.0	52.4	60.2	56.0	42.7	36.1	6.0	4.9 *	3.6
移民安置规划方案参与程度	24.2	53.2	54.9	50.5	39.2	40.2	25.3	7.6	4.9
申诉渠道	9.7	18.8	22.5	36.9	43.8	48.8	53.4	37.5	28.8

注:表中数值为公众参与度百分比。

把各项参与因素高、中、低程度分别给予序分值 10、5、1,可以得出搬迁前、2001年和 2002 年公众参与综合指数值分别是 39.13、43.73 和 44.38。

（三）人均补偿资金

移民补偿资金对于移民重建家园、恢复生产至关重要。铁道部等机构都非常重视，制订了周密详细的计划，严格监督补偿资金的使用情况。

X—H 移民安置费用预计为 2 016 624 000 元人民币（约合 2.5 亿美元），这些费用包括在项目预算之内，全部由铁道部出资。

进一步运用 DEA 理论分析非自愿移民项目的可持续发展能力。经过计算机处理程序测算，X—H 项目的发展是可持续的。

——案例来源：https://ishare.iask.sina.com.cn/f/7Fpp3iSkvpp.html

 本章小结

公共项目社会评价是根据国家或地区的基本目标，把效益目标、公平目标、环境目标以及加速贫困地区经济发展等影响社会发展的其他因素通盘考虑，对项目进行多因素、多目标的综合分析评价，从而选出并实施那些有助于实现国家或地区最终目标的项目。进行项目社会评价，有利于加强投资的宏观指导与调控，实现项目与社会相互协调发展，促使经济与社会发展目标顺利实现。进行项目社会评价有利于提高公共项目决策能力和水平。进行公共项目社会评价的主要目的是提高项目实施效果，尽量减少或消除因实施项目而对社会产生的负面影响，确保项目建设和项目建成后运行符合项目所在地社会发展目标，促进经济与社会共赢。

公共项目社会评价范围包括项目范围、人群范围，公共项目社会评价层次包括总体评价层次、系统评价层次和项目评价层次。以评价内涵划分，公共项目社会评价有三个重点内容：一是利益相关者评价；二是项目地社会生产评价；三是项目的文化可接受性及预期受益者需求一致性评价。就项目全生命周期而言，在项目不同阶段，社会评价侧重点不同：通常在项目建议书阶段进行初步社会筛选；在项目可行性研究阶段进行详细社会评价与分析；在项目的实施阶段进行社会监测与评估。对项目建设和建成后的运行实施监测与评估是公共项目社会评价体系的重要组成部分。

公共项目社会评价指标可分为定量和定性两大类，其中定量指标是用定量形式表示的社会效益指标，包括收入分配效果指标、劳动就业效果指标、自然资源节约效果指标、环境保护效果指标等。定性指标是用非定量化指标表示的社会效益指标，包括先进技术引进、人民科学文化水平提高等指标。

对公共项目进行社会评价采用的基础方法是层次分析法和模糊综合评价法。

关键术语

项目社会评价　总体评价层次　系统评价层次　项目评价层次　收入分配效果指标　劳动就业效果指标　自然资源节约效果指标　环境保护效果指标　社会机构分配指标　地区分配指标　国内外分配指标　总就业效果指标　直接就业效果指标　间接就业效果指标　项目综合能耗　项目单位投资占用耕地　项目单位产品或服务耗水量　环境质量指数　层次分析法

复习思考题

1.试述公共项目社会评价的必要性和意义。

2.试述公共项目社会评价的范围。

3.试述公共项目社会评价的层次。

4.试述公共项目社会评价的主要内容。

5.试述公共项目社会评价定量指标体系的内容。

6.试述公共项目社会评价定性指标体系的内容。

7.试述公共项目成本-效用分析法的步骤。

8.层次分析法的一般步骤是什么？

第六章 公共项目风险论证

本章导读

公共项目决策的可行性研究必须对项目风险实施论证，为项目决策者采取有效措施以最大程度降低项目不确定性及其造成的损失提供建议。结合项目风险管理理论与方法，本章介绍公共项目风险论证的内涵及一般方法。

知识结构

风险的含义、性质、种类与特征 ← 风险与项目风险概述 → 项目与公共项目风险的含义、种类和特征

公共项目风险识别 ← 公共项目风险识别、估测与评价 → 公共项目风险估测与评价

公共项目风险应对 ← 公共项目风险应对与监控 → 公共项目风险监控

公共项目风险论证实例

重点问题

☆ 风险的定义、种类与产生原因　　☆ 项目风险的特点

☆ 公共项目风险识别　　☆ 公共项目风险评价及其方法

☆ 公共项目风险应对　　☆ 公共项目风险监控

第一节　风险与项目风险概述

一、风险的含义、性质、种类与特征

(一)风险的含义

关于风险,有人认为风险是不确定性与不确定性对应的后果,有人认为风险是预期后果中不利的一面,有人认为风险是影响目标的不利或有利事件发生的机会,有人认为风险是损失或收益及其发生的可能性,有人认为风险是在规定时间范围内不利事件发生的概率等等。总体来看,对风险的理解主要集中在两个方面:一是风险的不确定性,二是风险损失的不确定性。据此,风险应包含不确定性发生的可能性和不确定性确实发生后损失的不确定性。一般情况下,可将风险定义为发生不幸事件的概率,即某事件产生我们所不希望产生的后果的可能性。

理解风险重在理解风险因素、风险事故和风险损失。

风险因素是造成不希望产生的后果即风险事故发生的要素,包括实物性和非实物性风险因素。实物性风险因素是有形风险因素,指直接影响事物存续从而影响事故发生与否的物理、化学、生物等因素。非实物性风险因素一是道德风险因素,是无形风险因素,指与人的品德修养有关而影响事故发生与否的因素;二是心理风险因素,也是无形因素,指与人的心理状态变化有关而影响事故发生与否的因素。

风险事故是不希望产生的后果变成现实的存在,这种存在可能直接或间接造成损失,是损失的媒介物。风险因素有别于风险事故,二者是因果关系。

风险损失是非故意的、非计划的和非预期的收益的减少,一般可分为直接损失和间接损失两种,其中直接损失如财产损失和人身伤害,又称实质性物质损失;间接损失如收入损失、权利损失和额外费用增加等。

风险因素、风险事故和风险损失构成风险链,风险因素引发风险事故、风险事故导致损失。由于风险因素分为实物性的和非实物性的,所以风险链既可以由物理、化学、生物等实物因素引发,也可以由道德、心理等非实物因素引发,或者由实物或非实物性因素交互作用而引发。

(二)风险的性质

风险具有客观性、普遍性、偶然性、损害性、不确定性、相对性和社会性。

风险是客观存在的。它不受人的主观意识支配,即不管是意识到还是没有意识到,风险总是"在那里"。例如,在 20 世纪之前,人们在强烈日光下劳作时并没有意识到紫外线可能对人体皮肤造成危害。进入 20 世纪,随着科技特别是生物医学的发展,人们开始意识到长期在日光过于强烈直晒的环境中工作可能会导致皮肤癌。事实是,20 世纪以前的人们并不会因为没有意识到紫外线会对皮肤造成伤害而不受强日光伤害,20 世纪以后的人们也不会因为意识到紫外线会对皮肤造成伤害就不会受强日光伤害,也就是说不管人们有没有意识到受阳光强烈直晒人体会患病的风险,患病的风险都是客观存在的。

风险是普遍存在的。无论风险主体是谁,也无论风险主体处在何时、何地,从事何种事务,只要风险主体有追求的目标,则实际达到的状态与目标状态总是可能存在差距,实然结果总有可能达不到应然结果的要求。

风险是偶然的。如果能够事先判断出不幸事件何时、何地、因何因而起,也知道不幸事件发生后造成的确切损失,这种不幸事件及其起因和损失结果就完全能够消除和避免,那么所谓的风险就不存在。也就是说凡风险,都是偶然而非必然发生的。

风险是相对的。风险主体不同,同样的风险因素可能形成相同的风险事件、不同的风险损失;风险主体不同,同样的风险因素可能形成不同的风险事件和不同的风险损失。

风险具有社会影响性。风险因素、风险事件和风险损失只要出现,哪怕是只出现在个人事务中,也会产生很大的社会影响。

(三)风险的种类

1.按风险对象或标的划分

(1)财产风险。财产风险是风险事件可能发生进而可能导致有形或无形财产损毁、灭失或贬值的风险,其带来的损失通常包括直接和间接财产损失。如某单位建筑物、设施设备等有形资产可能因火灾而遭损毁,其品牌、名声等无形资产可能因意外诉讼事件而贬值。

(2)人身风险。人身风险是风险事件可能发生进而可能导致人患病、致残、死亡等不幸情况发生的风险,其带来的损失通常包括收入能力损失和额外费用增加。人身风险中的一部分如病、死等风险无法完全避免,原因在于这些情况在何时、何地发生并不确定,但一旦发生,它们会给人带来很大损失。

(3)责任风险。责任风险是风险事件即个人或团体可能违背法律、合同或道义上的规定进而可能造成他人财产损失或人身伤害、需要在法律层面承担赔偿责任的风险。责任风险可进一步细分为过失责任和无过失责任风险,前者是个人或团体可能因疏忽、过失致使他人财产受到损失或人身受到伤害,而必须承担经济给付责任;后者是根据法律或合同规定,当雇员从事工作范围内活动而遭受身体损害时,雇主即使无过失也必须承担经济给付责任。

(4)信用风险。信用风险是权利人与义务人在经济交往中一方可能违约或犯罪，进而可能使另一方遭受经济损失或损害的风险。

2.按风险产生原因划分

(1)自然风险。自然风险是自然力非规则运动可能引起某些自然现象进而可能导致损失或损害发生的风险。如大风、大雨、大水等可能导致房倒、田毁、路断，进而可能导致人员伤亡、财产损失。

(2)政治风险。政治风险是国际国内政治环境、政策法规可能变动进而可能带来的风险。例如战争可能带来社会动荡，进而可能造成巨大财产损失和人员伤亡；经济体制变动和产业政策调整可能改变经济运行机制，进而可能造成经济暂时停止发展。

(3)社会风险。社会风险是个人或团体行为可能无意或有意失当，进而造成社会生产以及人们生活受损或损害的风险。如个人或团伙可能实施盗窃、抢劫，也可能玩忽职守或故意进行破坏，进而可能对他人造成财产损失或人身伤害。

(4)经济风险。经济风险是在经济领域中经营者可能出现管理不力、预测失误、未及时应对市场价格变动或消费需求变化等情况，而可能遭受经济损失或损害的风险。

(5)技术风险。技术风险是科学技术发展可能带来某些不利因素，进而可能导致损失或损害发生的风险。如生物技术的发展带来克隆技术的出现，而生殖克隆技术引发伦理失常进而造成个体生理身份认同困难。

3.按风险造成利害划分

(1)静态风险。静态分析又称纯粹风险，是风险事件发生后风险主体只可能遭受损失而无可能获得收益，是风险管理的主要对象。静态风险的形成大多与自然力的破坏或人们的行为失误有关，风险后果只有损失和无损失两种。

(2)动态风险。动态风险又称投机风险，是风险事件发生后风险主体既可能遭受损失也可能获得收益的风险。动态风险导致的结果包括损失、无损失和获利三种。例如在股票买卖中，股票行情变化既可能给持股者带来盈利，也可能带来损失。动态风险广泛与经济、政治、军事及社会运动密切相关，变化多端，比静态风险复杂，相对较难进行预测。

4.按风险承受能力划分

(1)可接受的风险。可接受的风险是个人、机构或团体在对风险损失进行充分分析研究的基础上，确认自身所能承受的最大程度的损失，凡损失低于这一程度的风险均为可接受的风险。

(2)不可接受的风险。不可接受的风险与可接受的风险相对应，个人、机构或团体在对风险损失进行充分分析研究的基础上，确认自身所能承受的最大程度的损失，凡损失高于这一程度的风险均为不可接受的风险。

（四）风险的特征

自然风险的特征是突发性强、避免和控制成本高，风险主体需要从预防风险和风险事件发生后减少或消除损失发生两方面减少损失。风险主体在决策时就要对事项发生地的环境、气候、地质等自然条件进行详细分析，分析风险因素、风险事件和风险损失。若风险损失是自身不可承受的，则可否决事项，也可肯定事项但同时购买保险降低损失；若风险损失是自身可承受的，则预留灾损基金以应对风险。

社会风险、环境保护风险的特征是风险因素、风险事件和风险损失通常具有较大稳定性。风险主体只要遵循风险防范一般理念、政策和技术路线，结合事项地经济社会发展特征和社会文化心理，切实注重公众利益，就可以避免一般社会风险。

政治风险的特征是隐蔽性较强，虽然其发生有规律可循，但普通风险主体较难把握。在长期和平稳定的大环境下，政治风险一般体现为产业、金融、社会等政策的连续性可能不足进而可能对事项造成损失。因此，防范政治风险的通行做法是密切关注政策变化，分析政策效应并及时采取应对变化的措施。

经济风险的特征是风险因素既可能来自组织外部环境，又可能源于组织内部。通常，外部风险因素包括商品价格、利率、税率及生产要素市场变动，这些变动导致社会所有相关事项面临普遍而系统性风险。对于这种外源性风险，风险主体只能相对被动地采用诸如资源储备、分散经营、分散筹资等措施加以应对。内部风险因素包括经营管理方式、对未来市场供求变化与消费者偏好变化等不确定因素的判断能力等，这些方式和能力造成风险主体面临个案性风险。对于这种内源性风险，风险主体必须相对主动地加以控制。对内源性风险进行主动的风险防控是风险管理的核心工作。

二、项目与公共项目风险的含义、种类与特征

（一）项目风险含义、种类与特征

项目风险是指可能导致项目损失的不确定性，是某一事件可能发生进而可能给项目范围、进度、成本、质量等目标实现带来不利影响的风险。

相对于一般项目，项目风险分类更强调依据风险来源的不同而划分为需求风险、政策风险、技术风险、经济风险、政治风险、信用风险、道德风险、管理风险、环境保护风险等。需求风险指由于需求价格、数量、竞争、偏好不确定而可能给项目目标实现带来不利影响的风险，这是项目最直接最主要的风险。政策风险指与项目有关的基本建设规模、物资价格、能源等政策改变而可能给项目目标实现带来不利影响的风险。技术风险指技术标准或技术应用效果不确定而可能给项目目标实现带来不利影

响的风险。经济风险指项目所处的利率、汇率、产业结构、就业工资水平等经济环境可能发生变化而可能给项目目标实现带来不利影响的风险。政治风险指政治制度、经济体制等经济社会发展前提可能发生改变而可能给项目目标实现带来不利影响的风险。信用风险指项目主体可能不遵守信用如不遵守承包、采购、租赁等合同而可能给项目目标实现带来不利影响的风险,道德风险指项目有关人员可能道德水准低下如贪污、偷税漏税、泄密等而可能给项目目标实现带来不利影响的风险。管理风险指项目决策、组织实施、执行以及要素管理能力和水平不确定而可能给项目目标实现带来不利影响的风险。环境保护风险指环境保护法规可能变化进而可能导致损失或损害发生的风险,如新的环境政策可能要求事项决策方改变设计或实施方案,进而可能增加项目成本。

除了具有一般风险的特征之外,项目风险尤其具有多样复杂性、随机渐变性、相对可预测性、存在于项目整个生命周期内、影响全局性等特点。项目风险的多样复杂性是指,在一个项目中有许多种类的风险如需求、政治、经济、技术、信用、道德等风险,而且这些风险之间有复杂的内在联系。项目风险的随机渐变性是指,项目风险因素、风险事件和风险损失不仅随机,而且随着项目的进行,这些因素、事件和损失会发生变化。项目风险的相对可预测性是指,大部分项目的风险构成存在一定规律因而可依据一定方法、借助一定工具进行预测和管理。项目风险存在于项目整个生命周期内是指,项目风险不仅贯穿于项目建议、项目决策、项目组织实施、项目执行、项目监督、项目审计、项目后评估等局部生命周期,还存在于项目运行、项目维修直至项目终结等项目全生命周期环节。项目风险影响全局性是指,项目的某个、某类风险如项目延期可能影响整个项目的成本、质量,最终形成项目总体风险。

(二)公共项目风险的含义、种类与特征

公共项目风险是指某一事件可能发生进而可能给公共项目要素目标实现带来不利影响的风险。同一般项目的种类相同,公共项目风险依据风险来源可划分为需求风险、政策风险、社会风险、环境保护风险等。

公共项目风险具有更强的政治性、金融性、信用性、环境保护性、社会性、不可抗性性、交付风险性等。公共项目与公共行政紧密关联,体现为建设公共项目往往要支付高额公共财政,办理高额金融信贷,要同众多建设主体、合同主体合作,要在较大区域范围实施工程或服务,会直接涉及广大民众的切实利益。相应地,与一般项目相比,公共项目就面临更大的银行贷款、债券发行等金融风险,就面临更大的招投标合同等信用风险,也面临更大的工程或服务交付风险,还面临更大范围的地质、气候等自然不可抗力风险,更面临更大范围、更严重程度的环境保护风险、社会风险等。

第二节 公共项目风险识别、估测与评价

包括公共项目在内的项目风险论证是在项目可行性研究阶段或在项目运营管理中,项目主体对项目风险进行评估,并依据评估结果提出避免或消除风险、降低风险损失或利用风险的对策。项目风险论证流程是:首先进行风险识别,其后进行风险估测与评价,最后提出风险应对之策并对风险实施监控。

一、公共项目风险识别

(一)公共项目风险识别的含义

风险识别是在风险事件发生前,系统地鉴识项目所蕴含的各种风险因素,包含风险感知和风险分析两个环节,即了解客观存在的各种风险事件环节和分析引起风险事件的各种因素环节。风险识别是一个持续、系统的工作,通过感知、判断和归类,对现实和潜在的、内部的和外部的、静态和动态的风险事件的性质进行鉴别,并从中找出主要风险事件。

在了解客观存在的各种风险事件环节,通常主要是了解可能带来创伤和损失的可能事件,但也不排除了解可能带来收益的可能事件。

在分析引起风险事件的各种因素环节,既可以从因素分析事件即从因推果,也可从果究因。

(二)公共项目风险识别的特点

相对于一般性工作,公共项目风险识别工作具有系统性、制度性、连续性、信息性和具体性等特点。

1.系统性

项目风险识别涉及项目方方面面,既涉及所有利益相关主体如项目决策主体、组织实施主体、执行主体、政府有关部门等,也涉及具体主体内所有部门和人员如项目发起机构的人事、生产、财务等部门及其人员等。利益相关主体、主体内所有部门和人员通力合作是做好风险识别工作的基础。

2.制度性

项目风险识别工作的系统性决定了项目风险识别工作本身也存在风险,即风险识别人员进行复杂风险识别时会因知识水平、识别方法的不确定性而可能使识别工

作结果具有不确定性即造成工作损失。尽可能地减少或消除风险识别结果不确定性的关键是建立风险识别制度,确保风险管理机构和人员的风险识别能力和水平。

3.连续性

项目风险随着项目的存在而存在,随着项目阶段的不同而不同,相应的,项目风险识别工作不是一次就能完成的,它贯穿于项目全生命周期。在项目可行性研究也就是项目决策阶段,项目风险识别工作更具有全局性、战略性,因而格外受到重视。

4.信息性

项目风险识别的关键在于收集与项目相关的风险信息,并对信息进行定性和定量综合分析。收集风险信息时要遵循全面、准确、及时、可靠原则,确保项目风险识别工作建立在高质量信息工作基础上。

5.具体性

尽管不同项目会有不少共同之处,但不同项目通常具有不同风险。这是因为,不同项目意味着项目主体、项目空间、项目时间不同,这就从根本上决定了风险因素发生了变化,由其派生的风险事件在不同项目中必然在性质、内容、程度上不会完全相同,因此,在进行风险识别工作时必须具体项目具体分析。

(三)公共项目风险识别的方法

公共项目风险识别的方法通常有专家法、流程图法、筛选—监测—诊断分析法、故障树分析法、检查表法等。

1.专家法

专家法是由项目相关领域专家运用专业知识和实战经验,找出各种潜在和现实的风险事件并对事件发生的因素进行分析。专家法是项目风险识别的基础方法。专家法的优点是,在相对缺乏统计数据和原始资料的情况下也能够识别出项目风险,缺点是识别过程和识别结果经验性较强。项目风险识别的专家法主要包括德尔菲法、专家个人判断法、智能放大法等。

2.流程图法

流程图法是在绘制项目流程图的基础上,依照工作环节识别风险。绘制项目流程图时,首先确定项目起点和终点,其后确定项目经历的所有步骤,最后依工作步骤连接成流程图。绘制流程图需要较长时间,这导致用流程图法识别项目风险的成本相对较高。

3.筛选—监测—诊断分析法

筛选—监测—诊断分析法是通过重复进行筛选—监测—诊断工作,彻底确认风险因素和风险事件的关联性。筛选是将疑似风险因素进行比选,监测是对风险事件和筛选出的风险因素进行关联性记录和分析,诊断是根据监测结果对风险因素和风险事件的关联性进行确诊。筛选—监测—诊断分析法强调项目风险识别的实证性。

4.故障树分析法

故障树分析法是就风险事件进行图解分析,将风险事件层层分解成小事件并对每个事件原因进行分析。该法实际上是对引起风险的各种因素进行层次辨识,因其图形像树枝一样越分越多而被称作故障树分析法。故障树分析法更适用于直接经验较少的风险识别工作,优点主要是能够就某个风险事件作出全面剖析、直观性强;不足之处是容易遗漏某些风险事件。

5.检查表法

检查表法是将项目风险事件与风险因素列表,由项目风险识别人员进行选择,判别某一项目是否存在表中所列或类似的风险。采用检查表法时,一般尽可能多囊括可能的项目风险事件如融资、资源、成本、质量、进度、采购、人力资源等风险,并尽可能多列举风险因素。检查表法更具有引导项目风险识别人员全面关注风险的功能。

二、公共项目风险估测与评价

(一)公共项目风险估测与评价的含义

包括公共项目在内的项目风险估测又被称作风险估计、风险衡量、风险测定和风险估算等,是在完成个别、局部风险识别即已经确认个别、局部风险因素、风险事件的基础上,对风险损失发生的可能性和严重程度进行定性和定量估计与测算的方法。项目风险估测工作的任务是分析个别、局部风险损失大小和概率。

项目风险评价又被称作安全评价,是在风险估测即已经确认个别、局部风险损失大小和概率的基础上,综合考虑其他因素,研判项目因个别、局部风险损失发生而导致整体、全局发生风险的可能性及其程度,将其与临界标准进行比较,确定系统所处风险等级,决定是否采取控制措施、控制到何种程度。项目风险评价工作的任务是决策,即是否采取措施,如果采取措施又在何种规模、水平上采取措施。

风险估测与风险评价的显著区别是,后者要结合风险临界标准对系统风险进行衡量。系统风险临界标准是通过对大量系统风险资料的分析,在确认系统风险损失的发生是不可完全避免的前提下,从经济、社会、心理等角度出发所确定的一个整个社会可接受的系统风险损失界限。如果评价出的系统风险损失和发生概率小于系统风险临界标准,则说明系统处于安全当中,没有必要或暂时没有必要采取风险控制措施。如果评价出的系统风险损失和发生概率大于系统风险临界标准,则说明系统处于危险当中,应采取一定措施控制风险,消除风险因素或降低其危害程度。如果评价出的系统风险损失和发生概率远大于系统风险临界标准,则说明系统处于高度危险当中,应采取紧急措施控制风险,紧急消除风险因素或降低其危害程度。

（二）公共项目风险估测与评价方法

比较易于掌握和操作而被广泛使用的公共项目风险估测与评价方法包括敏感性分析法、决策树法、盈亏平衡分析法等，除此之外，项目风险估测与评价方法还包括蒙特卡洛模拟法、外推法、主观评分法等。

1.敏感性分析法

敏感性分析法是在影响项目效益的诸多因素中逐一选择因素，定量测定其变化时对项目效益的影响程度，进而研判项目承受相关风险能力的方法。如果某因素的较小幅度变化就能导致项目效益指标发生较大变化，则称此因素为敏感性因素，反之就称其为非敏感性因素。敏感性分析法的实质是从许多不确定因素中找出敏感性因素，判定其给项目带来的风险，最终淘汰风险性较大的方案。

敏感性分析法的作用：一是确定影响项目收益的敏感因素，尤其是寻找主变量因素；二是估测、评价主变量因素变化引起项目收益评价指标变动的范围，全面掌握项目方案可能出现的收益变动情况；三是比较敏感度大或敏感度小的方案，选择敏感度小的方案，或是对原方案采取一定的控制措施或进一步寻找替代方案。

敏感性分析法首先要确定敏感性分析指标。在定性分析基础上，选择最能反映项目收益及其他目标的一个或多个重要指标作为敏感性分析对象。实践当中，不是对所有不确定因素都进行考虑和计算，而是根据具体情况对变化可能性大、对收益目标值影响也大的因素进行分析。在确定敏感性因素时，通常重点考虑两类因素，一类是在成本、收益构成中所占比重较大，同时又在项目全生命周期内可能发生较大变动，可能会对项目收益评价指标有较大影响的因素；另一类是在先前确定性分析中数据的准确性较差的因素。敏感性分析对象通常是技术方案经济效益评价指标，包括利润、投资回收期、净现值、内部收益率等。

敏感性分析法在实践当中多体现为单因素敏感性分析法，即在计算某个因素的变动对收益指标的影响时，假定其他所有因素都不发生变化。

［例题 6-1］有一投资方案的现金流量如表 6-1 所示，数据是根据预测估算的。未来某些因素存在不确定性，投资额、经营成本和产品价格均有可能在 ±20% 的范围内变动。$i_0 = 10\%$，不考虑所得税，请分别就投资额、经营成本和产品价格三个不确定因素作敏感性分析（单位：万元）。

表 6-1 现金流量表

项 目	年 限			
	0	1	2～10	11
投 资	15 000			
销售收入			19 800	19 800
经营成本			15 200	15 200

续表

项 目	年 限			
	0	1	2~10	11
期末资产残值				2 000
净现金流量	−15 000	0	4 600	4 600+2 000

解：

设投资额为 K，年销售收入为 B，年经营成本为 C，期末资产残值为 L，用净现值指标评价本方案的经济效果。由题意净现值 NPV 为：

$$NPV = -K + (B-C)(P/A,10\%,10)(P/F,10\%,1) + L(P/F,10\%,11)$$
$$= -15\,000 + 4\,600 \times 6.145 \times 0.909\,1 + 2\,000 \times 0.350\,5$$
$$= 11\,399(万元)$$

用 NPV 指标进行敏感性分析：

设投资额变动的百分比为 x，分析投资额变动对方案净现值影响的计算公式为：

$$NPV = -K(1+x) + (B-C)(P/A,10\%,10)(P/F,10\%,1) + L(P/F,10\%,11)$$

NPV 设经营成本变动的百分比为 y，分析经营成本变动对方案净现值影响的计算公式为：

$$NPV = -K + [B-C(1+y)](P/A,10\%,10)(P/F,10\%,1) + L(P/F,10\%,11)$$

设产品价格变动的百分比为 z，产品价格的变动将导致销售收入和销售税金变动，销售收入变动的比例与产品价格变动的比例相同，故分析产品价格变动对方案净现值影响的计算公式可写成：

$$NPV = -K + [B(1+z)-C](P/A,10\%,10)(P/F,10\%,1) + L(P/F,10\%,11)$$

分别取不同的 x、y、z 值，计算各不确定因素在不同变动幅度下方案的 NPV，计算结果列入表 6-2。

表 6-2 各不确定因素在不同变动幅度下方案的 NPV

项 目	变 动 率								
	−20%	−15%	−10%	−5%	0	5%	10%	15%	20%
投资额(K)	14 394	13 644	12 894	12 144	11 394	10 644	9 894	9 144	8 394
经营成本(C)	28 374	24 129	19 884	15 639	11 394	7 149	2 904	−1 341	−5 586
销售收入(B)	−10 725	−5 195	335	5 864	11 394	16 924	22 453	27 983	33 918

由表可见,当(x,y,z)变动率相同时,B的变动对 NPV 的影响最大,C的变动影响其次,K的变动影响最小。

使用各敏感性因素对净现值影响的计算公式,令 NPV＝0,

可计算出:$x＝76.0\%$,$y＝13.4\%$,$z＝-10.3\%$

由 $x＝76.0\%$,$y＝13.4\%$,$z＝-10.3\%$,可得到如下结论:如果投资额与产品价格不变,年经营成本高于预期值的 13.4% 以上,或者投资额与经营成本不变,产品价格低于预期值 10.3% 以上,方案将变得不可接受。而如果经营成本与产品价格不变,投资额增加 76.0% 以上,才会使方案变得不可接受。投资额不是本方案的敏感性因素。

2.决策树法

决策树法是运用概率与图论中的树对决策中的不同方案进行比较,获得最优方案的风险决策方法。决策树法基本原理是,把每一决策下各种状态的相互关系用树形图表示出来,并且注明状态的发生概率及其报酬值,从中选择最优决策方案。具体而言,决策树是以方框和圆圈为结点,由直线连接而成的一种树枝形状结构,在该结构包括决策点、方案分枝、自然状态点、概率分枝、概率分枝末端五部分。

决策树法的步骤是,第一,绘制决策树。按从左到右的顺序画决策树,先画决策点,再找方案分枝和方案点,最后再画出概率分枝。此过程的实质是对项目风险进行再分析。第二,用专家估计法或试验数据推算出概率值,并把概率写在概率分枝的位置上。概率的计算从右到左沿着决策树的反方向进行。第三,计算损益期望值。从树梢开始,按由右向左的顺序计算。如果决策目标是盈利,比较各分枝后取期望值最大的分枝,将其他分枝进行修剪。

[例题 6-2]某项目要决定一个工程下月是否开工。根据以往的统计资料,预计天气好的概率是 0.3,天气坏的概率是 0.7。有两种方案可供选择。A 方案:开工。若开工后天气好,能按期完工,可得利润 6 万元;若开工后天气坏,将拖延工期,损失 2 万元。B 方案:不开工。如不开工,不论天气好坏,都付窝工费 6 000 元。试用决策树法判断该项目是否要开工。

解:

依题意绘制决策树,并在概率分枝上标注概率,如下图。

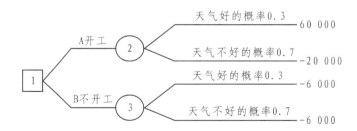

计算 A、B 两个方案损益期望值:

$$E_A = 60\,000 \times 0.3 + (-20\,000) \times 0.7 = 4\,000(元)$$

$$E_B = (-6\,000 \times 0.3) + (-60\,000 \times 0.7) = -6\,000(元)$$

可见,A 方案有利,选择 A 方案。

3.盈亏平衡分析法

盈亏平衡分析法又被称作量本利分析法、收支平衡分析、保本分析法,是测算项目在产量、价格和成本等方面的盈亏界限,研判在各种不确定因素作用下项目对市场条件变化的适应能力,考察分析项目在不亏损状态下所能承受的风险。一般情况下,生产、经营达到不盈不亏时,项目产量、价格或收入等将达到某种平衡,该平衡点被称为盈亏平衡点。通常,生产量(或销售量)低于盈亏平衡点产量(或销售量)时,项目发生亏损;超过盈亏平衡点产量(销量)时,则项目获利。随着产量增加,总成本与销售额随之增加,当到达平衡点 A 时,总成本等于销售额即成本等于收入,此时不盈利也不亏损,此点对应的产量 Q 即为平衡点产量,销售额 R 即为平衡点销售额。同时,以 A 点为界线点,形成亏损和盈利两个区域。

用盈亏平衡图计算盈亏平衡点的方法被称为盈亏平衡分析法的图表法,如图 6-1 所示。在同一坐标图上绘出收入函数和成本函数,两函数直线的交点就是盈亏平衡点(break even point,BEP)。纵坐标表征销售收入和销售成本,横坐标表征产销量,销售收入线 S 与总成本线 C 的交点即为盈亏平衡点 BEP,BEP 对应的销售量 Q_0 为盈亏平衡产量或保本量。在 BEP 右边,销售量大于平衡产量,销售收入大于销售成本,项目赢利;在 BEP 左边,销售量小于平衡产量,销售成本大于销售收入,项目亏损;只有在 BEP 点上时,项目不亏不盈。可见 BEP 构成项目赢利与亏损与否的临界点,并且临界点越低,实现赢利的门槛即对产品最低销售量或销售最低收入的要求越低,项目赢利机会就越大,亏损风险就越小;反之,项目面临的亏损风险就越大。

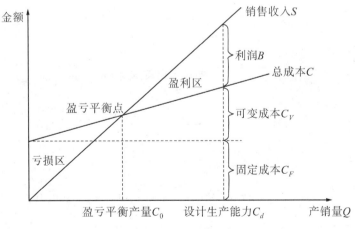

图 6-1 盈亏平衡图

也可以用解析法计算盈亏平衡点。

根据盈亏平衡原理,当项目处于盈亏平衡点时,销售收入 S 与销售成本 C 相等,即有公式 6-1:

$$QP = C_F + C_V Q \tag{6-1}$$

式中,Q 为项目产量,P 为产品价格,C_F 为固定成本,C_V 为单位产品变动成本。

由公式 6-1 可推得:

$$盈亏平衡产量(保本量)Q_0 = \frac{C_F}{P - C_V} \tag{6-2}$$

$$盈亏平衡销售收入 S_0 = PQ_0 = \frac{PC_F}{P - C_V} \tag{6-3}$$

$$盈亏平衡点产能利用率 E_0 = \frac{Q_0}{Q_1} \quad (Q_1 为设计产能) \tag{6-4}$$

$$盈亏平衡点价格(保本价格)P_0 = C_V + \frac{C_F}{Q_1} \tag{6-5}$$

$$盈亏平衡点单位产品变动成本 C_{V0} = P - \frac{C_F}{Q_1} \tag{6-6}$$

将依照上述公式计算的结果与预测值进行比较,可判断项目承受市场风险的能力。

[例题 6-3]某项目年设计生产产品 5 万件,单位产品销售价格为 1 800 元,总成本费用为 6 000 万元,其中固定成本 3 200 万元,总变动成本与产品产量成正比例关系。要求:求以产量、生产能力利用率、销售价格、单位产品变动成本表示的盈亏平衡点。

解:

$$QP = C_F + C_V Q$$

$$单位产品变动成本 C_V = \frac{总成本 - 固定成本}{产品产量}$$

$$= \frac{(6\ 000 - 3\ 200) \times 10^4}{5 \times 10^4} = 560(元/件)$$

$$盈亏平衡产量 Q_0 = \frac{C_F}{P - C_V}$$

$$= 3\ 200 \times 10^4 / (1\ 800 - 560) \approx 25\ 806(件)$$

$$盈亏平衡点生产能力利用率 E_0 = \frac{Q_0}{Q_1}$$

$$= 25\ 806 / 5 \times 10^4 = 51.6\%$$

盈亏平衡销售价格即保本价格 $P_0 = C_V + \dfrac{C_F}{Q_1}$

$$= 560 + 3\,200 \times 10^4 / (5 \times 10^4)$$

$$= 1\,200(元/件)$$

盈亏平衡单位产品变动成本 $C_{V0} = P - \dfrac{C_F}{Q_1}$

$$= 1\,800 - 3\,200 \times 10^4 / (5 \times 10^4)$$

$$= 1\,160(元/件)$$

由上可知,当单位产品变动成本高于 560 元/件而其他条件不变时,项目有亏损风险;当产量小于 25 806 件而其他条件不变时,项目有亏损风险;当生产能力利用率低于51.6%而其他条件不变时,项目有亏损风险;当销售价格低于 1 200 元/件而其他条件不变时,项目有亏损风险;当单位产品变动成本高于 1 160 元/件而其他条件不变时,项目有亏损风险。

第三节 公共项目风险应对与监控

一、公共项目风险应对

(一)公共项目风险应对的含义

包括公共项目在内的项目风险应对是在进行完风险评价工作并确定要控制的项目风险之后,主要综合考虑风险的可规避性、可转移性、可缓解性和可接受性等四方面因素,制定回避、降低、承受或分担风险的计划和防范措施。

风险应对工作内容包括,第一,对风险评价作出反应,制定风险应对计划。风险管理人员或被授权控制风险人员依据风险评价结果,制定风险应对计划。制定风险应对计划的依据主要包括项目风险管理计划,项目风险评价所界定的项目风险特性、风险排序,对可放弃与可接受的风险的认知,项目主体抗风险能力包括承受风险的心理能力、所拥有的资源和资金能力等,可接受的风险水平,可供选择的风险应对措施等。第二,执行风险应对计划。有关部门和人员执行风险应对计划时,执行的依据是制度化、书面的风险应对计划。第三,对照风险应对计划,核查进展。风险管理人员或被授权控制风险人员同风险应对计划执行人员沟通交流,确保风险应对计划切实得到执行。第四,纠偏。当风险应对计划执行效果未达到预期目标时,风险管理人员或被授权控制风险人员及时修改计划。

狭义的风险应对计划的内容主要包括八个方面:刻画已识别的风险、风险特征、风险来源及其对项目哪一或哪些部分造成影响;定性和定量结合明确系统风险损失;明确风险主体及其责任;安排风险应对措施;预估风险措施实施后残余的风险及其水平;安排具体风险应对行动;确认落实风险应对措施所需配套的资金与花费的时间;制定意外事件应急预案。

广义的风险应对计划还包括以下五方面内容:第一,确认残余风险,即风险应对措施实施后仍存在的风险,包括能够被接受的小风险;第二,明确次生风险,即因实施风险应对措施而直接产生的风险;第三,签署合同协议,即将特定风险以购买保险、签订外包合同等形式给予转移;第四,明确项目需要作出补充或变更之处,即明确为应对风险项目需要额外投入的时间、费用和资源,或明确项目为应对风险而在决策、组织实施、执行、监督等环节作出何种改变;第五,风险应对计划成为项目系统的有机构成,即将风险应对计划整合到项目管理中。

(二)公共项目风险应对方法

应对包括公共项目在内的项目风险的方法通常有风险回避、风险转移、风险减轻、风险自留、应急处置、风险分担等六种。实践当中,可综合采用。

1.风险回避

风险回避是当确认风险事件发生的概率很大、风险损失也非常严重时,项目发起人或主体便放弃项目或改变项目目标与行动方案。当特定风险所致的损失及其概率很大,并且无论怎样处理该风险其成本都超过处理后的收益,而只有放弃项目或改变项目目标与行动方案才能将项目风险损失及其可能性降到最低时,可以考虑回避风险。

采取回避法应对风险时,项目发起人或项目主体可能在中断了风险源的同时也失去了获益机会。为此,在决定是否回避风险时,通常应慎重考虑以下情况:第一,某些风险如疫情、经济危机、能源危机等难以回避;第二,回避风险的成本可能高于回避风险所产生的收益;第三,某一风险的回避可能意味着另一风险的降临。

采取回避法应对风险通常被认为是最为消极的风险管理技术,它不仅放弃了可能的获益机会,而且还可能直接抑制了项目利益相关方克服风险的创造力。因此,风险回避法通常被用于项目初始期,以尽可能避免出现正在实施的项目或项目方案被迫改变甚至被取消而付出高昂代价的情况。

2.风险转移

风险转移又叫合伙分担风险,是项目发起人或主体将项目风险损失转移给其他主体承担。风险转移不降低风险损失及其概率,而是以契约方式将风险损失的一部分转移到项目以外的第三方身上。这种风险应对法多针对概率小但损失大,或者项目发起人或主体很难控制项目风险的情况。转移风险主要借助五种方式：出售，发包，签订开脱责任合同，利用合同中的转移责任条款，保险与担保。

（1）出售。出售风险是通过出卖所有权方式将有关风险转移给他人，使可能的风险损失有新的承担者。通常的出售行为包括发行股票、债券等，相应的股票或债券认购者在取得项目一部分所有权同时也承担部分项目风险。对于部分项目尤其是公共项目而言，出售行为并不能完全转移有关风险。

（2）发包。发包是项目发起人或主体将货物、工程或服务的供给责任以签订合同的方式委托给其他法人而把有关风险转移出去。通常情况下，项目发起人或主体总是将自己不擅长的生产性任务通过发包方式委托给专业组织去完成。发包过程签订的合同一般是总价合同、单价合同和成本加酬金合同等计价合同。

（3）签订开脱责任合同。签订开脱责任合同是在合同中列入开脱责任条款，约定在风险事故发生时项目发起人或主体不承担特定责任。签订开脱责任合同主要目的是，通过免除项目发起人或主体风险责任来确保项目活动如实开展。

（4）利用合同中的转移责任条款。利用合同中的转移责任条款是项目签约一方通过合同条款将承担风险损失的责任转移给另一方。如面对工期较长的项目，承包方往往会提出在合同条款中写明"如果因发包方原因造成工期延长，工程合同价格或总额应上调"。实践当中，合同各方都有利用转移责任条款转移风险责任的动机。

（5）保险与担保。对于风险应对而言，保险是转移纯粹风险的一种方法，是项目发起人或主体以财务上确定的支出投保而将风险转移给保险公司，也即当风险事件发生并造成损失时，保险公司依照保险合同对投保人进行补偿。而担保，是银行、保险公司或其他非银行金融机构承诺间接承担项目风险责任，即银行、保险公司或其他非银行金融机构向项目发包人承诺，当承包人在履行合同中违约并造成损失时，这些机构向发包人进行赔偿或补偿。

3.风险减轻

风险减轻是指降低风险事件发生的可能性，或降低风险损失程度，或两者兼而有之。风险减轻方式比较适合应用于对项目发起人或主体而言风险可控的情况，包含损失预防和损失抑制两个环节。

（1）损失预防。损失预防是减少或消除风险因素来降低风险事件发生的概率，从而减轻风险。损失预防着眼于从风险源头采取措施应对风险，其实质是隔离风险因素与风险事件或者说切断或弱化风险因素与风险事件之间的关联。在所有处于并列地位的风险因素中，理论和实践均表明，只有少部分风险因素对风险事件的发生与否起决定性作用。因此，在损失预防环节，重点是减少居于少数的关键风险因素。当风险因素以串联关系存在时，无论减少或消除哪一个风险因素都能够降低风险发生的概率。

（2）损失抑制。损失抑制是减少或消除风险事件带来的损失。损失抑制分两类，一类是损失发生前采取措施减少损失,另一类是损失发生后采取措施减少损失。损失发生前采取措施的在减少损失的同时,也能够减少损失发生的可能性。损失发生后采取的措施一般被称为急救措施、恢复计划或合法保护。

损失预防和损失抑制的区别在于,前者的目的是减少风险事件发生的概率,后者的目的在于减少风险损失程度。如果项目风险应对目的是降低风险发生的可能性,则风险应对决策者应采取损失预防策略;如果项目风险应对目的在于减少损失程度,则风险应对决策者应采取损失抑制策略。通常情况下,损失预防和损失抑制策略往往综合使用。

4.风险自留

风险自留又被称为风险承担,是项目发起人或主体自行承担风险损失。项目发起人或主体自行承担风险损失可以是主动的,也可能是被动的。

主动的风险自留是在识别、估测和评价风险的基础上,项目发起人或主体比较应对方法,权衡利弊,制订应对计划,由自己承担部分或全部风险损失。在具体风险事件发生时,因为有应对方法和措施,因而当风险事件发生时,风险损失发生的可能性和程度均受控。主动风险自留的具体措施要周密计划,通常包括将风险损失摊入经营成本,建立意外损失基金,借款用以补偿风险损失、自负额保险等。

被动的风险自留是指在对具体风险事件的发生没有制订应对计划的情况下,项目发起人或主体自行承担风险损失。采取被动的风险自留策略的原因有以下三种:一是具体风险事件造成的损失不影响项目目标实现或影响很小,无须制定具体风险应对计划;二是项目发起人或主体对具体风险"防不胜防",只得自留风险;三是管理失误,风险没有被识别出而导致风险自留。

二、公共项目风险监控

(一)风险监控的含义

包括公共项目在内的项目风险监控是跟踪已识别的风险,监视残余和次生风险,识别新风险,确保风险应对计划得到实施并评估实施效果。项目风险监控贯穿项目全生命周期,其核心任务是借助风险监控系统使项目决策者及时、准确地获得项目风险和风险管理信息以动态应对风险。

项目风险监控是一个阶段性、持续性工作。项目风险随着项目进度的推进而不断变化,某个具体风险问题的解决往往紧跟着另一个风险问题的开始,这要求风险识别、估计、评估和应对工作分阶段持续开展。

项目风险监控工作的内容主要是:实施项目风险管理计划;持续识别、估计和评估项目风险;监测项目风险发生的征兆;采取措施减小或消除项目风险因素;处置风险事件;抑制或减轻项目风险损失;提出完善项目风险管理的措施;等等。

风险监控的主要目的是确认以下事项:第一,风险应对措施已落实;第二,风险处理效果达到预期,如未达到预期则已采取了新的应对措施;第三,项目风险应对计划仍然有效,如计划已失效则已确定新的状态、新的风险因素、新的估测评价结果和新的应对计划;第四,出现了未识别到的风险,需要制定相应的应对计划和措施。

具体开展风险监控工作的依据主要包括风险管理计划,风险应对计划,项目风险文档包括风险应对行动安排、风险事件记录、风险预测报告等,潜在的风险识别和分析报告、项目风险评审报告等。

(二)风险监控方法

项目风险监控的主要方法包括项目风险应对审计、定期项目风险评估、净值分析、技术因素度量、附加风险应对计划、独立风险分析等。

1.项目风险审计

项目风险审计就是检查并记录项目风险识别、估测、评估、应对等工作的过程规范性和结果有效性,并在此基础上评估项目风险管理计划和管理系统的效率、效能和效益。这其中,重点是做好项目风险回避、风险转移措施的过程和效果审计。

2.定期项目风险评估

在项目一定阶段确定的项目风险等级可能会因项目的推进而发生变化,为此需要对项目风险进行动态评估,这在实际工作中表现为项目风险议题定期出现于项目决策会议。

3.生产层面风险因素度量

生产层面风险因素度量就是对项目执行环节存在的风险因素进行识别、估测、评估,为制定相应风险应对计划和措施提供依据。比较典型的生产层面风险因素度量是净值分析,它是将计划的工作与实际完成的工作在成本费用、进度方面做综合比较,研判项目在进度和成本方面是否存在执行偏差,如果存在偏差且偏差较大,则需要对项目进行风险识别、估测、评价,并提出风险应对计划和措施。

4.风险应对计划附加

如果未能充分识别出风险,或按风险应对计划实施了应对措施后风险损失却比预期严重,则对原先风险应对计划进行修订使之完善。

5.独立的风险分析

独立的第三方对项目风险进行识别、估测、评估,以确保公正性来提高被识别风险因素的完备性和风险等级的客观性。

在实践当中,究竟是选用一种风险监控方法还是综合使用各种方法,一般要看拟选用方法是否有利于以下项目风险监控成果的获得,包括:第一,是否有利于获得具有高度即时性的风险应对措施;第二,是否有利于获得及时的纠偏措施;第三,是否有利于获得具有较强合理性、科学性的项目计划变更请求;第四,是否有利于获得反映重要风险发生变化的风险应对计划修订;第五,是否有利于获得不断充实的项目风险数据库;第六,是否有利于获得有持续更新的风险判别核查表。

第四节　公共项目风险论证实例

中国广东核电集团投资建设的阳江核电站位于广东省阳江市阳东区东平镇沙环村,该核电站总装机为 6 台百万千瓦级压水堆核电机组,采取一次规划、分期建设的模式进行建设。本实例为阳江核电站前期工程项目风险管理实践其中的时态为"过去时"。

一、阳江核电站前期工程背景

(一)阳江核电项目前期工程概况

中广核集团将阳江作为第二核电基地进行规划和建设。阳江核电项目的前期工作起始于 1988 年,其厂址是在踏勘和筛选了 11 个厂址后所优选的厂址。2004 年 3 月 22 日,国务院核电领导小组组长曾培炎副总理在中南海主持召开"研究核电发展问题"会议,明确阳江核电站项目为我国第三代核电技术自主化依托工程。2004 年 9 月,广东阳江核电工程项目的建议书获国家批准,2004 年 9 月 28 日,主设备开始国际招标。

根据中广核集团阳江核电建设计划,阳江核电前期项目从 2003 年底前开始施工,至 2007 年初完成前期四通一平项目,具备 1、2 撑机组主体工程开工条件。电站主体工程总工期不超过 60 个月,预计分别于 2011 年和 2012 年建成投产。

(二)阳江核电项目前期工程特点

阳江核电工程有如下特点。

(1)阳江核电项目前期工程的最大特点就是在核电机组类型尚未确定的前提下开展前期工程施工。出于阳江核电总体进度安排,其前期工程在核电堆型未确定的前提下开工,虽然考虑了最大包络方案,但仍存在较多不可预见因素。

(2)阳江核电站作为我国发展第三代核电技术的依托工程,必然在很多领域都要创先,存在一个探索和完善的过程,在这个过程中,对阳江核电的管理、人员素质等方面提出了较高的要求,所面临的风险会很多,对风险管理的要求当然会更高。

(3)针对土石方开挖工程量和阶梯布置方案,对阳江厂址土石方施工提出分阶段施工的设计方案。土石方施工考虑要满足海工施工和厂区内场地回填的基本要求，满足总平面布置方案中的阶梯布置方案的要求。

（4）核电站建设的安全和环境要求特别高，公众的敏感性特别强，从而对项目质量控制提出了苛刻的要求，对核电工程项目风险管理也提出了更高的希望。为对公众负责，政府专门设置独立的核安全监管机构，通过制定和颁布安全法规和标准、实行多项许可证制度，以及定期、经常进行安全检查，对核电站建设的全过程及建成后的运行实施严格监督。

（5）核电站的技术密集型、投资密集型特点决定了其总体规划至关重要。

（6）核电站属于高科技项目，工程庞大，技术复杂，风险影响因素较多，对于它的建造及项目管理要比一般的工业项目困难得多。

（7）核电建设过程是一个高度动态的过程。由于工程涉及面广、参建人员多，影响建设的因素多且不断变化，使得项目在计划控制方面面临较大困难。

（8）核电工程工期长、投资大，伴随的风险也大，因而对投资控制提出了更高的要求。工序间的技术依赖性强，逻辑关系较难确定。至于可能直接影响投资的外部因素，如通货膨胀，比较难预测和控制。所有这些都表明，同一般工程项目相比，核电站建设项目的进度控制和投资控制要重要得多，也困难得多。

（9）核电站工程对质量提出了严格的要求。核电工程质量的许多要求要远高于普通民用工程，这不但需要投入相当数量的质检人员并制定严密的质量保证方案，还要接受来自各方面的质量检查，因而使得系统的敏感性增加。人为和环境的因素都会影响质量，进而影响项目的进度和费用目标。

二、核电站外部风险因素的分析

外界环境风险包括政治风险、经济风险、法律风险和自然风险。

政治风险指工程所在国政治环境的变化，如发生战争、禁运、罢工、社会动乱等造成工程的中断或终止。核电站是资金密集型、技术密集型和人才密集型的综合大型项目，国内政治动向、政策调整、设备供应商所在国与我国的政治关系变化都会对核电站建设产生直接影响。这些影响不仅仅包括对投资、进度、质量的影响，甚至直接影响项目的生死命运。

经济风险指承包市场所处的经济环境发生变化，如物价上涨、工资提高、外汇汇率变化、通货膨胀等。由于核电站前期工程建设周期长，而市场又是不断变化的，因此，在工程建设中经济风险是不可避免的，其造成的影响特别巨大。

法律风险指合同所依据的法律发生变化，如国家颁布新的法律，国家调整税率或增加新税种，国家出台新的外汇管理政策等。

自然风险指由于自然灾害或意外事故所造成的风险，如地震、台风、洪水等。外界风险是客观存在的,不以人的意志为转移。业主虽不可能穷尽所有方法防止风险发生,但可通过合理的风险隔离手段来降低由风险所造成的损失额。风险隔离指将各风险单位间隔,以避免发生连锁反应或互相牵连。为了既将风险降至可接受的水平,又不致过分加大工程成本,业主必须合理地进行风险分配。

根据上述风险分配原则,应当由业主承担的风险有:政治风险、法律风险、工程变更风险、合同缺陷风险等。应当由承包商承担的风险有:承包商提供的材料、工程缺陷风险、施工工艺和技术风险、工程进度与质量风险、合同单价风险、安全责任事故风险、承包商自身人员及设备安全风险等。对于经济风险中的宏观经济环境风险,如通货膨胀、汇率变化等,应由业主来承担,微观市场因素风险如物价变化、工资上涨等应当由承包商以不可预见费的形式在投标报价中报出,风险由承包商承担。对于自然风险,可以通过谈判确定由业主或承包商承担,如由承包商承担则业主应给予承包商相应的补偿。

三、核电站内部风险因素分析

核电站前期工程具有庞大、复杂的特点,因此对其进行内部风险的识别是一项艰巨的工作。进行阳江核电前期工程内部风险识别的一个有效的方法是,依据其建设的不同阶段进行风险因素分析。

(一)可行性研究阶段风险因素分析

可行性研究阶段为项目战略性决策阶段。此阶段的主要任务是通过投资机会分析、初步可行性研究和可行性研究,从市场预测、技术和经济的角度,对建设该项目的必要性、可行性进行科学的论证和多方案的比较,报请国家主管部门进行决策。如果可行性研究报告得到主管部门的批准,即成为进行初步设计的依据,不得随意更改。此阶段的决策是否正确,对以后项目的成功与否及其长远的经济效益起着决定性的作用,对于核电站这种投资巨大、技术复杂的项目,尤应慎重。项目建设的申请部门一定要做到所进行的研究足够深入,论证足够充分,特别要进行多种方案可行性的比较,为主管部门决策提供充分的依据。阳江核电自1988年开始前期工作,历经16年,前后四次向国家报批,在此阶段所做的工作已相当细致。就具体项目而言,核电项目前期工程面对的风险包括以下方面。

第一,没有得到工程批准立项的风险,属法律法规风险。核电站属重大建设工程,它是否能够立项与国家核电政策、国家经济发展规划高度相关。核电站业主在上报国家批准立项之前就已做了大量准备工作,投入了大量人力、物力、财力,如果没有得到立项,这项工程要么结束,要么等待几年再次上报国家申请立项。无论是哪种结果,业主都会有很大的损失,因此要承担很大的风险。

第二,西电东送及竞价上网产生的成本压力,属经济风险。为响应西部大开发的号召,广东大量从西部购买低成本电力,对阳江核电造成成本压力。同时,实行厂网分开、竞价上网的政策也给核电带来成本压力。

第三,技术路线争议所带来的风险,属技术风险。在我国核电技术路线及发展民族工业问题上,国内一直存在较为激烈的争论,采用哪一种核电堆型、如何提高国产化比例等等这些问题一直没有完全解决,导致前20年我国核电百花齐放,没有集中技术和力量实现规模化建设。统一路线、解决争议之前,这一风险依然存在。

第四,工程投资估算不准确的风险,属经济风险。因为影响核电工程投资的因素很多,同样规模的一项工程,在不同的地方建设,由于各个地方技术基础、材料供应、劳务状况等等存在差异,所以工程造价很不一样。因此,投资估算必然存在一定的风险,它对工程立项及投保等都会产生一定的影响。

第五,政治和社会环境所带来的风险,属社会、政治风险。积极发展核电是我国现阶段的能源政策,但这一政策还受国内及国际政治环境的影响。

(二)组织设计阶段风险因素分析

对于阳江核电建设项目,此阶段的主要任务包括:第一,组织项目管理班子制定项目总体计划;第二,制定质量保证大纲,分别向国家核安全部门和环保部门报送初步安全分析报告和环境影响报告,以获得建造许可;第三,完成项目初步分析,并进行详细的施工设计,组织项目招标,选定承包商,签订项目合同;第四,进行征地,为建设施工创造必要条件。

此阶段中可能遇到的项目风险包括以下六个方面。

第一,堆型未确定前提下进行阳江核电项目前期工程所带来的风险,属技术和组织风险。核电堆型确定与否涉及整个电站的规划、布置。阳江核电采纳的堆型涉及我国核电发展的技术路线及今后的发展方向,堆型未确定会带来方方面面的不确定因素,尤其在四通一平前期工程施工中会产生直接影响。

第二,征地、移民带来的风险,属移民风险。在征地过程中与当地居民协调工作至关重要,如果补偿不当,或在移民中哪个环节出问题,都会直接对工程进展产生重要影响。

第三,项目组织风险,属组织风险。项目管理者不能够胜任管理工作,工作无序、不能顺利进行等是一种项目组织风险。存在项目组织风险的主要原因包括项目经理的能力、学识不足,缺乏责任心,缺少相关的专业知识;项目团队对重大风险问题,要么发现不及时要么面对其束手无策;对项目人员未进行有计划、有针对性的培训;未制定针对外部环境变化的预案并采取行动;奖惩不明等。

第四,设计风险,属技术风险。核电工程较之一般民用工程有其特殊性,比如国外经验认为,核电建设工程的设计工作必须完成65%～70%后才能开始施工阶段,可见核电设计工作对于电站建设是极其重要的。如果设计工作中发生了重大错误或进度上严重拖延,将会导致工期的延误以及建造费用的增加。设计风险还可细化为以下六个内容,设计采用的标准、规范与设计合同所规定的不一致而导致产生设计调整、设计修改从而影响设计进度的风险;设计的前提、假设不准确而导致设计错误的风险;设计力量不足而导致影响设计进度的风险;设计人员对设计进度不敏感、不重视的风险;设计与实际脱节的风险,比如设计所采用的计算方法、计算程序已过期,设计中选用的材料、设备不易获得,或价格奇高超过实际承受能力的风险;发生设计漏项、设计缺陷的风险。

第五,建造许可证延期的风险,属法律法规风险。阳江核电站建造许可证批准是在阳江核电主体开工前必须完成的工作。由于核电项目的特殊性,根据国家有关规定,核电项目应当由国家制定的核安全监管机构进行监管。国家核安全机构将组织有关单位或专家重点审评设计总原则和总体设计、设计与厂址的相容性、工艺系统、安全系统、事故安全分析、辐射防护、防火及安全保卫、质量保证、业主及供应商的资格和组织、初步试运行方案、在役检查的考虑等。其目的是通过审评核电站的设计原则,就核电站建成后能否安全运行得出结论。多级的工作程序、大量的工作文件不可能不发现问题,如果审评中的问题不能够及时得到解决,尤其是某些重大审评问题在审查过程中不能得到及时解决,那么项目业主就不能解决按计划获得核电站建造许可证,则第一罐混凝土将要延期浇灌,相应的建造工作也要延后,这必然会影响到工程的进度与费用控制。

第六,合同风险,属商务风险。核电站的建造可有多种不同的合同方式。核电站项目的合同风险包括合同主体不合格、合同条文不严密、合同违反法律以及由于国际关系导致合同失效等风险。选择合同方式时,一般要考虑的因素包括业主的能力与经验,包括能否找到有经验的、合适的工程咨询公司;国家有关管理部门的意见、资金筹集情况;有关工程设计单位对拟建核电站技术掌握的深度,主要设备制造厂的生产与质量管理水平以及施工单位的能力、信誉等。

(三)项目实施阶段风险因素分析

项目实施阶段的主要任务是施工,其中包括一些执照申请等方面的工作。按设计要求,在规定的工期、质量和造价范围内将规划及设计施工图变成项目实体,实现预定的项目目标。它是整个前期工程中工作量最大,投入的人力、财力、物力最多,管理任务最重、难度也最大的阶段。

此阶段主要风险包括以下七个方面。

第一,设计变更及索赔的风险,属商务风险。因设计等问题导致在施工阶段发生变更,这些变更往往对合同进度及费用产生影响,带来投资控制及进度控制等方面的风险。

第二,由于合同问题导致的关键路径上的施工进度落后的风险,属商务风险。这必然影响项目的进度,同时也会由于增加工作量或供给因而对费用造成影响。

第三,在建设过程中出现重大事故和严重伤亡的风险,属安全风险。这将对整个项目的进度和费用产生严重的影响。

第四,承包商素质低所带来的风险,属承包商资质及信誉风险。承包商在招标阶段和签订合同后施工阶段的表现判若两人,施工单位未能按合同承诺进行项目施工管理,甚至还出现未经批准的分包、转包现象,这都会给项目带来质量管理、进度控制等多方面的风险。

第五,在建设过程中违反规章或审批程序施工带来的风险,属管理风险。违规会导致项目进度落后或相关费用增加。如果违规现象存在,损伤事件就有可能发生,这样的事件通常都比较小,但是严重事件也有发生的可能性。

第六,在建设过程中出现严重自然灾害的风险,属不可抗力风险。地震或恶劣的气候(暴雨、洪水、严寒、酷热、飓风等)会导致工程受损和人员伤亡事件发生,同时项目进度也有可能因而滞后。

第七,项目执行过程中资源短缺的风险,属管理风险。如果资金、人力资源出现问题,则整个项目进程就会迟滞。

(四)竣工验收阶段风险因素分析

在工程竣工验收阶段,虽然项目人力、财力等投入急剧减少,但如果不引起重视,一样会产生较多风险,具体风险如下。

第一,不按验收程序进行项目验收所带来的风险,属管理风险。在竣工验收过程中,因图省事而可能不按规定程序进行验收,可能在某个环节中存在的隐患正好错过纠正的机会。

第二,设计缺陷和隐患导致的无法补救的风险,属技术风险。设计中存在的缺陷可能在最终运营过程中才被发现,但可能已无法补救。

第三,施工中留下的隐患导致的风险,属管理风险。作为一些隐蔽工程,在监督过程中如果不到位,则同样会留下质量隐患,同样为后期运营带来风险。

第四,意外事件导致工程无法验收,属社会政治风险或不可抗力风险。因意外的社会、经济、政治、自然灾害等突发事件导致工程无法按程序和时间验收,为整个项目生产运营带来风险。

四、阳江核电站前期工程风险管理

(一)阳江核电站前期工程风险识别

核电项目周期长,前期投资巨大,面临的风险多种多样,这些风险对核电工程项目的整体经济性和竞争能力可能具有较大的影响。对于阳江核电前期工程存在的一些风险因素还需要进一步进行风险识别,以确定相应的风险对策。由于风险的随机性和不确定性,不可能一次或几次就把所有的风险都识别出来,需要随时注意项目环境及项目自身过程中各种因素的变化,实施前期工程项目风险管理动态跟踪。阳江核电站前期工程风险识别结果如表 6-3 所示。

表 6-3 阳江核电前期工程项目风险

序号	风险类别	风 险 内 容	对进度、质量、费用、安全、环保等目标的影响
1	不可抗力风险	建设过程中出现严重自然灾害的风险,如海工工程施工过程中台风影响、场平工程中洪水影响等	进度、费用、安全
2	自然环境风险	施工环境恶劣,气温过高、雨季过长、不良地质条件等	进度、费用、安全
3	社会政治风险	社会是否稳定、与电站建设有关的国际环境是否和谐、当地社会居民对核电的反应、国家核电政策方向等	进度、费用
4	法律、法规	阳江核电工程没有得到批准立项的程序风险、建造许可证延期的风险、海工工程海域使用权的申请与批准、水库等工程是否按法定程序向政府有关部门报建、不按程序进行竣工验收等	进度、费用
5	经济风险	通货膨胀引起建材物价上涨、经济纠纷与索赔、税率变化引起的风险等	费用
6	商务风险	工程投资估算不准确、工程变更、合同条款遗漏或错误等	进度、费用
7	技术风险	设计风险(如总平面布置与现场总体规划、土石方设计及土石方平衡、厂址标高的确定、开挖包络线的确定风险)、第三代核电技术的采纳、施工设备及技术水平风险等	进度、费用、质量、安全
8	组织风险	组织机构频繁调整、机构不稳定(目前在阳江核电前期工程施工中表现比较突出)、组织机构能力不强、组织结构不合理等	进度、费用、质量
9	管理风险	组织不力、管理混乱、措施不到位、资源短缺(如海工工程石料供应不足问题)、接口管理(如海工工程与场平工程土石方协调问题)、动态管理不力等	进度、费用、质量、安全
10	移民和环保风险	电站征地及与当地村民协调存在问题(在前期施工中曾发生村民堵路现象)、水土保持、工程环保、周边环境保护等出现问题	进度、费用、环保

续表

序号	风险类别	风 险 内 容	对进度、质量、费用、安全、环保等目标的影响
11	承包商的资质	承包商的业绩、管理能力、财务能力、资质等出现问题(如出现在进场道路施工中因承包商不信守合同而被清退出场现象)	进度、费用、质量及信誉风险
12	人员、设备、工程安全风险	工作人员伤亡误工、设备损毁、工程结构安全不足、地质灾害治理不力等	进度、费用、安全

(二)阳江核电站前期工程风险应对

1.风险应对原则

(1)整体性原则

项目投资决策者和管理人员在制定项目风险管理策略时,应系统地看待项目可能面临的各种风险,根据自身的风险承受能力、预期回报水平、内外环境等因素等,综合判断目前及未来一段时期内的风险状况,制定系统的风险管理策略。

(2)全方位原则

对项目风险来说,不确定性不仅贯穿项目的全过程,而且涉及项目的各个方面。项目由各子项目构成,各子项目的风险如没有有效的控制,有可能演变为项目整体的风险,所以应在项目风险的各个方面设置相应的风险管理环节,按照专业、规范、安全和高效的要求,实行对项目风险的全方位控制。

(3)全过程原则

在项目的决策、实施、投产运营到项目还贷的全过程中,不确定性的各种因素贯穿于项目始终。虽然有些风险对全局影响不大,但在项目风险控制的总体设计时,仍然必须从项目的全过程考虑,预先设置相应的风险控制机制。

(4)经济有效原则

在项目决策、实施、运营投产和还贷过程中,环境复杂多变,所以项目所面临的风险也随时间、空间的变化而随时可能产生。项目的风险管理势必消耗有限的资源,因此在选择项目风险管理策略和方案时应进行成本效益分析。

2.风险应对策略

风险应对策略主要分为四大类,包括风险回避、风险转移、损失控制、风险自留,通常所说的风险分散实际上是几种风险策略的综合。本项目风险管理人员进行规划和决策时选择的常常不只是一种,而是几种策略组合,即采用综合集成法进行项目风险管理,如表6-4所示。

表 6-4 阳江核电站前期工程风险应对策略

序号	风险类别	风 险 应 对 策 略
1	不可抗力风险	风险转移(购买保险)或损失控制(加强保护措施)
2	自然环境风险	风险自留(索赔,预控措施)、风险回避或损失控制
3	社会政治风险	风险自留(索赔,宣传,保护措施,培训)、风险回避或保险转移
4	法律、法规风险	风险自留(建立保护措施计划程序)
5	经济风险	风险自留(执行价格调值索赔)、风险回避(严守合同)和损失控制
6	商务风险	风险回避(保证合同条款严密无误、放弃承包商或分包)、风险转移或风险自留(加强管理与索赔)
7	技术风险	风险回避(合同中分清责任)、损失控制、风险自留或风险转移
8	组织风险	风险回避(保持稳定或重新组织、加强培训、合理调整)
9	管理风险	风险回避(加强组织和管理)、风险自留(索赔,预控措施)或损失控制(严格规章制度)
10	移民和环保风险	回避、损失控制或风险自留(采取水土保持措施、采取风险严格的环保措施)
11	承包商的资质风险	回避及信誉风险
12	人员、设备、工程安全风险	损失控制(预防措施)、风险转移(购买保险)或风险自留

本章小结

　　风险是发生不幸事件的概率,即某事件产生我们所不希望产生的后果的可能性。风险因素、风险事故和风险损失构成风险链,风险因素引发风险事故、风险事故导致损失。风险种类既可按风险对象或标的划分,还按风险产生原因划分,也可按风险造成利害划分,或可按风险承受能力划分。不同风险的特征不同。

　　项目风险是指可能导致项目损失的不确定性,是某一事件可能发生进而可能给项目范围、进度、成本、质量等目标实现带来不利影响的风险。相对于一般项目,项目风险分类更强调从风险来源的不同而划分为需求风险、政策风险、技术风险、经济风险、政治风险、信用风险、道德风险、管理风险、环境保护风险等。公共项目风险具有更强的政治性、金融性、信用性、环境保护性、社会性、不可抗性、交付风险性等。

　　包括公共项目在内的项目风险论证是在项目可行性研究阶段或在项目运营管理中,项目主体对项目风险进行评估,并依据评估结果提出避免或消除风险、降低风险损失或利用风险的对策。项目风险论证流程是首先进行风险识别,其后进行风险估测与评价,最后提出风险应对之策并对风险实施监控。风险识别是在风险事件发生前系统地鉴识项目所蕴含的各种风险因素,包含风险感知和风险分析两个环节,即了解客观存在的各种风险事件环节和分析引起风险事件的各种因素环节。项目风险识别的方法通常有专家法、流程图法、筛选—监测—诊断分析法、故障树分析法、检查表法等。

包括公共项目在内的项目风险估测又被称作风险估计、风险衡量、风险测定和风险估算等,是在完成个别、局部风险识别即已经确认个别、局部风险因素、风险事件的基础上,对风险损失发生的可能性和严重程度进行定性和定量估计与测算的方法。项目风险估测工作的任务是分析个别、局部风险损失大小和概率。

项目风险评价又被称作安全评价,是在风险估测即已经确认个别、局部风险损失大小和概率的基础上,综合考虑其他因素,研判项目因个别、局部风险损失发生而导致整体、全局发生风险的可能性及其程度,将其与临界标准进行比较,确定系统所处风险等级,决定是否采取控制措施、控制到何种程度。项目风险评价工作的任务是决策,即决定是否采取措施,如果采取措施又在何种规模、水平上采取措施。比较易于掌握和操作而被广泛使用的公共项目风险估测与评价方法包括敏感性分析法、决策树法、盈亏平衡分析法等。

包括公共项目在内的项目风险应对是进行完风险评价工作,确定要控制的项目风险之后,制定回避、降低、承受或分担风险等风险防范计划,安排防范措施。风险应对工作内容包括对风险评价作出反应、制定风险应对计划,执行风险应对计划,对照风险应对计划,核查进展,纠偏。应对包括公共项目在内的项目风险方法通常有风险回避、风险转移、风险减轻、风险自留、应急处置、风险分担等六种。

包括公共项目在内的项目风险监控是跟踪已识别的风险,监视残余和次生风险,识别新风险,确保风险应对计划得到实施并评估实施效果的过程。项目风险监控的主要方法包括项目风险应对审计、定期项目风险评估、净值分析、技术因素度量、附加风险应对计划、独立风险分析等。

 关键术语

风险　风险因素　风险事故　风险损失　静态风险　动态风险　风险识别　风险估测
风险评价　敏感性分析法　决策树法　盈亏平衡分析法　项目风险应对　风险回避
风险转移　风险减轻　风险自留　应急处置　风险分担　风险监控

复习思考题

1. 如何理解风险?
2. 风险有哪些种类?
3. 如何理解项目风险?
4. 公共项目风险识别有何特点?

5.风险估测与风险评价的显著区别是什么?

6.试述敏感性分析法的步骤。

7.试述决策树法的步骤。

8.如何理解盈亏平衡分析法?

9.试述公共项目风险应对方法。

10.试述风险监控的方法。

11.某项目设计生产能力为年产某种产品 3.5 万件,该产品销售价格为 3 500 元/件。项目建设和运行总成本费用为 8 000 万元,其中固定成本 3 500 万元,总变动成本与产品产量成正比。求该项目以产量、生产能力利用率、销售价格、单位产品变动成本表示的盈亏平衡点。

12.某项目投资额为 10 万元,其设备使用年限为 4 年,使用期结束无残值,年净现金流量为 35 000 元,基准收益率为 9%。经计算,该项目净现值为 9 500 元,内部收益率为 15%。请对该项目的净现金流变动、固定资产使用年限变动进行敏感性分析。

第七章　公共项目采购

本章导读

　　在决策之后,公共项目进入组织实施环节,该环节的核心内容是以购买方式确定项目所涉及的工程、服务以及货物的生产方,确保公共项目建设效率。公共项目采购制度的建立是公共项目管理现代化的重要标志。结合项目采购管理理论,本章介绍公共项目采购内涵及一般方法。

知识结构

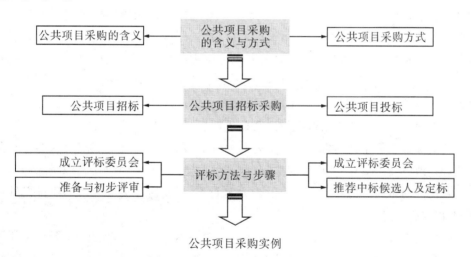

公共项目采购实例

重点问题

☆ 公共项目采购的含义与方式　　☆ 公共项目招标

☆ 公共项目投标　　　　　　　　☆ 公共项目采购基本模式

☆ 公共项目采购规划

第一节　公共项目采购的含义与方式

党的二十大报告提出要增进民生福祉、提高人民生活品质,就要健全基本公共服务体系。健全基本公共服务体系的重要方面是健全公共服务的政府采购包括公共项目的政府采购体系。

一、公共项目采购的含义

公共项目采购包含在政府采购中,是在项目领域内各级国家机关、事业单位和团体组织使用财政性资金,以购买、租赁、委托、雇用等方式有偿取得依法制定的集中采购目录以内的或者采购限额标准以上的货物、工程和服务的行为。

相对于私人项目采购,公共项目采购具有采购主体特定、采购资金来源于公共资金、采购活动单向、采购过程规范、采购结果符合政策、采购行为公开等特征。

采购主体特定。公共项目采购人只能是国家机关、事业单位、团体组织。对于纳入集中采购目录的政府采购项目,采购人必须委托集中采购机构即采购代理机构进行采购,后者是非营利事业法人,由设区的市、自治州以上人民政府根据本级政府采购项目组织集中采购的需要设立;采购人也可以委托集中采购机构以外的采购代理机构进行采购,后者在委托的范围内办理政府采购事宜。对于未纳入集中采购目录的政府采购项目,采购人可自行采购。采购人有权自行选择采购代理机构,任何单位和个人不得以任何方式为采购人指定采购代理机构。

采购资金来源于公共资金。众多公共项目采购资金来源于公共资金包括公共财政、国债、地方政府债券、外国政府赠款、国家财政担保的国内外金融组织贷款等。

采购活动单向。公共项目采购不能为卖而买,只能通过买进为建设项目提供货物、工程或服务。

采购过程规范。公共项目采购不能简单地"一手交钱一手交货",其行为必须严格遵照有关法规进行,包括履行严格的立项审批程序,履行严格的招投标程序,履行严格的项目审计评估程序等。

采购结果符合政策。公共项目采购结果必须符合国家、地方政府的政策要求,体现节约财政支出、促进就业、保护环境等经济和社会效益。

采购行为、方式公开。公共项目采购法律和程序公开,采购行为完全公开,接受社会监督。

公共项目采购原则上选用招标方式,充分体现平等、信誉、正当合法的现代竞争规范,是一种有组织的、公开的竞争。

依照采购法,公共项目采购内容应当是依法制定的政府集中采购目录以内的货物、工程和服务,或者虽未列入政府集中采购目录但采购金额超过了规定的限额标准的货物、工程和服务。政府集中采购目录和政府采购最低限额标准由国务院和省、自治区、直辖市人民政府规定。

政府集中采购目录中的采购内容包括货物、工程和服务。政府集中采购目录中的采购内容,无论金额大小,都属于政府采购的范围;政府集中采购目录以外的采购内容,采购金额超过政府采购的最低限额标准的,也属于政府采购的范围。第一,货物。对于项目而言,货物是购买建设项目所需的投入物,包括设备、仪器仪表、建筑材料、药品、种子等物资,也包括与物资相关的服务如运输、安装、调试、培训、保险等服务。第二,工程。对于项目而言,工程是指工程施工建设,如公路、铁路、机场、桥梁、港口、水利设施、公共休闲或娱乐场所等设施的施工建设,也包括与建设相关的服务。第三,服务。对于项目而言,服务主要是指咨询服务,包括项目可行性研究、工程设计、招标文件编制、施工监理、技术援助和培训等。

在分散采购限额标准方面,除集中采购机构采购项目和部门集中采购项目外,各部门自行采购单项或批量金额达到 100 万元以上的货物和服务的项目、120 万元以上的工程项目,应按政府采购法和招标投标法有关规定执行。

在公开招标数额标准方面,政府采购货物或服务项目单项采购金额达到 200 万元以上的,必须采用公开招标方式。政府采购工程公开招标数额标准按照国务院有关规定执行。

二、公共项目采购方式

公共项目采购方式可以按照是否具备招标性质、招标范围、采购规模、采购手段等标准划分。按照是否具备招标性质,可将公共项目采购方式划分为招标性采购和非招标性采购两大类;按照采购规模不同分类,可将公共项目采购方式划分为小额采购、批量采购和大额采购三类;依据采购所运用的手段不同,可将公共项目采购方式划分为传统采购和现代化采购两类。比较普遍的做法是,按照是否具备招标性质即项目采购金额是否达到一定标准,将公共项目采购划分为招标性采购和非招标性采购。

(一)招标性采购

1.招标性采购的定义、功能和特点

招标性采购是指采购人作为招标方事先提出货物、工程或服务的采购条件和要求,邀请投标人参加投标,然后由采购人按照规定程序和标准从投标人中选择最优交易对象,与之签订交易合同的市场行为。招标性采购是公共项目采购最通用的方法之一,包括两个密不可分的环节:一是招标,指采购人作为买方事先发出采购通告或采购单,提出采购品种、数量、技术要求和有关时间、地点等交易条件,邀请卖方竞争性售卖货物、工程或服务的行为;二是投标,它是招标的对应称谓,是卖方响应招标人的要求售卖货物、工程或服务,并竞争性提出自己的承卖条件。需要注意的是,招标既可能是为买而招标也可能是为卖而招标,而在公共项目采购中,招标是为买而招标。

公共项目招标采购有四方面功能。第一,提高公共项目的经济效益和社会效益。在招标采购过程中,众多投标人公平竞争能够使政府以最低或较低的价格获得最优的货物、工程或服务,从而使项目质量、国有资金使用效率达到较优,并推动投融资管理体制发生变革,最终使经济效益和社会效益达到较优。第二,提升承卖方的竞争力,提升市场经济质量。公共项目招标采购能够激励承卖方尤其是市场主体转变经营机制,引进先进技术和管理经验以提高自身生产、服务的质量和效率,提高创新力,不断提升自身市场信誉和竞争力。第三,健全市场经济体系。公共项目招标采购一方面维护和规范市场竞争秩序,保护当事人的合法权益,提高市场交易的公平、满意和可信度,另一方面促进政府转变职能,提高行政效率。第四,打造廉洁政府。公共项目招标采购有利于保护公共利益,保障合理、有效地使用财政和其他公共资金,有利于从源头构建社会监督制约体系。

相对于非招标性采购,招标性采购具有如下特点。第一,规范性。政府采购法、招标投标法等法律法规首先对招标采购条件、内容、范围、形式、标准以及参与主体的资格、行为和责任等内涵作出严格规定,其次对招标采购各环节顺序作出严格限制,超标程序不得随意变更。第二,公开性。招标采购的整个程序都在公开情况下进行,公开发布投标邀请,公开开标,公开投标人资格审查标准和最佳投标人评选标准,公布中标结果。第三,竞争性。在招标公告和投标邀请书发出后,招标方不得歧视任何投标者,任何有能力、有资格的投标者均有权参加投标;评标委员会在评标时公平客观地对待每一位投标者。第四,一次性。在招标采购中,首先,招标和投标方不得就招标投标过程中的实质性内容进行谈判和讨价还价;其次,招标人在允许投标者只递价一次的基础上对标书进行比选,从中择优定标,掌握交易的主动权。

2.招标性采购方式

招标性采购通常分为公开招标、邀请招标两种方式。

(1)公开招标

公开招标也叫无限竞争性招标,是招标人以招标公告的方式邀请不特定的投标人投标的采购方式。依据招投标法,在公开招标中,采购人在指定的平台发布招标公告,邀请所有潜在的投标人参加投标,并事先以招标文件的形式确定评标标准,之后通过评审从投标人中择优评选出中标者。

按照招投标地域范围的不同,公开招标可划分为国际竞争性招标和国内竞争性招标两种。国际竞争性招标即在全球范围内招标,国内外符合条件的投标人均可以投标。其优点是竞争广泛而激烈,招标人因而一般能够以有利价格采购到质量较高的货物、工程或服务。缺点是招标程序复杂、耗时,所需准备的文件多。国内竞争性招标即招标人只在国内媒体上登出广告,公开出售标书,公开开标。相对于国际竞争性招标,国内竞争性招标通常适用于合同金额较小、采购品种较分散、交货时间较长、劳动力较密集、商品成本较低且运费较高、国内价格明显低于国际市场价格的货物、工程或服务采购。

公开招标的条件是:招标人向不特定的法人、组织或个人提出邀请,告知投标人招标项目、拟采购的具体设备或工程内容等信息;招标人以公告的方式在全社会所熟知的公共媒体公布信息,使尽量多的潜在投标人获取信息。

公开招标的优点在于能够在最大范围内选择投标人,竞争性最强,择优性最好,能在较大程度上避免招标采购中的贿标行为。因此,公开招标是国际上公共项目招标的通行方式,我国已全面推广。

（2）邀请招标

邀请招标又被称为有限竞争性招标或选择性招标,是招标人以投标邀请书的方式邀请5个以上特定法人或者其他组织参加投标的一种招标方式。

相对于公开招标,邀请招标的特点是不使用公开的公告形式,接收到邀请的单位才是合格投标人,投标人的数量有限,投标有效期短。

采用邀请招标需要具备三个基本条件:第一,招标人不仅熟悉市场供给情况,也熟悉大多数投标人的情况;第二,招标项目的专业性强,可供比选的投标人有限;第三,招标项目金额较低。

相对于公开招标,邀请招标的优点是招标程序更加简化,招标环节减少,招标费用下降,招标时间缩短。缺点是竞争程度较弱。

公开招标、邀请招标在选择项目承卖者的方式、程序上存在共同之处:第一,二者虽然使投标人获得招标信息的方式不同,对投标人资格进行审查的方式也不同,但都要履行招标、开标、评标、定标、签订承包合同等程序;第二,投标人在限定的投标日期截止后,都不能对标书内容进行实质性修改。

（二）非招标性采购

非招标性采购是以公开招标、邀请招标、议标之外的方式采购货物、工程或服务。依据政府采购非招标采购方式管理办法,公共项目非招标采购方式包括竞争性谈判、单一来源采购和询价采购三种。

非招标性采购适用于采购以下四类货物、工程或服务:第一,依法制定的集中采购目录以内且未达到公开招标数额标准的货物、服务;第二,依法制定的集中采购目录以外、采购限额标准以上且未达到公开招标数额标准的货物、服务;第三,达到公开招标数额标准,经批准采用非公开招标方式的货物、服务;第四,按照招标投标法及其实施条例必须进行招标的建设工程以外的公共工程,其中如果仅仅是采购货物,还可以采用询价采购方式。

1.竞争性谈判

竞争性谈判是谈判小组与符合资格条件的承卖者就采购货物、工程和服务事宜进行谈判,后者按照谈判文件的要求提交响应文件和最后报价,而采购人则从谈判小组提出的成交候选人中确定承卖者的采购方式。

竞争性谈判适用于以下四类情形:第一,招标后没有供应商投标或者没有合格标的,或者重新招标未能成立;第二,技术复杂或者性质特殊,以致不能确定详细采购规格或者具体要求;第三,非采购人所能预见的原因或者非采购人拖延而造成采用招标方式时所需要的时间不能满足用户紧急需要;第四,因专利、专有技术、艺术品采购或者服务的时间、数量事先不能确定等原因而不能事先计算出价格总额。

竞争性谈判过程主要包括五个环节。第一,采购人向财政部门提交采购人名称、采购项目名称、项目概况等项目基本情况说明,项目预算金额、预算批复文件或者资金来源证明,拟申请采用的采购方式和理由,在省级以上财政部门指定的媒体上发布招标公告的证明材料,采购人、采购代理机构出具的对招标文件和招标过程是否有供应商质疑及质疑处理情况的说明,评标委员会或者3名以上评审专家出具的招标文件没有不合理条款的论证意见。第二,采购人发出谈判文件后,供应商在3个工作日以上时间提交首次响应文件。第三,采购人谈判小组对响应文件进行评审,并根据谈判文件规定的程序、评定成交的标准等事项与实质性响应谈判文件要求的供应商进行谈判。谈判时,谈判小组所有成员集中与单一供应商分别进行谈判。谈判文件能够详细列明采购标的的技术、服务要求的,谈判结束后,谈判小组要求所有继续参加谈判的供应商在规定时间内提交最后报价,提交最后报价的供应商不得少于3家;谈判文件不能详细列明采购标的的技术、服务要求,需经谈判由供应商提供最终设计方案或解决方案的,谈判结束后,谈判小组按照少数服从多数的原则投票推荐3家以上供应商的设计方案或者解决方案,并要求其在规定时间内提交最后报价。已提交响应文件的供应商,在提交最后报价之前,可以根据谈判情况退出谈判,采购人、采购代理机构应当退还退出谈判的供应商的保证金。第四,谈判小组从质量和服务均能满足采购文件实质性响应要求的供应商中,按照最后报价由低到高的顺序提出3名以上成交候选人,并编写评审报告。第五,采购代理机构在评审结束后2个工作日内将评审报告送采购人确认。

2.单一来源采购

单一来源采购是采购人从某一特定供应商处采购货物、工程和服务的采购方式。

单一来源采购适用于以下三类情形:第一,只能从唯一供应商处采购;第二,发生了不可预见的紧急情况不能从其他供应商处采购;第三,必须保证原有采购项目一致性或者服务配套的要求,需要继续从原供应商处添购,且添购资金总额不超过原合同采购金额的10%。

单一来源采购过程包括以下环节:第一,采购人在采购活动开始前,报经主管预算单位同意后,采购人、采购代理机构在省级以上财政部门指定媒体上公示单一来源采购方式不少于5个工作日,并将公示情况一并报财政部门,之后向设区的市、自治州以上人民政府财政部门申请批准;第二,采购人、采购代理机构组织具有相关经验的专业人员与供应商商定合理的成交价格,并保证采购项目质量;第三,采购人员编写协商情况记录。

3.询价

询价是询价小组向符合资格条件的供应商发出采购货物询价通知书,要求供应商一次报出不得更改的价格,采购人从询价小组提出的成交候选人中确定成交供应商的采购方式。

询价适用于采购的货物规格、标准统一,现货货源充足且价格变化幅度小的政府采购项目。

询价过程主要包括五个步骤。第一步,采购人在采购活动开始前报经主管预算单位同意后,向设区的市、自治州以上人民政府财政部门申请批准。第二步,成立询价小组。询价小组由采购人的代表和有关专家共3人以上的单数组成,其中专家的人数不少于成员总数的2/3。询价小组对采购项目的价格构成和评定成交的标准等事项作出规定。第三步,确定被询价的供应商名单。询价小组根据采购需求,从符合相应资格条件的供应商名单中确定不少于3家的供应商,并向其发出询价通知书让其报价。第四步,询价小组要求被询价的供应商一次报出不得更改的价格。第五步,确定成交供应商。采购代理机构在评审结束后2个工作日内将评审报告送采购人确认,采购人在收到评审报告后5个工作日内,从评审报告提出的成交候选人中,根据质量和服务均能满足采购文件实质性响应要求且报价最低的原则确定成交供应商,也可以书面授权询价小组直接确定成交供应商。

第二节 公共项目招标采购

依照招投标法,在我国必须进行招标的项目包括大型基础设施、公用事业等关系社会公共利益、公众安全的项目,全部或者部分使用国有资金或者国家融资的项目,使用国际组织或者外国政府贷款、援助资金的项目。这些项目的具体范围和规模标准由国务院发展计划部门会同国务院有关部门制订并报国务院批准,招标内容包括项目勘察、设计、施工、监理以及与工程建设有关的重要设备、材料等的采购。对于依法必须进行招标的项目,招标投标活动不受地区或者部门的限制;任何单位和个人不得违法限制或者排斥本地区、本系统以外的法人或者其他组织参加投标,不得以任何方式非法干涉招标投标活动;任何单位和个人不得将依法必须进行招标的项目化整为零或者以其他任何方式规避招标。有下列五种情形之一的政府采购不适用招投标采购:涉及国家安全和秘密的;因战争、自然灾害等不可抗力因素而需紧急采购的;人民生命财产遭受危险而需紧急采购的;我国驻境外机构在境外采购的;财政部及省级人民政府(包括计划单列市)认定的其他情形。

一、公共项目招标范围和规模标准

依照规定,以下三类工程项目必须招标。第一,全部或者部分使用国有资金投资或者国家融资的项目,包括使用预算资金 200 万元人民币以上并且该资金占投资额 10% 以上的项目,或者使用国有企业事业单位资金并且该资金占控股或者主导地位的工程项目。第二,使用国际组织或者外国政府贷款、援助资金的项目,包括使用世界银行、亚洲开发银行等国际组织贷款、援助资金的项目,或者使用外国政府及其机构贷款、援助资金的工程项目。第三,上述两类工程项目之外的大型基础设施、公用事业等关系社会公共利益、公众安全的项目,必须招标的具体范围由国务院发展改革部门会同国务院有关部门按照确有必要、严格限定的原则制订,报国务院批准。

在上述三类工程项目的勘察、设计、施工、监理以及与工程建设有关的重要设备、材料等的采购中,施工单项合同估算价在 400 万元人民币以上,或者重要设备、材料等货物采购的单项合同估算价在 200 万元人民币以上,或者勘察、设计、监理等服务采购的单项合同估算价在 100 万元人民币以上的,必须招标。同一工程项目中可以合并进行的勘察、设计、施工、监理以及与工程建设有关的重要设备、材料等的采购,合同估算价合计达到上述规定标准的,必须招标。

关系社会公共利益、公众安全的基础设施项目包括以下七个方面:煤炭、石油、天然气、电力、新能源等能源项目;铁路、公路、管道、水运、航空以及其他交通运输业等交通运输项目;邮政、电信枢纽、通信、信息网络等邮电通信项目;防洪、灌溉、排涝、引(供)水、滩涂治理、水土保持、水利枢纽等水利项目;道路、桥梁、地铁和轻轨交通、污水排放及处理、垃圾处理、地下管道、公共停车场等城市设施项目;生态环境保护项目;其他基础设施项目。

关系社会公共利益、公众安全的公用事业项目包括六个方面:供水、供电、供气、供热等市政工程项目;科技、教育、文化等项目;体育、旅游等项目,卫生、社会福利等项目;商品住宅包括经济适用住房和其他公用事业项目。

使用国有资金投资项目的范围包括三个方面:使用各级财政预算资金的项目;使

用纳入财政管理的各种政府性专项建设基金的项目；使用国有企业事业单位自有资金并且国有资产投资者实际拥有控制权的项目。

国家融资项目的范围包括五个方面：使用国家发行债券所筹资金的项目；使用国家对外借款或者担保所筹资金的项目；使用国家政策性贷款的项目；国家授权投资主体融资的项目和国家特许的融资项目。

二、公共项目开展施工招标工作应具备的条件

根据招投标法，公共项目开展施工招标工作应具备以下5项基本条件。

第一，工程建设项目或计划获得批准。招标项目按照国家有关规定需要履行项目审批手续的，应当先履行审批手续，取得批准。

第二，设计文件获得批准。工程项目的设计文件包括初步设计和费用概算，技术设计和修正概算，施工图设计和费用预算，其中初步设计和概算文件获得批准是实行施工招标的必备条件之一，而施工图和费用预算最有利于项目业主编写招标文件和准备标底。

第三，建设资金已落实。建设资金没有落实不能进行招标。对于世界银行项目，建设资金已经落实既包括世行贷款已经取得承诺、完成了项目评估且将要签订协定，也包括国内配套资金部分已经落实或基本落实。

第四，招标文件已经编写完成并获得批准。编写招标文件并获得批准是进行施工招标的前提条件。招标文件既是投标人投标的依据，也是评标的依据，更是签订合同所遵循的文件。

第五，施工准备工作就绪。施工准备工作包括征地拆迁、移民安置、临时道路修建、公用设施维护、环境保护、通信设备架设等工作已就绪，施工许可证已取得。

在公共项目开展施工招标工作应具备的条件中，最基本和关键的是两项。一是建设项目已合法成立，办理了报建登记。建设工程报建是施工者在工程项目确立后的一定期限内向建设行政主管部门（建设工程招标投标管理机构）申报工程项目，以办理项目登记手续。对于未报建的工程建设项目，不得办理招标投标手续和发放施工许可证，设计施工单位不得承接该项目的设计和施工业务。二是建设资金已基本落实。招标人应当有实施招标的相应资金，已落实的资金来源在招标文件中如实载明。对于资金来源不落实、资金到位无保障的建设项目，不予审批立项，更不予批准开工。

三、公共项目开展施工招标的方法和流程

建设工程招标投标的一般方法和流程是：招标人发布采购信息，招标人预审潜在

投标人资格,招标人编制并发布招标文件,投标人编制和递交投标文件,开标、评标与中标,签订合同等。

对于招标工作,招标人具有编制招标文件和组织评标能力则可以自行办理招标事宜,但招标人也有权自行选择、委托招标代理机构办理招标事宜。招标代理机构是依法设立、从事招标代理业务并提供相关服务的社会中介组织,任何单位和个人不得以任何方式为招标人指定招标代理机构,也不得强制招标人委托招标代理机构办理招标事宜。招标代理机构应当具备具有从事招标代理业务的营业场所和相应资金、具有能够编制招标文件和组织评标的相应专业力量、与行政机关和其他国家机关不存在隶属关系或者其他利益关系等条件,在招标人委托的范围内办理招标事宜并遵守法律法规关于招标人的规定。依法必须进行招标的项目,招标人自行办理招标事宜的,应当向有关行政监督部门备案。

(一)招标人发布采购信息

若招标人采用公开招标方式,则发布招标公告。依法必须进行招标的项目的招标公告,通过国家指定的报刊、信息网络或者其他媒介发布。招标公告一般载明招标人的名称和地址,招标项目的性质、数量、实施地点和时间以及获取招标文件的办法等事项。若招标人采用邀请招标方式,则向3个以上具备承担招标项目的能力、资信良好的特定的法人或者其他组织发出投标邀请书。

(二)招标人预审潜在投标人资格

招标人根据招标项目本身的要求,在招标公告或者投标邀请书中要求潜在投标人提供有关资质证明文件和业绩情况,并对潜在投标人进行资格审查;国家对投标人的资格条件有规定的,依照规定审查。招标人不得以不合理的条件限制或者排斥潜在投标人,不得对潜在投标人实行歧视待遇。

(三)招标人编制并发布招标文件

招标人根据招标项目的特点和需要编制招标文件。招标文件通常包括招标项目的技术要求、对投标人资格审查的标准、投标报价要求和评标标准等所有实质性要求和条件以及拟签订合同的主要条款。国家对招标项目的技术、标准有规定的,招标人按照其规定在招标文件中提出相应要求。招标项目需要划分标段、确定工期的,招标人通常会划分标段、确定工期并在招标文件中载明。

招标人可以根据招标项目的具体情况组织潜在投标人踏勘项目现场,但不能向他人透露已获取招标文件的潜在投标人的名称、数量以及可能影响公平竞争的有关招标投标的其他情况,对项目标底必须保密。

招标人对已发出的招标文件进行必要的澄清或者修改时,应当在招标文件要求提交投标文件截止时间的至少 15 日前以书面形式通知所有招标文件收受人。澄清或者修改招标文件的内容成为招标文件的组成部分。

招标人通常自行确定投标人编制投标文件所需要的合理时间,但是依法必须进行招标的项目,自招标文件开始发出之日起至投标人提交投标文件截止之日止,最短不得少于 20 日。

(四)投标人编制和递交投标文件

投标人是响应招标、参加投标竞争的法人或者其他组织,应当具备承担招标项目的能力和规定的资格条件。投标时,投标人按照招标文件的要求编制投标文件,投标文件内容对招标文件提出的实质性要求和条件作出响应;对于建设施工招标项目,投标文件的内容包括拟派出的项目负责人与主要技术人员的简历、业绩和拟用于完成招标项目的机械设备等。

投标人在招标文件要求提交投标文件的截止时间前将投标文件送达投标地点。如果招标人在截止时间前收到投标文件,则对文件签收保存并且不开启。如果招标人在截止时间后收到投标文件,则拒收文件。

投标人在招标文件要求提交投标文件的截止时间前可以补充、修改或者撤回已提交的投标文件并书面通知招标人,同时,补充、修改的内容为投标文件的组成部分。

投标人根据招标文件载明的项目实际情况拟在中标后将中标项目的部分非主体、非关键性工作进行分包的,应当在投标文件中载明。

当两个以上法人或者其他组织组成一个联合体以一个投标人身份共同投标时,联合体各方均应当具备承担招标项目的相应能力并具备规定的资格条件。由同一专业的单位组成的联合体,其资质等级按照各方资质中等级较低的确定。联合体各方通常签订共同投标协议,明确约定各方拟承担的工作和责任,并将共同投标协议连同投标文件一并提交招标人。若联合体中标,联合体各方共同与招标人签订合同,就中标项目向招标人承担连带责任。

投标人既不能相互串通投标报价、排挤其他投标人的公平竞争损害招标人或者其他投标人的合法权益,也不能与招标人串通投标损害国家利益、社会公共利益或者他人的合法权益,还不能以低于成本的报价竞标,更不能以他人名义投标或者以其他方式弄虚作假以骗取中标。

若投标人少于 3 个,则招标人重新招标。

(五)开标、评标与中标

开标是在投标人提交投标文件后,招标人依据招标文件规定的时间和地点,开启投标人提交的投标文件并公开宣布投标人的名称、投标价格及其他内容。开标在招标文件确定的提交投标文件截止时间的同一时间公开进行,由招标人主持并邀请所有投标人参加,地点在招标文件中预先确定。开标时,投标人或者其推选的代表检查投标文件的密封情况,也可以由招标人委托的公证机构检查投标文件的密封情况并公证;经确认无误后,工作人员当众拆封,宣读在招标文件要求提交投标文件的截止时间前收到的所有投标文件的投标人名称、投标价格和投标文件的其他主要内容,记录开标过程并存档备查。

评标是评标委员会和招标人依据招标文件规定的评标标准和方法对投标文件进行审查、评审和比较。依法必须进行招标的项目,其评标委员会由招标人的代表和有关技术、经济等方面的专家组成。评标委员会成员人数为 5 人以上单数,其中技术、经济等方面的专家不得少于成员总数的 2/3,且专家应当从事相关领域工作满 8 年并具有高级职称或者具有同等专业水平,由招标人从国务院有关部门或者省、自治区、直辖市人民政府有关部门提供的专家名册或者招标代理机构的专家库内的相关专业的专家名单中确定,其中一般招标项目可以采取随机抽取方式确定,特殊招标项目可以由招标人直接确定;与投标人有利害关系的人不得进入相关项目的评标委员会,已经进入的应当更换;评标委员会成员的名单在中标结果确定前保密。评标时,招标人采取必要的措施确保评标在严格保密的情况下进行,且任何单位和个人不得非法干预、影响评标的过程和结果;评标委员会可以要求投标人对投标文件中含义不明确的内容作必要的澄清或者说明,但是澄清或者说明不得超出投标文件的范围或者改变投标文件的实质性内容;评标委员会按照招标文件确定的评标标准和方法,对投标文件进行评审和比较,对其中设有标底的文件参考标底进行评审和比较。评标完成后,评标委员会向招标人提出书面评标报告并推荐合格的中标候选人,招标人则根据评标委员会提出的书面评标报告和推荐的中标候选人确定中标人。招标人也可以授权评标委员会直接确定中标人。

中标是招标人向经评选的投标人发出中标通知书,并在规定的时间内与之签订书面合同。中标人的投标通常能够最大限度地满足招标文件中规定的各项综合评价标准,能够满足招标文件的实质性要求并且经评审的投标价格最低(投标价格低于成本的除外)。如果评标委员会评审认为所有投标都不符合招标文件要求,则可以否决所有投标,其中,如果是依法必须进行招标的项目的所有投标都被否决,则招标人应当重新招标。在确定中标人前,招标人不能与投标人就投标价格、投标方案等实质性内容进行谈判;在确定中标人后,招标人向中标人发出对招标人和中标人同时具有法律效力的中标通知书,并同时将中标结果通知所有未中标的投标人。在中标通知书发出后,招标人改变中标结果或者中标人放弃中标项目都依法承担法律责任。

(六)签订合同

招标人和中标人自中标通知书发出之日起 30 日内按照招标文件和中标人的投标文件订立书面合同,不能再行订立背离合同实质性内容的其他协议;同时,如果招标文件要求中标人提交履约保证金,则中标人应当提交。

依法必须进行招标的项目的招标人应当自确定中标人之日起 15 日内,向有关行政监督部门提交招标投标情况的书面报告。

中标人按照合同约定履行义务,完成中标项目。中标人不能向他人转让中标项目,也不能将中标项目肢解后分别向他人转让。中标人按照合同约定或者经招标人同意,可以将中标项目的部分非主体、非关键性工作分包给他人完成,此时中标人就分包项目向招标人负责,而接受分包且不得再次分包的人就分包项目承担连带责任。

以上是公共项目招标采购最基本的方法和流程,具体细节可参照招标投标法实施条例、工程建设项目施工招标投标办法等执行。

第三节　评标方法与步骤

评标活动必须规范,做到公平、公正、科学、择优,维护招标采购中招标和投标当事人的合法权益。评标方法与步骤主要包括以下几个环节。

一、成立评标委员会

评标委员会是依法由招标人负责组建,负责评标活动,向招标人推荐中标候选人或依据招标人的授权直接确定中标人的团体,其成员名单一般于开标前确定并在中标结果确定前保密。

评标专家通常要求从事相关专业领域工作满 8 年并具有高级职称或者同等专业水平,熟悉有关招标投标的法律法规并具有与招标项目相关的实践经验,能够认真、公正、诚实、廉洁地履行职责。不能担任评标委员会成员的人员包括投标人或者投标主要负责人的近亲属,项目主管部门或者行政监督部门人员,与投标人有经济利益关系、可能影响对投标公正评审的人员,曾因在招标、评标以及其他与招标投标有关活动中从事违法行为而受过行政处罚或刑事处罚的人员。

二、准备与初步评审

(一)招标人或招标代理机构准备

招标人或招标代理机构向评标委员会提供评标所需的重要信息和数据,但不得带有明示或暗示倾向或排斥特定投标人的信息,设有标底时对标底在开标前予以保密。

(二)评标委员会准备

评标委员会编制供评标使用的相应表格,认真研究招标文件,至少了解和熟悉招标的目标,招标项目的范围和性质,招标文件中规定的主要技术要求、标准和商务条款,招标文件规定的评标标准、评标方法和在评标过程中考虑的相关因素。评标委员会只能根据招标文件规定的评标标准和方法对投标文件进行系统评审和比较。

(三)评标委员会初步评审

1.排序

评标委员会按照投标报价的高低或者招标文件规定的其他方法对投标文件排序。以多种货币报价的,评标委员会按照中国银行在开标日公布的汇率中间价换算成人民币。

2.问询

评标委员会可以书面方式要求投标人对投标文件中含义不明确、对同类问题表述不一致或有明显文字和计算错误的内容作必要的澄清、说明或者补正。

投标文件中的大写金额和小写金额不一致的,以大写金额为准;总价金额与单价金额不一致的,以单价金额为准,但单价金额小数点有明显错误的除外;对不同文字文本投标文件的解释发生异议的,以中文文本为准。

3.否决不合规投标

在评标过程中,评标委员会发现以下四种情况时否决投标。第一,投标人以他人的名义投标、串通投标、以行贿手段谋取中标或者以其他弄虚作假方式投标的,应当否决该投标人的投标。第二,投标人的报价明显低于其他投标报价或在设有标底时明显低于标底而使得其投标报价可能低于其个别成本,但当被要求作出书面说明并提供相关证明材料时,投标人不能合理说明或者不能提供相关证明材料而由评标委员会认定该投标人以低于成本报价竞标。第三,投标人资格条件不符合国家有关规定和招标文件要求,或者拒不按照要求对投标文件进行澄清、说明或者补正。第四,投标文件没有对招标文件提出的实质性要求和条件作出响应。

4.审查并列出投标偏差

评标委员会根据招标文件审查并逐项列出投标文件的细微偏差和重大偏差。细微偏差不影响投标文件的有效性,是投标文件在实质上响应招标文件要求,但在个别地方存在漏项或者提供了不完整的技术信息和数据等情况,并且补正这些遗漏或者不完整不会对其他投标人造成不公平的结果。重大偏差是出现下列七种情况之一的偏差:第一,没有按照招标文件要求提供投标担保或者所提供的投标担保有瑕疵;第二,投标文件没有投标人授权代表签字和加盖公章;第三,投标文件载明的招标项目完成期限超过招标文件规定的期限;第四,明显不符合技术规格、技术标准的要求;第五,投标文件载明的货物包装方式、检验标准和方法等不符合招标文件的要求;第六,投标文件附有招标人不能接受的条件;第七,不符合招标文件中规定的其他实质性要求。通常情况下,如果认定投标文件出现了重大偏差,并且未能对招标文件作出实质性响应,则否决该投标。

三、详细评审

评标委员会对投标文件进行详细评审是指,对于初步评审合格的投标文件,评标委员会根据招标文件确定的评标标准和方法对其技术部分和商务部分作进一步评审、比较。详细评审的评标方法包括最低投标价法、综合评估法或者法律、行政法规允许的其他评标方法。最低投标价法主要适用于具有通用技术、性能标准或者招标人对其技术、性能没有特殊要求的招标项目,是以价格为主要因素确定中标供应商的评标方法,即在全部满足招标文件实质性要求前提下,依据统一的价格要素评定最低报价,以提出最低报价的投标人作为中标候选供应商或者中标供应商的评标方法。综合评议法是使用最广泛的评标定标法,是对价格、施工组织方案、项目经理的资历和业绩、质量、工期、信誉等指标进行综合评价以确定中标人的评标定标办法,具体又分为定性综合评议法、定量综合评议法,后者又被称为百分制计分评议法。

采用最低投标价法时,首先,中标人的投标应当符合招标文件规定的技术要求和标准,评标委员会则根据招标文件中规定的评标价格调整方法对所有投标人的投标报价以及投标文件的商务部分作必要的价格调整,但不对投标文件的技术部分进行价格折算。其次,评标委员会将满足招标文件实质性要求,并且经评审的最低投标价的投标推荐为中标候选人。最后,评标委员会完成详细评审后,评标委员会拟定一份载明投标人的投标报价、对商务偏差的价格调整和说明以及经评审的最终投标价的"标价比较表",连同书面评标报告提交招标人。

对于不宜采用最低投标价法的招标项目,评标委员会一般采取综合评估法进行评审。此时,被推荐为中标候选人的,是采取折算为货币的方法、打分的方法或者其他方法评审后确定评审因素能最大限度地满足招标文件中规定的各项综合评价标准的投标文件所对应的投标人。采取综合评估法进行评审的关键点是,第一,评标委员会对各个评审因素进行量化,并且将量化指标建立在同一基础或者同一标准上,使各投标文件具有可比性。第二,对技术部分和商务部分进行量化后,评标委员会对这两部分的量化结果进行加权,计算出每一投标的综合评估价或者综合评估分。需量化的因素及其权重在招标文件中明确规定。第三,完成评标后,评标委员会拟定一份载明投标人的投标报价、所作的任何修正、对商务偏差的调整、对技术偏差的调整、对各评审因素的评估以及对每一投标的最终评审结果的"综合评估比较表",连同书面评标报告提交招标人。

如果招标文件作出规定允许投标人投备选标,则评标委员会可以对中标人所投的备选标进行评审进而决定是否采纳备选标,但不考虑不符合中标条件的投标人的备选标。

如果招标项目被划分为多个单项合同,而招标文件又允许投标人为获得整个项目合同而提出优惠,则评标委员会可以对投标人提出的优惠进行审查进而决定是否将招标项目作为一个整体合同授予中标人。若授予,则整体合同中标人的投标应当最有利于招标人。

评标和定标通常完成于投标有效期,该有效期在招标文件中载明,从提交投标文件截止日起计算。如果出现不能在投标有效期结束日 30 个工作日前完成评标和定标的情况,则招标人应当通知所有投标人延长投标有效期。拒绝延长投标有效期的投标人有权收回投标保证金,而同意延长投标有效期的投标人需相应延长其投标担保的有效期,但不得修改投标文件的实质性内容。如果延长投标有效期造成投标人遭受损失,则招标人给予补偿,但因不可抗力需延长投标有效期的除外。

四、推荐中标候选人及定标

(一)提出并抄送评标报告

评标委员会完成评标后,向招标人提出书面评标报告,并抄送有关行政监督部门。评标报告内容包括基本情况和数据表,评标委员会成员名单,开标记录,符合要求的投标一览表,否决投标的情况说明,评标标准、评标方法或者评标因素一览表,经评审的价格或者评分比较一览表,经评审的投标人排序,推荐的中标候选人名单,签订合同前要处理的事宜,澄清、说明、补正事项纪要等。

评标委员会成员须在评标报告上签字。如果评标委员会成员对评标结论持有异议,则可以书面方式阐述不同意见和理由。如果评标委员会成员拒绝在评标报告上签字并且不陈述不同意见和理由,则视该委员同意评标结论,同时评标委员会应当对此状况作出书面说明并记录在案。

评标委员会在向招标人提交书面评标报告后,将评标过程中使用的文件、表格以及其他资料即时归还招标人。

(二)推荐中标候选人

评标委员会推荐 1~3 人为中标候选人,标明候选人排列顺序。中标候选人的投标应符合下列条件:能够最大限度满足招标文件中规定的各项综合评价标准,能够满足招标文件的实质性要求并且经评审的投标价格最低,但是投标价格低于成本的除外。

(三)定标

在定标环节,招标人不得与投标人就投标价格、投标方案等实质性内容进行谈判。

招标人确定中标人时,对于国有资金占控股或者主导地位的项目,招标人确定排名第一的中标候选人为中标人。如果排名第一的中标候选人放弃中标、因不可抗力提出不能履行合同,或者招标文件规定应当提交履约保证金而在规定的期限内未能提交,或者被查实存在影响中标结果的违法行为等情形,不符合中标条件的,招标人可以按照评标委员会提出的中标候选人名单排序依次确定其他中标候选人为中标人。如果依次确定其他中标候选人与招标人预期差距较大,或者对招标人明显不利的,则招标人可以重新招标。

招标人也可以授权评标委员会直接确定中标人。

(四)发出中标通知书、签订合同和退还投标保证金

中标人确定后,招标人向中标人发出中标通知书同时通知未中标人,并与中标人在投标有效期内以及中标通知书发出之日起 30 日之内签订合同。如果中标通知书发出后,招标人改变中标结果或者中标人放弃中标的,则都应当承担法律责任。

招标人与中标人按照招标文件和中标人的投标文件订立书面合同,双方不得再行订立背离合同实质性内容的其他协议。

招标人与中标人签订合同后 5 日内,向中标人和未中标的投标人退还投标保证金。

第四节 公共项目采购实例

以下公共项目采购实例源自深圳市政府采购监管网、中国政府采购深圳分网中的政府采购典型案例。

一、T 公司在"××防火服务"项目政府采购活动中提供虚假资料案

[关键词]诚实信用原则;过罚相当原则;虚假资料

[案例要旨]诚实信用是政府采购法确立的基本原则之一,政府采购各方当事人均应共同遵循,供应商本着诚实信用原则参与政府采购活动,应当对提供的材料承担审慎义务,对材料的真实性负责。供应商的员工在投标活动中的行为代表供应商,其

行为的法律后果由供应商承受。对当事人的处罚应当按照《中华人民共和国行政处罚法》过罚相当原则,以事实为依据,与违法行为的性质、情节以及社会危害程度相当。

[相关法条]《中华人民共和国行政处罚法》第四条;《深圳经济特区政府采购条例》第十六条、第五十七条;《深圳经济特区政府采购条例实施细则》第七十四条、第七十六条。

[基本案情]

2018年5月25日,采购人深圳市G中心就"××防火服务项目"(以下称"本项目")进行公开招标。本项目共分15个标段,供应商可以参与15个标段的投标活动,但是只能获得一个标段的中标供应商资格。2018年6月28日,代理机构发布本项目《候选中标供应商的公告》,共有45家供应商参与投标。经评审,包括T公司在内的25家供应商成为第一轮候选中标供应商。2018年8月9日,因T公司提供虚假资料被质疑成立,代理机构发布《候选中标供应商的公告(第二轮)》取消了T公司的候选中标供应商资格,并将T公司提供虚假资料情况反映至财政部门。

经查,T公司在本项目投标文件中提供的N员工的《社会保险参保证明》系虚假资料,与社保部门记录的真实缴费记录不符。据此,财政部门依法发出行政处罚告知书。T公司收到行政处罚告知书后在法定期限提出听证申请,称提供虚假资料为员工个人行为,非T公司授意,同时认为行政处罚过重。财政部门依法组织听证会,认为提供虚假资料为N员工个人行为的辩解不成立,但罚款按照15个标段中标金额平均值处罚相较于违法行为明显过重,按照过罚相当原则,在综合考量T公司的违法情节、危害程度、处罚的社会效果等各方面因素前提下,依法依规适当酌情轻罚。

财政部门结合本项目的特殊性以及T公司上述违法行为的严重程度等因素,将本项目最低中标价标段的中标金额认定为T公司违法行为所涉及的采购金额,向T公司发出行政处罚告知书。T公司收到行政处罚告知书后在法定期限再次提出听证申请,称虚假资料为N员工个人行为,非T公司授意,同时认为行政处罚过重。财政部门依法组织听证会,认为T公司的辩解不成立,依法作出行政处罚决定。

T公司不服该处罚决定,提出行政复议。复议机关维持了该处罚决定。

[处理理由]

关于T公司提供虚假资料问题。在事实认定方面,T公司已经构成了提供虚假资料的事实。供应商T公司应当对投标材料的真实性负责。本案中T公司主张提供虚假资料是N员工的个人行为,非T公司授意为之。根据《深圳经济特区政府采购条例》的相关规定,财政部门认为:第一,参与案涉政府采购活动的当事人是T公司,投标文件是T公司编制的,员工的《社会保险参保证明》是T公司编制投标文件过程中收集、整理并作为投标文件的组成部分,T公司作为政府采购供应商应对其投标文件的真实性负责。第二,T公司具有核实投标文件真实性的能力和途径。案涉虚假资料为N员工的《社会保险参保证明》,N员工作为T公司的员工且其社保由T

公司缴交,N 员工社保缴交信息的知悉属于 T 公司内部管理的人事信息。同时,根据现有社保缴交查询途径,T 公司作为 N 员工社保的缴交单位,其具有合法核实、查询社保信息的权限和公开途径。T 公司在其具有查询《社会保险参保证明》的能力和途径的条件下,没有尽到审慎审核的义务。

关于行政处罚是否过重的问题。行政处罚裁量幅度应结合本项目的特殊性以及 T 公司违法行为的严重程度等因素综合考虑。当实际成交金额有多个认定标准时,宜采取对被处罚人有利的标准。《深圳经济特区政府采购条例实施细则》第七十四条规定,采购金额是指采购项目实际成交的金额。本项目已实际完成招标投标工作,产生了实际成交金额。根据本项目的招标文件要求,虽然参与投标的供应商以一份投标文件同时对 15 个标段均作投标响应,但根据招标文件的规定最多只能中其中一个标段,且每个标段中标金额均不同。T 公司并未实际中标,用总中标金额进行处罚明显过重,与违法行为的性质、社会危害程度等不相当,严重性不当,因此不宜用总的中标金额作为采购金额标准来进行处罚。最终,本案从有利于行政相对人的角度认定采购金额为最低中标价标段的中标金额。

[处理结果]

T 公司的行为构成《深圳经济特区政府采购条例》第五十七条第(三)项"隐瞒真实情况,提供虚假资料"的违法情形,财政部门根据《深圳经济特区政府采购条例》第五十七条第(三)项和《深圳经济特区政府采购条例实施细则》第七十六条第(一)项的规定,对 T 公司作出罚款和三年内禁止参与深圳市政府采购活动的行政处罚。

相关当事人在法定期限内提出复议,复议机关维持了该处罚决定。当事人未就处理处罚决定提起行政诉讼。

二、C 事务所在"××审计专项"项目政府采购投诉处理中提供虚假情况案

[关键词]诚实信用原则;政府采购投诉;虚假情况

[案例要旨]诚实信用是政府采购活动的基本原则之一,供应商坚守诚信不仅是投标环节的义务,也是配合政府采购投诉过程中应履行的义务。供应商如果在政府采购投诉处理过程中拒绝有关部门监督检查或者提供虚假情况,则应承担相应的法律责任。

[相关法条]《中华人民共和国政府采购法》第七十七条第(六)项;《财政部关于印发〈财政部门行使行政处罚裁量权指导规范〉的通知》第八条。

[基本案情]

2020 年 5 月 12 日,C 事务所参加了"××审计专项"项目(以下简称"本项目")的政府采购活动。经评审,C 事务所等 10 家投标供应商获得中标供应商资格。招标

文件约定每家中标供应商合同支付上限不超过 1 220 000 元。

本项目中标结果公告后,投诉人×事务所向财政部门提起投诉称,C 事务所向财政部门提交的投诉答复材料中含有一份网上银行电子回单,经查,该网上银行电子回单属于虚假资料。据此,财政部门根据 C 事务所违法行为的事实和实施违法行为的主客观因素以及相关证据,认定 C 事务所的行为属于《中华人民共和国政府采购法》第七十七条规定的"拒绝有关部门监督检查或者提供虚假情况"的情形。

[处理理由]

供应商一旦参与投标,其投标行为属于政府采购监督管理范畴,有义务配合财政部门的监督。如果供应商在财政部门监督管理过程中拒绝有关部门监督检查或者提供虚假的资料,则该行为违反了诚信原则,属于拒绝配合监督检查或者提供虚假情况。

在法律适用方面,本案 C 事务所是在政府采购投诉环节中,向财政部门提供的虚假情况,符合《中华人民共和国政府采购法》第七十七条规定的"拒绝有关部门监督检查或者提供虚假情况"的情形,因此按照《中华人民共和国政府采购法》第七十七条规定进行行政处罚。

在本案处理中,根据《中华人民共和国政府采购法》相关规定,财政部门认为:第一,C 事务所实施了提供虚假情况的行为。在政府采购投诉案件过程中,其向财政部门提供了一份虚假的网上银行电子回单。第二,C 事务所具有实施违法行为的主观故意。C 事务所在询问笔录以及提交的《坦白书》均承认因担心被禁止参与政府采购活动因而自行制作网上银行电子回单。因此其在财政部门处理政府采购投诉过程中提供虚假情况主观上存在"故意"。第三,C 事务所在财政部门启动行政处罚立案调查程序后积极配合查清案件事实,主动承认错误,社会危害程度较轻。根据 C 事务所违法行为的事实、性质、情节、社会危害程度和实施违法行为的主客观因素以及相关证据,结合《财政部关于印发〈财政部门行使行政处罚裁量权指导规范〉的通知》(财法〔2013〕1 号)的规定,对其作出从轻处罚。

[处理结果]

财政部门根据《中华人民共和国政府采购法》第七十七条第(六)项的规定,决定对 C 事务所作出罚款和一年内禁止参加深圳市政府采购活动的行政处罚。

相关当事人在法定期限内未就该行政处罚提起行政复议和行政诉讼。

三、L 公司在"××社会停车场运营维护"政府采购活动中提供虚假资料案

[关键词]诚实信用原则;虚假资料;隐瞒真实情况

[案例要旨]政府采购活动应当遵循诚实信用原则。在政府采购活动中出现"隐瞒真实情况,提供虚假资料"的行为会损害政府采购公正原则与政府采购公信力。供

应商在投标文件中提供擅自变造未经证明材料出具单位认可的内容,使得该证明材料反映的信息与客观事实不一致,该情形应当认定为"隐瞒真实情况,提供虚假资料"的行为,依照相关规定给予行政处罚。

[**相关法条**]《深圳经济特区政府采购条例》第五十七条;《深圳经济特区政府采购条例实施细则》第七十六条。

[**基本案情**]

2017年6月13日,L公司参加"××社会停车场运营维护"(以下简称"本项目")的政府采购活动,并获得中标供应商资格。L公司在投标文件中提供了一份由深圳市H局综合处于2016年3月1日出具的关于H局办公楼等物业管理服务项目的《政府采购履约情况反馈表》。该表显示L公司在"H局办公楼等物业管理服务项目"的履约评价中的"总体评价"和"分项评价"中"质量方面""价格方面""服务方面""时间方面""环境保护"一栏均为"良",但"分项评价"中"其他"的评价内容和评价等级为"优秀"和"优"。

经向H局核实,反馈表中的评价内容"其他"填写"优秀"及评价等级勾选"优"并非H局填写及勾选。

经财政部门核实,L公司在本项目投标文件中提交的《政府采购履约情况反馈表》反映的评价内容与真实情况不符,该表中的"其他"一栏内的评价内容及评价等级均非出具机关填写及勾选,L公司隐瞒了真实的履约评价情况,且L公司本项目的年度履约情况为差,采购人已提前与其解约。

[**处理理由**]

本案中,L公司在提供真实客观资料不利于其获益的情况下,为了满足招标文件评分要求,提高中标概率,擅自在证明材料空白处填写、增加其他未经证明材料出具单位认可的内容,使得被变造后的证明材料所反映的信息与真实情况不一致,通过隐瞒真实的服务质量水平谋取中标。财政部门认为供应商对第三方出具的资料进行篡改后作为投标文件内容之一,属于《深圳经济特区政府采购条例》第五十七条"隐瞒真实情况,提供虚假资料"的情形。

从主观方面来看,该变造行为是供应商主动、积极为之,且变造行为能够使其获益,因此供应商对该行为具有知情和故意等主观过错的主观故意。从客观方面看,供应商客观上实施了变造原始资料的行为。上述情况符合《深圳经济特区政府采购条例》第五十七条的规定,应该对该种行为予以处罚。

[**处理结果**]

根据《深圳经济特区政府采购条例》第五十七条第(三)项和《深圳经济特区政府采购条例实施细则》第七十六条第(一)项规定,对L公司处以罚款和三年内禁止参与深圳市政府采购的行政处罚。

相关当事人在法定期限内未就该行政处罚提起行政复议和行政诉讼。

四、Z公司、W公司、A公司在"××扫描测量仪"项目政府采购活动中串通投标案

[关键词]串通投标;实质审查;举证责任

[案例要旨]作为重要的市场竞争方式,招投标能够充分体现"公开、公平、公正"的市场竞争原则,有助于促进我国市场经济体制进一步完善,是发挥市场配置资源决定性作用的重要手段。"串通投标"的违法行为有违"公开、公平、公正"的市场竞争原则,严重破坏政府采购正常秩序。因串通投标违法行为具有较强的隐蔽性,行政机关调查难度大,《深圳经济特区政府采购条例实施细则》第七十九条规定了属于串通投标的具体七种客观行为。供应商存在上述七种客观情形时,需要对其行为的合理性承担举证责任,如果没有合理的解释和证据,财政部门依法认定为串通投标行为。

[相关法条]《深圳经济特区政府采购条例》第五十七条;《深圳经济特区政府采购条例实施细则》第七十九条。

[基本案情]

2019年5月20日,Z公司、W公司、A公司三家供应商参加了"××扫描测量仪"项目(以下简称"本项目")的政府采购活动。

经查,在本项目招投标期间,Z公司投标授权代表刘某、W公司投标授权代表梁某、A公司投标授权代表陈某均在Z公司缴纳社会保险。对此,W公司解释称其投标授权代表梁某在2019年5月入职,因试用期不符合W公司录用条件,于2019年5月下旬已离职。梁某在W公司还未为其办理社保缴纳手续前已离职,所以W公司并不清楚梁某的社保关系依旧在原用人单位Z公司处,主观上也没有与Z公司或A公司进行串通的故意。A公司则解释称陈某是在2018年3月份入职公司的,当初陈某提出她的社保在其他公司缴纳,公司不用再给她缴纳社保,公司当时答应了她的要求。公司事先不清楚投标授权代表陈某的社保是在Z公司缴纳,也不知道Z公司也会参与投标。

为进一步查明案件事实,财政部门向税务部门发函核实刘某、梁某、陈某三人的工资薪金个人所得税缴纳情况。经核,刘某、梁某、陈某三人2018年8月至2019年7月税款所属期均由Z公司代扣代缴工资薪金个人所得税。三家供应商关于社保问题的解释缺乏合理性,财政部门不予采信。

[处理理由]

串通投标行为具有隐蔽性,为降低行政机关执法难度,《深圳经济特区政府采购条例实施细则》第七十九条通过列举的方式明确串通投标的具体情形,例如投标供应商之间相互约定给予未中标的供应商利益补偿;不同投标供应商的法定代表人、主要经营负责人、项目投标授权代表人、项目负责人、主要技术人员为同一人、属同一单位

或者在同一单位缴纳社会保险等。

本案中三家供应商的行为符合《深圳经济特区政府采购条例实施细则》第七十九条第(二)项规定的串通投标情形。实践中,对符合上述投标情形的,供应商承担解释说明和举证责任。财政部门承担调查义务,即对供应商的解释说明和证据材料进行核实,并进行合理性判断。如果供应商未提供证明材料或者提供的证明材料不足以解释说明其合理性,即申辩理由不符合常识、常情、常理,则承担举证不能的不利后果。本案中虽然涉案供应商作出解释,但其解释和申辩不符合常理,且没有充足的证据支持其申辩意见。例如 A 公司解释陈某是在 2018 年 3 月份入职该公司的,当初陈某提出她的社保在其他公司缴纳,公司不用再给她缴纳社保,公司答应了她的要求,公司事先不清楚投标授权代表陈某的社保是在 Z 公司缴纳。但经财政部门调查核实,陈某的个税自其"入职"A 公司至开标后的近一年内均由 Z 公司代缴代扣。根据税法的相关规定,陈某的个税应当由 A 公司代缴代扣,这与 A 公司的解释存在矛盾,缺乏合理性。

[处理结果]

根据《深圳经济特区政府采购条例》第五十七条第(五)项、《深圳经济特区政府采购条例实施细则》第七十九条第(二)项的规定,认定三家公司的上述行为属于"与其他采购参加人串通投标"的行为,对三家公司依法作出行政处罚决定,将三家公司记入供应商诚信档案,处以罚款和三年内禁止参与深圳市政府采购的行政处罚。

相关当事人在法定期限内未就该行政处罚提起行政复议和行政诉讼。

五、B 公司、S 公司和 D 公司在"××物流服务"项目政府采购活动中串通投标案

[关键词]串通投标;非正常一致

[案例要旨]公平竞争原则是政府采购的基本原则之一,其目的是维护政府采购活动的正常秩序和诚信环境。串通投标作为供应商采用的不正当竞争手段,会产生非法排挤竞争对手或者损害采购人利益的不利后果。串通投标行为具有隐蔽性的特征,调查取证较困难,《深圳经济特区政府采购条例实施细则》第七十九条列举了多个串通投标的客观情形。对于串通投标违法行为,财政部门根据客观情况,结合供应商对客观情形的举证说明,综合判断是否属于串通投标。

[相关法条]《深圳经济特区政府采购条例》第五十七条;《深圳经济特区政府采购条例实施细则》第七十九条。

[基本案情]

2018 年 12 月 4 日,B 公司、S 公司和 D 公司参加了"××物流服务"项目(以下简称"本项目")的政府采购活动。经查,B 公司、S 公司和 D 公司在本项目投标文件自

主撰写内容部分存在多处表述内容、格式等非正常一致的情形,具体为:(1)关于"服务网点"投标响应,招标文件未提供参考模板,但三家公司自主撰写的表述内容、格式排版出现了非正常一致的情况。(2)关于《投标文件签署授权委托书》投标响应,招标文件提供了《投标文件签署授权委托书》参考模板,经与参考模板对比,三家公司均在参考模板的基础上,在两处相同的位置将标点符号"。"改为"!"。此外,S公司提供的《投标文件签署授权委托书》加盖B公司的公章,但落款处填写D公司名称。(3)关于《项目报价表》投标响应,三家公司均在投标总价一栏填写"2 700 000元(贰佰柒拾万元整)",且在备注一栏均填写"服务期限为1年(365个日历日)",以上响应内容均应为供应商根据实际情况进行报价以及认为需要对报价、其他内容加以说明时,才应在备注栏填写,而针对以上自主填写的部分,三家公司填写的内容、表述均一致。(4)关于"投标人同类项目业绩情况"投标响应,招标文件未提供参考模板,但S公司与D公司在内容表述上存在非正常一致的情况。另查,B公司与D公司的法定代表人均为顾某,且顾某是S公司的股东,其在接受财政部门询问调查时承认在本项目的招标公告发布后,其就有关投标报价与上述三家公司进行协商并统一报价,要求三家公司若参与本项目的投标活动,投标报价须为2 700 000元。

[处理理由]

B公司、S公司和D公司属于典型的串通投标情形。第一,B公司与D公司的法定代表人为同一人,即顾某,且此人同时为S公司的股东。第二,根据顾某的询问笔录,足以证明三家供应商就有关投标报价进行协商。第三,S公司投标文件中《投标文件签署授权委托书》加盖深圳市B公司的公章以及落款处填写D公司名称。第四,B公司、S公司和深圳市D公司在投标文件上出现内容表述非正常一致,且无法提供合理解释。因此,基于以上事实,上述三家公司的行为应当认定为串通投标行为。

[处理结果]

依据《深圳经济特区政府采购条例》第五十七条第(五)项以及《深圳经济特区政府采购条例实施细则》第七十七条第(二)项、第七十九条第(二)项和第(五)项规定,财政部门决定对B公司、S公司和D公司作出罚款和取消参与深圳市政府采购资格的行政处罚。

相关当事人在法定期限内未就该行政处罚提起行政复议和行政诉讼。

六、"××等仪器设备一批项目"政府采购投诉案

[关键词]虚假资料;网站信息;侵犯知识产权;举证责任

[案例要旨]判断供应商在采购活动中所投产品是否符合招标要求,产品网站宣传资料不能作为认定事实的唯一依据,在没有其他实质性证据(如生产商的声明等)否定中标产品满足招标文件的要求情况下,投诉人承担举证不能的责任。政府采购

投诉处理的事项范畴限于政府采购招投标活动,供应商与第三人之间的民事纠纷(如侵权纠纷)等不属于财政部门监管范围,相关当事人应另寻合法途径解决。

[相关法条]《中华人民共和国政府采购法》第七十七条;《深圳经济特区政府采购条例》第五十七条;《政府采购质疑和投诉办法》(财政部令第 94 号)第二十五、二十九条。

[基本案情]

2019 年 8 月,采购人 Y 就"××等仪器设备一批项目"(以下简称"本项目")进行公开招标。经专家评审 B 公司为中标供应商。A 公司对中标结果提起质疑。招标机构市采购中心作出不支持质疑事项的答复。A 公司遂向财政部门提起投诉,投诉事项为:(1)中标人 B 公司所投产品的生产厂商官网显示该产品不符合招标要求,中标人涉嫌提供虚假产品应标。(2)中标人非法盗用其他公司的产品图片用以投标,涉嫌提供虚假资料应标,侵犯他人知识产权。

财政部门核实,B 公司所投产品的生产厂商证实其产品能满足招标要求,且其官网未将产品相关信息全部展示。B 公司投标文件所用第三方公司的产品图片来源合法,未有证据证明其为虚假资料。

[处理理由]

关于投诉事项(1),生产厂商官网中关于产品的信息展示不能作为产品是否实际符合招标要求的唯一证据材料。货物类政府采购活动中,供应商所投产品是否符合招标文件要求,在评审阶段是由评审专家根据供应商投标文件所响应的产品信息及相关资料进行专业判断的。投诉处理阶段,投诉人根据投标文件之外的材料主张中标人产品不满足招标文件要求时,须承担举证责任。生产厂商官网中关于产品的信息展示不能作为产品是否实际符合招标要求的唯一证据材料。因为网站信息的全面性、客观性有待核实,在没有其他实质性证据(如生产厂商的声明等)否定产品的前提下,财政部门不予支持投诉人的投诉。

关于投诉事项(2),财政部门有义务调查投标文件资料的真伪性,但无权解决相关的知识产权侵权争议。本案中,财政部门仅需对中标人提供的第三方图片是否为虚假资料进行调查并作出判断。在投诉人没有提供证据证明该图片是虚假资料的情况下,投诉人应承担举证不能的责任。供应商投标文件中使用第三方的资料(如图片)是否侵犯第三方权利(如知识产权等)不属于财政部门政府采购投诉受理范围,投诉人应另寻法律路径解决。

[处理结果]

根据《政府采购质疑和投诉办法》(财政部令第 94 号)第二十九条第(二)项的规定,投诉事项(1)、(2)缺乏事实依据,驳回投诉。

相关当事人在法定期限内未就该投诉处理提起行政复议和行政诉讼。

七、"××家庭保险"项目政府采购投诉案

[关键词]重大违法行为;数额较大罚款;听证

[案例要旨]《中华人民共和国行政处罚法》第四十二条"较大数额罚款"作为《中华人民共和国政府采购法》第二十二条中"重大违法行为"中罚款的认定标准。"较大数额罚款"是指达到了相关行政部门在作出处罚前依法应当告知当事人有权要求听证的罚款。

[相关法条]《中华人民共和国行政处罚法》第四十二条;《中华人民共和国政府采购法》第二十二条;《中华人民共和国政府采购法实施条例》第十九条;《中国保险监督管理委员会行政处罚程序规定》(2015年修订)第四十五条;《中国保险监督管理委员会行政处罚程序规定》(2017年修订)第四十七条。

[基本案情]

2019年12月2日,J单位就该单位"××家庭保险"项目(以下称"本项目")进行公开招标。经过评审委员会评审,R公司为中标供应商。后因其他供应商质疑成立,R公司及其他2家供应商投标无效,本项目因有效供应商不足法定数量而招标失败。

后R公司向财政部门提起投诉,称其不应被认定存在"重大违法行为",其投标文件不应被视作无效投标处理。

财政部门依法受理本案,审查中发现,R公司因违反《中华人民共和国保险法》的相关规定于2016年10月25日被保险业监管部门罚款40万元。

[处理理由]

《中华人民共和国政府采购法》第二十二条第(五)项规定了供应商参加政府采购活动应当具备的条件之一"参加政府采购活动前三年内,在经营活动中没有重大违法记录"。《中华人民共和国政府采购法实施条例》第十九条第(一)款规定"政府采购法第二十二条第一款第五项所称重大违法记录,是指供应商因违法经营受到刑事处罚或者责令停产停业、吊销许可证或者执照、较大数额罚款等行政处罚"。本案的争议焦点为R公司被保险业监管部门作出的行政处罚罚款40万元,是否属于《中华人民共和国政府采购实施条例》第十九条规定的"较大数额罚款"。

由财政部编著、中国财政经济出版社出版的《〈中华人民共和国政府采购法实施条例〉释义》一书提及"当事人有要求举行听证权利的行政处罚,即是政府采购中供应商的重大违法记录"的阐述和释义,其明确指出应当根据《行政处罚法》的规定来认定《政府采购法实施条例》中的重大违法记录。其解释具有一定权威性,对如何理解《政府采购法实施条例》有着重大指导和参考意义。因此,根据《行政处罚法》第四十二条"行政机关作出责令停产停业、吊销许可证或者执照、较大数额罚款等行政处罚决定之前,应当告知当事人有要求举行听证的权利"规定,"较大数额罚款"是指达到了相

关行政部门在作出处罚前依法应当告知当事人有权要求听证的罚款。财政部门在认定"较大数额罚款"标准时，一直采用该标准。

本案中，R公司被行政处罚罚款40万元人民币是否属于"较大数额罚款"是财政部门需认定的情形，该认定结论直接影响涉案项目采购结果。

经查，《中国保险监督管理委员会行政处罚程序规定》（2015年修订）第四十五条及《中国保险监督管理委员会行政处罚程序规定》（保监会令〔2017〕1号）第四十七条均规定，对保险机构及保险资产管理机构法人处以100万元以上的罚款或者对其分支机构处以20万元以上的罚款，应告知当事人有要求举行听证的权利。因此，对保险机构法人的分支机构而言，20万元以上罚款，有要求举行听证的权利。在我国行政处罚实务中，普遍认为进入"听证程序"是行政处罚程度轻重的分界线。因此，R公司被保险业监管部门罚款40万元属于重大违法记录。

[处理结果]

R公司受到行政处罚决定是在本项目投标截止日前三年内作出并形成违法记录，已构成《中华人民共和国政府采购法》第二十二条第（五）项规定的"重大违法记录"，其不具备参加政府采购活动的资格。

相关当事人在法定期限内未就该投诉处理提起行政复议和行政诉讼。

本章小结

公共项目采购是在项目领域内各级国家机关、事业单位和团体组织使用财政性资金，以购买、租赁、委托、雇用等方式有偿取得依法制定的集中采购目录以内的或者采购限额标准以上的货物、工程和服务的行为。

按照是否具备招标性质即项目采购金额是否达到一定标准，可将公共项目采购划分为招标性采购和非招标性采购。招标性采购是指采购人作为招标方事先提出货物、工程或服务的采购条件和要求，邀请投标人参加投标，然后由采购人按照规定程序和标准从投标人中选择最优交易对象、与之签订交易合同的市场行为。招标性采购方式招标方式通常分为公开招标、邀请招标两种方式。公共项目非招标采购方式包括竞争性谈判、单一来源采购和询价采购三种。

建设工程招标投标的一般方法和流程是招标人发布采购信息，招标人预审潜在投标人资格，招标人编制并发布招标文件，投标人编制和递交投标文件，开标、评标与中标，签订合同等。

评标方法与步骤主要包括成立评标委员会、准备与初步评审、详细评审和推荐中标候选人、定标四个环节。

关键术语

政府采购　招标性采购　非招标性采购　公开招标　邀请招标　单一来源采购
询价开标　评标　中标

复习思考题

　　1.相对于私人项目采购,公共项目采购具有哪些特点?

　　2.试述公共项目招标采购的功能。

　　3.试比较公开招标与邀请招标的不同之处。

　　4.试述竞争性谈判、单一来源采购和询价采购的适用情形。

　　5.公共项目开展施工招标工作应具备哪些基本条件?

　　6.试述建设工程招标投标的一般方法和流程。

　　7.试述评标方法与步骤。

第八章 公共项目合同管理

本章导读

契约订立与执行既是公共项目组织实施中的重要环节,也是公共项目采购的法治保障。公共项目契约订立固然重要,但契约履行与纠纷处理实施难度更大。结合项目合同理论,本章介绍公共项目契约签订与执行的内涵及一般方法。

知识结构

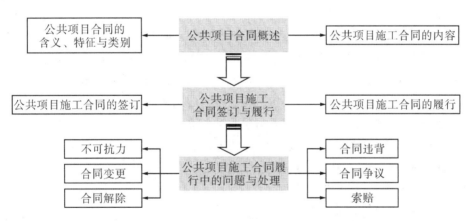

重点问题

☆ 公共项目合同的含义与分类 ☆ 公共项目合同的内容

☆ 公共项目合同的签订 ☆ 公共项目合同的履行

☆ 施工合同履行中的问题 ☆ 施工合同履行中问题的处理

公共项目合同是承发包双方行为的准则，是建设项目实施阶段进行社会监理的依据，在公共项目管理中具有十分重要的意义。公共项目合同在法律上的作用主要体现为保护承发包双方的权益，为追究违反项目合同责任提供法律标准，为调解、仲裁和审理项目合同纠纷提供依据。

第一节　公共项目合同概述

一、公共项目合同含义、特征与类别

（一）公共项目合同的含义

依据合同法，合同是平等主体的自然人、法人以及其他组织之间设立、变更、终止民事权利义务关系的协议，具有合法性、平等性、一致性、约束性等属性。合同当事人依法享有自愿订立合同的权利，体现为一方面订立行为不受任何单位和个人非法干预，另一方面订立双方中的任何一方不受另一方意志强加。合同当事人订立、履行合同时必须遵守法律、行政法规，尊重社会公德，不扰乱社会经济秩序，不损害社会公共利益。订立合同后依法成立的合同受法律保护，体现为合同当事人依法接受合同约束，按照约定履行自己的义务，不得擅自变更或者解除合同。

项目合同是项目业主或其代理人与项目实施各个阶段提供货物、服务及工程的对方当事人之间缔结的合同，是项目当事人为完成一个确定的项目目标或规定的内容而就相互权利、责任和利益关系达成的协议。

（二）公共项目合同的特征

相对于一般合同，包括公共项目在内的项目合同具有以下特征。

1.合同主体多元

项目合同签订和实施过程涉及多元主体，包括项目业主或其代理人、施工单位、监理单位、设计单位、材料供应单位、设备加工单位，以及银行、保险等众多单位。合同主体的多元性决定了项目合同主体间具有较为复杂的关系，这些关系都要通过经济合同来体现和确定。

2.合同标的物特殊

项目合同标的物是任务，是活动，具有流动性。项目合同标的物尽管体现为单件性，但结构大都复杂。项目合同标的物中的建筑产品体积庞大，施工过程消耗资源多,受自然环境条件的影响大,不确定性强。

3.合同履行周期长

由于项目尤其是工程建设项目必须"按部就班"地进行,所以项目合同履行也必须渐进,这造成项目合同履行周期长。合同履行周期长要求项目管理人员随时依据实际情况对合同进行管理,确保合同顺利履行。实践当中,如何在长时间内保证当事人适时履行合同约定的责任,始终是项目合同管理的焦点问题之一。

4.合同内容繁多

项目尤其是工程项目合同主体的多元性、标的物的特殊性决定了项目合同内容的庞杂。项目内容除了包括比较复杂的有关项目范围、项目进度、项目质量、项目成本等的条款之外,还包括保险、税收、文物、专利等特殊条款。合同内容多要求当事人在签订项目合同时统筹考虑,仔细斟酌条款以避免合同失败。

5.合同管理复杂

项目合同签订和履行过程中涉及众多利益相关方,各相关方之间关系复杂。项目业主可能直接管理合同,也可能派代表或雇请的咨询机构的人员代为管理;承包方可能直接履行合同,也可能委托分包方承担材料供应、构配件生产和设备加工任务等。在某些大型和巨型工程项目中,项目业主会同几家、十几家甚至几十家国内和国外承包人签订合同,而后者又可能同更多分包单位签订合同,形成一个项目合同网络。事实上,项目合同管理正朝着项目契约治理方向发展。

6.合同多变

项目在实施过程中经常会出现变更设计或修改合同条款的情况,为此项目管理人员必须做好合同记录,为索赔、变更或终止合同提供依据。项目合同多变性决定了项目合同风险比一般合同风险大。

(三)公共项目合同类别

公共项目合同通常可按照合同包括的项目范围和承包关系、计价方式、承包范围等方式划分为不同类别。

1.按合同所包括的项目范围和承包关系划分

按合同所包括的项目范围和承包关系划分,公共项目合同可分为工程总承包合同(业主与总承包商)、工程分包合同(总承包商与分承包商)、转包合同(承包商之间)、劳务分包合同(包工不包料合同)、劳务合同(承包商雇佣劳务)、联合承包合同(两个或两个以上合作单位)等。

工程总承包合同是建设单位(业主)与承包人签订,由后者承担工程建设全过程包括方案选择、总体规划、可行性研究、工程勘测、设计、施工以及材料、设备供应等责任的合同。对于工业建设项目,工程总承包合同中的承包人还承担试运转、试生产、最终向建设单位(业主)移交使用(交钥匙)等责任。

工程分包合同是总承包单位承包建设工程后,将总承包合同允许分包的工程再发包给其他承包人,并与其他承包人签订的合同。总承包人与其他承包人签订分包合同后,仍承担总承包合同所规定的责任。

转包合同是中标单位将与发包人签订的合同所规定的权利、义务和风险转由其他承包人来承担,实质是承包人转让承包权。转包的法律后果是承包人成为新的发包人。我国法律禁止承包人向第三人转包。

劳务分包合同又被称为包工不包料合同或叫包清工合同,是施工总承方或者专业工程分包方将其承包工程中的劳务作业发包给劳务分包单位的合同。在建筑行业内,甲施工单位承揽工程并购买材料,再请乙劳务施工单位负责承办招募工人施工,即为劳务分包。

劳务合同是劳动服务提供人与劳动服务接受人依照法律规定签订的合同,工程项目劳务合同是承包人或分包人雇佣劳动服务时与受雇者签订的合同。

联合承包合同是两个或两个以上合作单位以承包人的名义共同承担项目的全部工作而与发包人签订的合同。联合承包合同依不同的联合方式而分为合伙承包合同和合资承包合同,其中合伙承包合同是各合伙单位作为承包合同的一方共同对业主负责,且相互承担连带责任;合资承包合同是各承包人共同组成具有独立法人资格的实体即合资承包公司,以自己独立法人地位向业主负责。

2.按计价方式划分

按计价方式划分,公共项目合同可分为固定总价合同、计量估价合同、单价合同、成本加酬金合同等。

(1)固定总价合同

固定总价合同又称为"闭口合同""包死合同",其合同总价一经约定,除非业主增减工程量和设计变更,否则总价一律不得调整。合同总价是完成合同约定范围内工程量以及为完成该工程量而实施的全部工作的总价款。相比于其他合同,固定总价合同的特点是工程造价易于结算,工程量与价格风险主要由承包商承担,承包商索赔机会少,合同总价一次包死、总价优先。固定总价合同比较适合于工程范围清楚明确的工程项目、合同履行周期短的小型工程项目、工程结构相对简单即技术不太复杂的工程项目,以及工程虽比较复杂但投标期相对宽裕的工程项目。

(2)计量估价合同

计量估价合同是以最终工程量和单价表为计算包价依据的合同,是由发包人在招标文件中提供较为详细的工程清单,由承包人填报单价,再以工程量清单和单价表为依据计算出总造价。

(3)单价合同

单价合同又被称为单价不变合同,是指由合同确定的实物工程量单价在合同有效期间原则上不变并且要作为工程结算时所用的单价,而工程量则按实际完成的数量结算的量变价不变的合同。单价合同适用于内容和设计指标不能十分确定,或工程量出入较大,或工程某些施工条件尚不完全清楚的工程项目。单价合同通常有近似工程量单价合同、纯单价合同、单价与子项包干混合式合同三种类型。

第一,近似工程量单价合同。对于此类合同,业主在准备招标文件时,委托咨询单位按分部、分项工程的相关子项列出工程量表并填入估算的工程量,承包商投标时,在工程量表中填入各子项的单价,并计算出总价作为投标报价之用。但在项目实施过程中,在每月结账时,以实际完成的工程量结算。在工程全部完成时以竣工图最终结算工程的价款。有的合同中规定,当某一子项工程的实际工程量比招标文件中估算的工程量相差超过一定百分比时,双方可以讨论改变单价,但单价调整的方法和比例最好在订合同时即写明,以免以后发生纠纷。这种合同适用于工期长、技术复杂、实施过程中可能发生较多不可预见因素的工程项目;或业主为了赶工期、缩短项目的施工周期,在初步设计完成后就进行工程招标的项目。

第二,纯单价合同。当设计单位来不及提供施工详图,或虽有施工图,但由于某些原因不能比较准确地估算工程量时,可采用这种合同。招标文件只向投标人给出各分项工程内的工作子项目一览表、工程范围及必要的说明,而不提供工程量,承包商只要给出表中各项目的单价即可。将来施工时按实际工程量计算。有时也可由业主一方在招标文件中列出单价,而投标一方提出修正意见,双方磋商后确定最后的承包单价。这种合同适用于没有施工图纸或工程量不明确,却因工程工期紧迫、急于开工的项目。

第三,单价与子项包干混合式合同。以估计工程量单价合同为基础,但对其中某些不易计算工程量的分项工程(如施工中小型设备的购置与安装调试等),则采用子项包干办法,而对能用某种单位计算工程量的,均要求报单价,在结账时,则按实际完成工程量及工程量表中的单价结账。很多大中型土木工程都采用这种方式。

单价合同的优点是,对于业主来说,可以减少招标准备工作;缩短招标准备时间,只按工程量表的项目开支,可减少意外开支;只需对少量遗漏的项目在执行合同过程中再报价,结算程序比较简单;投标人具有相同的投标基础,从而便于评标时相互比较单价和总价,有利于决定合格的中标者。对于承包商来说,可根据工程量清单,结合图纸、说明和技术规程等合同文件清楚地了解工程范围、工程规模、工程数量、工作种类、各项工作的内容和标准等信息,从而有利于编制符合实际情况的施工方案。

单价合同的主要缺点是,工程的总造价一直到工程结束前都是动态变化的,特别是当工程师对工程量的估算偏低,或是遇到了一个有经验的、善于运用不平衡报价的承包商时,业主的风险就会更大;当工程量清单中要求的工作内容及标准与图纸或组成合同的其他文件的规定不一致时,承发包双方常常产生工程争端。

(4)成本加酬金合同

成本加酬金合同是发包人向承包人支付工程项目的实际成本,并按事先约定的某一种方式支付酬金的合同。在签订成本加酬金合同时，双方不确定一个具体的合同价格而只确定由管理费、利润及奖金组成的酬金比例，且商定工程最终合同价格按承包人的实际成本加一定比例的酬金计算。成本加酬金合同适用于工程特别复杂的项目，或新型工程项目，或技术方案不能预先确定的项目，或风险极大的项目，或时间特别紧迫、抢险救灾等项目。

成本加酬金合同的主要优点：第一，项目业主不必等待所有施工图完成再行招标和施工，从而有利于分段施工从而缩短工期；第二，合同风险比固定总价合同的低，因而有利于减少承包商的对立情绪，提升其签约履约积极性；第三，项目业主可借助承包方的施工技术专家改进和弥补设计中存在的不足；第四，有利于项目业主较为深入地介入施工和管理；第五，有利于项目业主通过确定最大保证价格以约束成本，进而转移一部分项目资金风险。其主要缺点是项目业主不易控制工程造价，承包人因项目设计未完成而难以对工程计划作出合理安排。

成本加酬金合同有许多种形式，其中比较常见的有成本加固定费用合同、成本加固定比例费用合同、成本加浮动酬金合同和最大成本加费用合同四种。

第一，成本加固定费用合同。当工作范围和性质基本确定，且总成本虽然估计不准但变化不大时可以采用此种合同。在该合同中，项目业主对施工成本实报实销，并给予施工单位一定数额的奖励即固定费用；当实际成本相对于计划成本的变化超过某一比例时，双方可调整固定费用，否则固定费用不变化。由于不管时间长短，施工方只能得到固定的费用，因此施工方通常会关心缩短工期。

第二，成本加固定比例费用合同。当项目施工范围和性质很难确定、总成本估计不准且变化较大，或工期紧迫、无法按常规编制招标文件进行招投标时，可采用该类合同。在这种合同中，项目业主对施工成本实报实销，并给予施工单位成本的一定比例作为奖励。由于报酬费用总额随成本加大而增加，所以成本加固定比例费用合同不利于缩短工期和降低成本。

第三，成本加浮动酬金合同。在招标时招标方不能确定合同价格而只能确定一个估算指标时可采用这种合同。在该类合同中，项目业主对施工成本实报实销，最后根据成本估算指标确定奖金，亦即施工单位节约的成本达到一定比例时奖金增加，超出的成本达到一定比例时奖金减少，超出的成本达到某严重比例时进行惩罚但惩罚金额不超过原定奖金数额。由于施工方为得到更多奖金数额会尽力节约成本，所以成本加浮动酬金合同有利于业主节约投资。

第四，最大成本加费用合同。当设计深度很深时，可以采用这类合同。在该类合同中，投标人报一个最大工程成本总价和一个固定的包括各项管理费、风险费及利润的酬金，当实际成本超过最大成本时，按照合同规定施工单位以一定比例支付；而当实际成本低于最大成本时，按照合同规定施工单位以一定比例获益。最大成本加费用合同有利于业主节约投资，也有利于承包人的施工技术专家改进和弥补设计不足。

3.按承包范围划分

公共项目按承包的工程项目范围可划分为"交钥匙"工程合同、包设计—采购—施工合同、包设计—采购合同、设计合同、施工合同、技术服务合同、劳务承包合同、管理服务合同、咨询服务合同等。

"交钥匙"工程合同是指业主与总承包人之间,就统一承担工程的规划、设计、采购、施工、启动、操作维护、交接而确定相互权利义务的合同。具体而言,承包人负责从设计、施工及设备采购、安装到试生产的全部工作,当项目全部竣工、试生产正常并达到能正常生产的水平后,再把完成的项目交给发包方。在正统的"交钥匙"合同中,买方所购进的是整套工厂、生产设备及其运行操作技术。

包设计—采购—施工合同是去除项目运行启动、操作维护、交接等环节的"交钥匙"工程合同,亦即承包人负责项目规划、设计、采购、施工任务。

设计合同是项目业主与设计单位就项目设计签订的合同。如果一个项目由几个设计单位共同设计,则建设单位通常与主体设计单位签订设计总合同,与配合设计单位签订设计分合同。

施工合同亦称"工程合同"或"包工合同",是发包方和承包方为完成商定的建筑安装工程施工任务,明确相互之间权利、义务关系的合同。

技术服务合同是承包方以自己的技术和劳力为委托方解决特定技术问题,同时发包方接受工作成果并支付约定报酬的合同。在技术服务合同中,合同标的是需要解决的特定技术问题,履行方式是完成约定的专业技术工作,工作成果是有具体的质量和数量指标的知识或实物,工作成果中有关专业技术知识不涉及专利和技术秘密权属问题。

劳务承包合同是建筑行业内承包施工责任单位和负责招募工人施工的施工单位双方依法签订的关于劳务分包的合同。在劳务承包中,承包施工方从发包方获得项目及承包费用,赚取利润并为劳动者发放劳动报酬,劳动者与发包方没有关系。

建设工程项目管理服务合同是承包人受发包人委托处理项目管理事务的合同,如工程建设监理合同等。

咨询服务合同是发包人委托承包人担任临时或者常年技术顾问,或者委托承包人就技术项目提供可行性论证、专题技术调查、技术预测、评价而订立的合同。

二、公共项目施工合同的内容

1913 年成立的国际咨询工程师联合会(法文名称 Fédération Internationale Des Ingénieurs Conseils,法文缩写 FIDIC;英文名称 International Federation of Consulting Engineers;中文音译为"菲迪克"),是全球最权威的工程师组织,我国于 1996 年加入该组织。FIDIC 下设的众多专业委员会编制的用于国际工程承包合同的许多规范性文件被 FIDIC 成员国广泛采用,并已发展成为国际公认的标准范本。我国经常采用的 FIDIC 合同范本包括《土木工程施工合同条件》(国际上通称为 FIDIC"红皮书")、《电器和机械工程合同条件》(国际上通称为 FIDIC"黄皮书")、《业主/咨询工程师标准服务协议书》(国际上通称为 FIDIC"白皮书"),以及《设计、建造与交钥匙工程合同条件》(国际上通称为 FIDIC"橘皮书")和《土木工程施工分包合同条件》。FIDIC 合同的优点包括:第一,脉络清晰,逻辑性强,不留模棱两可之词,使任何一方都无隙可乘,承包人和业主公平合理分担风险;第二,不仅对承包人和业主的权利义务和工程师职责权限有明确规定,使合同双方的义务权利界限分明,而且使工程师职责权限清楚,能够避免合同执行中产生过多的纠纷和索赔事件;第三,被世界大多数国家采用,被大多数承包人所熟悉,又被世界银行和其他金融机构推荐,因此有利于实行国际竞争性招标;第四,对于确保工程质量、合理控制工程费用和工期具有良好的效果,有利于合同管理。

我国住房和城乡建设部在 2017 年依据《中华人民共和国合同法》《中华人民共和国建筑法》《中华人民共和国招标投标法》以及相关法律法规,制定了《建设工程施工合同(示范文本)》,将建设工程施工合同内容分为合同协议书、通用合同条款和专用合同条款三部分。

示范文本中的合同协议书共计 13 条,主要包括工程概况、合同工期、质量标准、签约合同价和合同价格形式、项目经理、合同文件构成、承诺以及合同生效条件等重要内容,集中约定了合同当事人基本的合同权利义务。

通用合同条款是合同当事人根据《中华人民共和国建筑法》《中华人民共和国合同法》等法律法规的规定,就工程建设的实施及相关事项,对合同当事人的权利义务作出的原则性约定。通用合同条款共计 20 条,具体为一般约定、发包人、承包人、监理人、工程质量、安全文明施工与环境保护、工期和进度、材料与设备、试验与检验、变更、价格调整、合同价格、计量与支付、验收和工程试车、竣工结算、缺陷责任与保修、违约、不可抗力、保险、索赔和争议解决。这些条款安排既考虑了现行法律法规对工程建设的有关要求,也考虑了建设工程施工管理的特殊需要。

专用合同条款是对通用合同条款原则性约定的细化、完善、补充、修改或另行约定的条款。合同当事人可以根据不同建设工程的特点及具体情况,通过双方的谈判、协商对相应的专用合同条款进行修改补充。在使用专用合同条款时,专用合同条款的编号与相应的通用合同条款的编号一致;合同当事人可以通过对专用合同条款的修改,满足具体建设工程的特殊要求,避免直接修改通用合同条款;在专用合同条款中有横道线的地方,合同当事人可针对相应的通用合同条款进行细化、完善、补充、修改或另行约定;如无细化、完善、补充、修改或另行约定,则填写"无"或划"/"。

以下是从《建设工程施工合同(示范文本)》截取的关于工期和进度的合同协议书、通用合同条款、专用合同条款具体内容(为保持文本真实性,对涉及的具体条目未做改动——编者注)。

1.合同协议书中合同工期具体内容(示范文本):

计划开工日期:_____年_____月_____日。

计划竣工日期:_____年_____月_____日。

工期总日历天数:_____天。工期总日历天数与根据前述计划开竣工日期计算的工期天数不一致的,以工期总日历天数为准。

2.通用合同条款中合同工期和进度具体内容(示范文本)

(1)施工组织设计

①施工组织设计的内容

施工方案;施工现场平面布置图;施工进度计划和保证措施;劳动力及材料供应计划;施工机械设备的选用;质量保证体系及措施;安全生产、文明施工措施;环境保护、成本控制措施;合同当事人约定的其他内容。

②施工组织设计的提交和修改

除专用合同条款另有约定外,承包人应在合同签订后 14 天内,但至迟不得晚于第 7.3.2 项[开工通知]

[本例中具体条目详见《建设工程施工合同(示范文本)》,下同——编者注]载明的开工日期前 7 天,向监理人提交详细的施工组织设计,并由监理人报送发包人。除专用合同条款另有约定外,发包人和监理人应在监理人收到施工组织设计后 7 天内确认或提出修改意见。对发包人和监理人提出的合理意见和要求,承包人应自费修改完善。根据工程实际情况需要修改施工组织设计的,承包人应向发包人和监理人提交修改后的施工组织设计。

施工进度计划的编制和修改按照第(2)款"施工进度计划"执行。

(2)施工进度计划

①施工进度计划的编制

承包人应按照第 7.1 款"施工组织设计"约定提交详细的施工进度计划,施工进度计划的编制应当符合国家法律规定和一般工程实践惯例,施工进度计划经发包人批准后实施。施工进度计划是控制工程进度的依据,发包人和监理人有权按照施工进度计划检查工程进度情况。

②施工进度计划的修订

施工进度计划不符合合同要求或与工程的实际进度不一致的,承包人应向监理人提交修订的施工进度计划,并附具有关措施和相关资料,由监理人报送发包人。除专用合同条款另有约定外,发包人和监理人应在收到修订的施工进度计划后 7 天内完成审核和批准或提出修改意见。发包人和监理人对承包人提交的施工进度计划的确认,不能减轻或免除承包人根据法律规定和合同约定应承担的任何责任或义务。

（3）开工

①开工准备

除专用合同条款另有约定外，承包人应按照第7.1款"施工组织设计"约定的期限，向监理人提交工程开工报审表，经监理人报发包人批准后执行。开工报审表应详细说明按施工进度计划正常施工所需的施工道路、临时设施、材料、工程设备、施工设备、施工人员等落实情况以及工程的进度安排。

除专用合同条款另有约定外，合同当事人应按约定完成开工准备工作。

②开工通知

发包人应按照法律规定获得工程施工所需的许可。经发包人同意后，监理人发出的开工通知应符合法律规定。监理人应在计划开工日期7天前向承包人发出开工通知，工期自开工通知中载明的开工日期起算。

除专用合同条款另有约定外，因发包人原因造成监理人未能在计划开工日期之日起90天内发出开工通知的，承包人有权提出价格调整要求，或者解除合同。发包人应当承担由此增加的费用和（或）延误的工期，并向承包人支付合理利润。

（4）测量放线

①除专用合同条款另有约定外，发包人应在至迟不得晚于第7.3.2项"开工通知"载明的开工日期前7天通过监理人向承包人提供测量基准点、基准线和水准点及其书面资料。发包人应对其提供的测量基准点、基准线和水准点及其书面资料的真实性、准确性和完整性负责。

承包人发现发包人提供的测量基准点、基准线和水准点及其书面资料存在错误或疏漏的，应及时通知监理人。监理人应及时报告发包人，并会同发包人和承包人予以核实。发包人应就如何处理和是否继续施工作出决定，并通知监理人和承包人。

②承包人负责施工过程中的全部施工测量放线工作，并配置具有相应资质的人员、合格的仪器、设备和其他物品。承包人应矫正工程的位置、标高、尺寸或准线中出现的任何差错，并对工程各部分的定位负责。

施工过程中对施工现场内水准点等测量标志物的保护工作由承包人负责。

（5）工期延误

①因发包人原因导致工期延误

在合同履行过程中，因下列情况导致工期延误和（或）费用增加的，由发包人承担由此延误的工期和（或）增加的费用，且发包人应支付承包人合理的利润：发包人未能按合同约定提供图纸或所提供图纸不符合合同约定的；发包人未能按合同约定提供施工现场、施工条件、基础资料、许可、批准等开工条件的；发包人提供的测量基准点、基准线和水准点及其书面资料存在错误或疏漏的；发包人未能在计划开工日期之日起7天内同意下达开工通知的；发包人未能按合同约定日期支付工程预付款、进度款或竣工结算款的；监理人未按合同约定发出指示、批准等文件的；专用合同条款中约定的其他情形。

因发包人原因未按计划开工日期开工的,发包人应按实际开工日期顺延竣工日期,确保实际工期不低于合同约定的工期总日历天数。因发包人原因导致工期延误需要修订施工进度计划的,按照第7.2.2项"施工进度计划的修订"执行。

②因承包人原因导致工期延误

因承包人原因造成工期延误的,可以在专用合同条款中约定逾期竣工违约金的计算方法和逾期竣工违约金的上限。承包人支付逾期竣工违约金后,不免除承包人继续完成工程及修补缺陷的义务。

(6)不利物质条件

不利物质条件是指有经验的承包人在施工现场遇到的不可预见的自然物质条件、非自然的物质障碍和污染物,包括地表以下物质条件和水文条件以及专用合同条款约定的其他情形,但不包括气候条件。

承包人遇到不利物质条件时,应采取克服不利物质条件的合理措施继续施工,并及时通知发包人和监理人。通知应载明不利物质条件的内容以及承包人认为不可预见的理由。监理人经发包人同意后应当及时发出指示,指示构成变更的,按第10条"变更"约定执行。承包人因采取合理措施而增加的费用和(或)延误的工期由发包人承担。

(7)异常恶劣的气候条件

异常恶劣的气候条件是指在施工过程中遇到的,有经验的承包人在签订合同时不可预见的,对合同履行造成实质性影响的,但尚未构成不可抗力事件的恶劣气候条件。合同当事人可以在专用合同条款中约定异常恶劣的气候条件的具体情形。

承包人应采取克服异常恶劣的气候条件的合理措施继续施工,并及时通知发包人和监理人。监理人经发包人同意后应当及时发出指示,指示构成变更的,按第10条[变更]约定办理。承包人因采取合理措施而增加的费用和(或)延误的工期由发包人承担。

(8)暂停施工

①发包人原因引起的暂停施工

因发包人原因引起暂停施工的,监理人经发包人同意后,应及时下达暂停施工指示。情况紧急且监理人未及时下达暂停施工指示的,按照第7.8.4项"紧急情况下的暂停施工"执行。

因发包人原因引起的暂停施工,发包人应承担由此增加的费用和(或)延误的工期,并支付承包人合理的利润。

②承包人原因引起的暂停施工

因承包人原因引起的暂停施工,承包人应承担由此增加的费用和(或)延误的工期,且承包人在收到监理人复工指示后84天内仍未复工的,视为第16.2.1项"承包人违约的情形"第(7)目约定的承包人无法继续履行合同的情形。

③指示暂停施工

监理人认为有必要时,并经发包人批准后,可向承包人作出暂停施工的指示,承包人应按监理人指示暂停施工。

④紧急情况下的暂停施工

因紧急情况需暂停施工,且监理人未及时下达暂停施工指示的,承包人可先暂停施工,并及时通知监理人。监理人应在接到通知后24小时内发出指示,逾期未发出指示,视为同意承包人暂停施工。监理人不同意承包人暂停施工的,应说明理由,承包人对监理人的答复有异议,按照第20条"争议解决"约定处理。

⑤暂停施工后的复工

暂停施工后,发包人和承包人应采取有效措施积极消除暂停施工的影响。在工程复工前,监理人会同发包人和承包人确定因暂停施工造成的损失,并确定工程复工条件。当工程具备复工条件时,监理人应经发包人批准后向承包人发出复工通知,承包人应按照复工通知要求复工。

承包人无故拖延和拒绝复工的,承包人承担由此增加的费用和(或)延误的工期;因发包人原因无法按时复工的,按照第7.5.1项"因发包人原因导致工期延误"约定办理。

⑥暂停施工持续56天以上

监理人发出暂停施工指示后56天内未向承包人发出复工通知,除该项停工属于第7.8.2项"承包人原因引起的暂停施工"及第17条"不可抗力"约定的情形外,承包人可向发包人提交书面通知,要求发包人在收到书面通知后28天内准许已暂停施工的部分或全部工程继续施工。发包人逾期不予批准的,则承包人可以通知发包人,将工程受影响的部分视为按第10.1款"变更的范围"第(2)项的可取消工作。

暂停施工持续84天以上不复工的,且不属于第7.8.2项"承包人原因引起的暂停施工"及第17条"不可抗力"约定的情形,并影响到整个工程以及合同目的实现的,承包人有权提出价格调整要求,或者解除合同。解除合同的,按照第16.1.3项"因发包人违约解除合同"执行。

⑦暂停施工期间的工程照管

暂停施工期间,承包人应负责妥善照管工程并提供安全保障,由此增加的费用由责任方承担。

⑧暂停施工的措施

暂停施工期间,发包人和承包人均应采取必要的措施确保工程质量及安全,防止因暂停施工扩大损失。

(9)提前竣工

①发包人要求承包人提前竣工的,发包人应通过监理人向承包人下达提前竣工

指示,承包人应向发包人和监理人提交提前竣工建议书,提前竣工建议书应包括实施的方案、缩短的时间、增加的合同价格等内容。发包人接受该提前竣工建议书的,监理人应与发包人和承包人协商采取加快工程进度的措施,并修订施工进度计划,由此增加的费用由发包人承担。承包人认为提前竣工指示无法执行的,应向监理人和发包人提出书面异议,发包人和监理人应在收到异议后7天内予以答复。任何情况下,发包人不得压缩合理工期。

②发包人要求承包人提前竣工,或承包人提出提前竣工的建议能够给发包人带来效益的,合同当事人可以在专用合同条款中约定提前竣工的奖励。

3.专用合同条款中合同工期和进度具体内容(示范文本)

(1)施工组织设计

①合同当事人约定的施工组织设计应包括的其他内容:_____。

②施工组织设计的提交和修改

承包人提交详细施工组织设计的期限的约定:_____。

发包人和监理人在收到详细的施工组织设计后确认或提出修改意见的期限:_____。

(2)施工进度计划

发包人和监理人在收到修订的施工进度计划后确认或提出修改意见的期限:_____。

(3)开工

①开工准备

关于承包人提交工程开工报审表的期限:_____。

关于发包人应完成的其他开工准备工作及期限:_____。

关于承包人应完成的其他开工准备工作及期限:_____。

②开工通知

因发包人原因造成监理人未能在计划开工日期之日起_____天内发出开工通知的,承包人有权提出价格调整要求,或者解除合同。

(4)测量放线

①发包人通过监理人向承包人提供测量基准点、基准线和水准点及其书面资料的期限:_____。

(5)工期延误

①因发包人原因导致工期延误

因发包人原因导致工期延误的其他情形:_____。

②因承包人原因导致工期延误

因承包人原因造成工期延误,逾期竣工违约金的计算方法为:_____。

因承包人原因造成工期延误,逾期竣工违约金的上限:＿＿＿＿＿＿＿＿＿＿＿＿＿。

(6)不利物质条件

不利物质条件的其他情形和有关约定:＿＿＿＿＿＿＿＿＿＿＿＿＿。

(7)异常恶劣的气候条件

发包人和承包人同意以下情形视为异常恶劣的气候条件:(1)＿＿＿＿＿＿＿＿＿＿＿;(2)＿＿＿＿＿＿＿＿＿＿＿;(3)＿＿＿＿＿＿＿＿＿＿＿。

(8)提前竣工的奖励

提前竣工的奖励内容:＿＿＿＿＿＿＿＿＿＿＿＿＿＿＿＿。

第二节　公共项目施工合同的签订与履行

一、公共项目施工合同的签订

(一)施工合同签订原则

签订施工合同所遵循的原则包括依法签订原则、平等互利协商一致原则、等价有偿原则、严密完备原则、履行法律程序原则等。

依法签订原则是指合同双方依据《中华人民共和国经济合同法》《建筑安装工程承包合同条例》《建设工程合同管理办法》等有关法律、法规签订合同,所签合同内容、形式、签订的程序均符合法规要求,遵守法律、行政法规和社会公德并且不扰乱社会经济秩序、不损害社会公共利益,根据招标文件要求并结合合同实施中可能发生的各种情况进行周密、充分的准备并按照"缔约过失责任原则"保护企业的合法权益。发包方、承包方作为合同的当事人,双方均平等地享有经济权利,平等地承担经济义务,其经济法律地位是平等的,没有主从关系。

平等互利协商一致原则是指发包方、承包方均平等地享有经济权利且平等地承担经济义务,双方经过协商对合同内容达成一致,任何一方不得将自己的意志强加于对方,不得以行政手段干预对方、压服对方。

等价有偿原则是指签约双方经济关系合理、权利义务对等,所签条款充分体现等价有偿原则,亦即一方给付、另一方按价值相等原则作相应给付,一方不无偿占有、使用另一方财产;工期提前、质量全优得到奖励,延误工期、质量低劣得到处罚,提前竣工收益由双方分享等。

严密完备原则是指合同双方充分考虑施工期内各个阶段可能发生的各种情况和

一切容易引起争端的焦点问题,并预先约定解决问题的原则和方法;所制定条款内容完备、无疏漏,措辞严谨、准确、规范;处理合同变更、纠纷、索赔等事项时以严格的合同条款作保证以减少双方矛盾。

履行法律程序原则是指签约双方都具备签约资格、手续健全齐备,签约程序符合法律规定,签订的合同都经过合同管理授权机关鉴证、公证和登记等手续;签约双方都对合同的真实性、可靠性、合法性进行审查并给予确认,确保合同具有法律效力;签约双方代理人超越代理人权限签订的合同无效。

(二)施工合同签订程序

从承包人角度来看,施工合同签订程序包括市场调查建立联系、表明合作意愿投标报价、协商谈判、签署书面合同、鉴证与公证等递进环节。

1.进行市场调查并建立联系

承包人对建筑市场进行调查研究,追踪获取拟建项目的情况和信息以及业主情况,当对某项工程有承包意向时实施进一步详细调查并与业主取得联系。

2.表明合作意愿投标报价

投标单位接到招标单位邀请或公开招标通告后,投标单位领导作出投标决策并在决定投标后指派投标机构向招标单位提出投标申请书、表明投标意向,其后研究招标文件并着手开展具体投标报价工作。

3.协商谈判

接到中标通知书后,投标单位组成包括项目经理在内的谈判小组,由谈判小组依据招标文件和中标书草拟合同专用条款并与发包人就工程项目具体问题进行实质性谈判,以协商方式确立双方具体权利与义务并形成合同条款,最终参照施工合同示范文本和发包人拟定的合同条件与发包人订立施工合同。

4.签署书面合同

在订立施工合同时合同双方采用书面形式,双方确定所使用的文字;如果使用两种以上语言的合同文本,注明各种文本是否具有同等法律效力;详尽具体订立合同内容,明确责任义务,使条款严密完整,准确规范表达文字;确认发包人或其委托代理人的法人资格或代理权限;施工企业经理或委托代理人代表承包方与发包方共同签署施工合同。

5.鉴证与公证

合同签署后,双方在合同规定的时限内完成履约保函、预付款保函、有关保险等保证手续,送交行政管理部门对合同进行鉴证并缴纳印花税,送交公证处对合同进行公证。在经过鉴证、公证后,合同的真实性、可靠性、合法性被确认,合同生效并受到法律保护。

对于发包人而言,其施工合同签订程序同以上承包人签订合同程序相对应。

二、公共项目施工合同的履行

施工合同的履行主体包括发包人和承包人,其中承包人对施工合同的履行在合同履行尤其是公共项目施工合同履行中占据着重要位置。承包人履行施工合同的实际主体主要是项目经理部,该部在项目施工准备、施工、竣工至维修期结束的全过程履行施工合同,动态跟踪收集、整理、分析合同履行中的信息,合理、及时地进行调整,并对合同履行进行预测和检查,发现并解决问题以避免或减少合同风险。

(一)项目经理部履行合同的规定

项目经理部在履行施工合同时主要遵守如下规定:

1.遵守《合同法》《建筑法》规定的各项合同履行原则和规则。

2.行使权利、履行义务时遵循诚实信用原则和坚持全面履行原则。全面履行包括实际履行(按照标的履行)和适当履行(按照合同约定的品种、数量、质量、价款或报酬等履行)。

3.项目经理由企业授权负责组织施工合同的履行,并依据《合同法》规定与业主或监理工程师打交道,进行合同的变更、索赔、转让和终止等工作。

4.如果发生不可抗力致使合同不能履行或不能完全履行时,应及时向本单位报告,并在委托权限内依法及时进行处置。

5.遵守合同对约定不明条款、价格发生变化的履行规则,以及合同履行担保规则和抗辩权、代位权、撤销权的规则。

6.承包人按专用条款的约定分包所承担的部分工程,并与分包单位签订分包合同。非经发包人同意,承包人不能将承包工程的任何部分分包。

7.承包人不能将其承包的全部工程倒手转给他人承包,也不能将全部工程肢解后以分包的名义分别转包给他人。

(二)项目经理部履行合同的内容

项目经理部履行合同的内容主要包括进行合同分析、准备施工、按时进入现场、按期开工、现场施工、接受监理、维权、按期竣工和试运行、做好维修和保护等。

1.进行合同分析。在施工合同履行前项目经理部针对工程的承包范围、质量标准和工期要求,承包人的义务和权利,工程款的结算、支付方式与条件,合同变更、不可抗力影响、物价上涨、工程中止、第三方损害等问题产生时的处理原则和责任承担,以及争议的解决方法等重要问题进行合同分析,对合同内容、风险、重点或关键性问题作出特别说明和提示,向各职能部门人员交底,落实根据施工合同确定的目标,依据施工合同指导工程实施和项目管理等工作。

2.准备施工。项目经理部组织施工力量,研究熟悉设计图纸及有关文件资料,多方筹集足够的流动资金,编制施工组织设计、进度计划、工程结算付款计划等。

3.按时进入现场、按期开工。项目经理部制订科学的周密的材料、设备采购计划,采购符合质量标准的价格低廉的材料、设备,按施工进度计划,及时进入现场,搞好供应和管理工作,保证顺利开工。

4.现场施工。项目经理部按设计图纸、技术规范和规程组织施工;作好施工记录,按时报送各类报表;进行各种有关的现场或实验室抽检测试,保存好原始资料;制定各种有效措施,采取先进的管理方法,全面保证施工质量达到合同要求。

5.接受监理。项目经理部履行合同中关于接受监理工程师监督的规定,包括有关计划、建议须经监理工程师审核批准后方可实施;有些工序必须在监理工程师监督下执行,同时所做记录或报表要得到监理工程师签字确认;依照监理工程师的要求报送各类报表、办理各类手续;执行监理工程师的指令,接受一定范围内的工程变更要求等。项目经理部和承包人在履行合同中还要自觉接受公证机关、银行等行政管理部门监督。

6.维权。项目经理部在履行合同期间注意搜集、记录对方当事人违约事实的证据,即对发包方或业主履行合同进行监督,作为索赔的依据。

7.按期竣工和试运行。项目经理部确保项目按期竣工,并对工程结果进行试运行以检验项目质量;若检验后项目质量达到合同要求,则项目经理部将项目成果交付给业主并收回工程价款。

8.做好维修和保护等。按合同规定,作好合同责任期内的项目结果维修、保修和质量回访工作。对因承包人责任而引起的工程质量问题,承包人负责无偿解决。

对发包人而言,其履行施工合同的规定和内容同以上承包人履行施工合同时的规定和内容相对应。

第三节 施工合同履行中的问题及处理

施工项目合同履行过程中经常会遇到不可抗力问题,合同变更、解除、违背、争议、索赔等问题。

一、不可抗力

不可抗力是合同当事人不能预见、不能避免并不能克服的客观情况。工程施工中的不可抗力通常包括因战争、动乱、空中飞行物坠落或其他非发包方和非承包方责任造成的爆炸、火灾等灾害情况,专用条款中约定会出现的风、雪、雨、洪水、地震等自然灾害,以及政府行为、社会异常事件等。

在订立合同时,发包方和承包方通常明确不可抗力的范围以及双方相应承担的责任,以便于在合同履行中加强对不可抗力的管理。当事人一方因不可抗力而不能履行合同时,有义务及时通知对方以减轻可能给对方造成的损失,并在合理期限内提供不可抗力证明。

不可抗力发生后,承包人应在力所能及的条件下迅速采取措施以尽量减少损失,并在不可抗力事件发生过程中每隔 7 天向工程师报告一次受害情况;不可抗力事件结束后 48 小时内,承包人向监理工程师通报受害情况和损失情况,以及预计清理和修复的费用;14 天内向监理工程师提交清理和修复费用的正式报告。

因不可抗力事件导致的费用及延误的工期由合同双方承担责任。具体而言,第一,工程本身的损害、因工程损害导致第三方人员伤亡和财产损失以及运至施工现场用于施工的材料和待安装设备的损害,由发包人承担;第二,发包方、承包方人员伤亡由其所在单位负责,并承担相应费用;第三,承包人机械设备损坏及停工损失由承包人承担;第四,停工期间,承包人应监理工程师要求而留在施工场地的必要的管理人员及保卫人员的费用由发包人承担;第五,工程所需清理、修复费用由发包人承担;第六,延误的工期相应顺延。因合同一方迟延履行合同后发生不可抗力的,不能免除迟延履行方的相应责任。

二、合同变更

合同变更是指合同当事人依法对原合同进行修改和补充,亦即当事人在履行合同过程中因实施条件或相关因素发生变化而不得不对原合同的某些条款作出修改、订正、删除或补充。合同变更一经完成,原合同中的相应条款随即解除。合同变更的实质是合同条件发生改变时合同双方就各自责、权、利进行调整,以弥补原合同条款相对于新情况的不足。

合同变更通常由监理工程师提出变更指令,其行为不同于《建设工程施工合同(示范文本)》的"工程变更"或"工程设计变更",后者是指由发包人提出并报规划管理部门和其他有关部门重新审查批准的变更。

(一)合同变更理由

合同变更的原因通常包括施工工程量增加或减少,工程资料及特性发生变更,工程标高、基线、尺寸等发生变更,工程环节删减,永久工程出现附加工作,设备、材料和服务发生变更等。

（二）合同变更原则

合同变更一般遵循以下原则。第一，合同双方都遵守合同变更程序，单方面擅自更改合同条款无效。第二，合同变更需经过有关专家包括监理工程师、设计工程师、现场工程师等协商论证。在确认合同变更具有合理性、可行性而且变更引起的进度和费用变化能够被落实后，变更才可实施。第三，合同变更次数尽可能少，尽早并且在成因发生后一定时限内被提出，以避免或减少变更对工程建设造成的影响和损失。第四，合同变更书由监理工程师、业主和承包商共同签署，并作为结算工程价款的凭据。紧急情况下，监理工程师可发出口头变更通知，但必须在48小时内追补合同变更书。承包人对合同变更若有不同意见可在10天内书面提出，但业主如果决定继续执行指令，则承包人应继续执行。第五，合同变更所造成的损失，除依法可以免除的外，如果是由于设计错误而造成并且设计所依据的条件与实际不符、图与说明不一致、施工图有遗漏或错误等，应由责任方负责赔偿。

（三）合同变更程序

合同变更程序一般如图8-1所示。

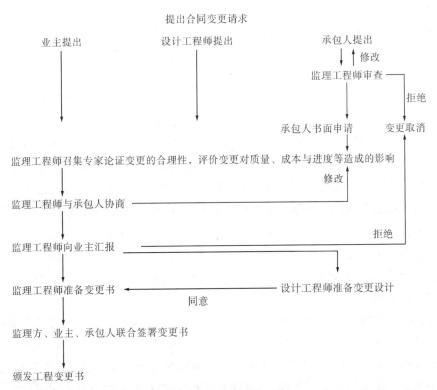

图8-1 合同变更程序示意

业主、设计工程师或承包人提出合同变更申请后,业主、设计工程师的申请直接由监理工程师召集专家进行论证和评价,而承包人提出的申请在由专家进行论证和评价前先由监理工程师进行审查。承包人提出的申请如果被监理工程师审查并要求修改,则承包人提出的申请被修改后以书面形式由专家进行论证和评价。专家对变更申请进行论证和评价后,监理工程师同承包人进行协商,如果承包人认为要进行修改,则承包人修改后的申请书在修改后再次由专家进行论证和评价。在专家对申请书进行论证和评价后认为变更具有合理性,确认变更对质量、成本与进度等造成的影响可控之后,监理工程师将变更申请论证和评价结果向业主汇报。业主同意变更申请后,设计工程师变更设计,监理工程师撰写变更书,监理方、业主、承包人联合签字后,变更完成并生效。

三、合同解除

合同解除是指在合同规定的有效期内合同当事人提出终止合同要求并同时出具包括终止合同的理由和具体内容的申请后,合同双方经协商就提前终止合同达成书面协议并宣布解除双方由合同确定的经济承包关系。

合同解除的理由主要包括以下三个方面。

第一,施工合同当事双方协商,一致同意解除合同关系。

第二,因为不可抗力或者是非合同当事人的原因造成工程停建或缓建,致使合同无法履行。

第三,当事人一方违约致使合同无法履行。当事人有以下违约行为之一时,相对方有权解除合同:其一,发包人不按合同约定支付工程款(进度款)而双方又未达成延期付款协议,导致施工无法进行,且承包人停止施工超过 56 天时发包人仍不支付工程款(进度款),承包人有权解除合同;其二,承包人发生将其承包的全部工程或将其肢解以后以分包的名义分别转包给他人,或将工程的主要部分或群体工程的半数以上的单位工程倒手转包给其他施工单位等转包行为时,发包人有权解除合同;其三,合同当事人一方的其他违约行为致使合同无法履行,合同双方可以解除合同。

当合同当事一方主张解除合同时应向对方发出解除合同的书面通知,并在发出通知前 7 天告知对方,通知到达对方时合同解除。对解除合同有异议时,按照解决合同争议程序处理。

合同解除后的善后处理事项主要包括:第一,合同解除后当事人双方约定的结算和清理条款仍然有效;第二,承包人按照发包人要求妥善做好已完工程和已购材料、设备的保护和移交工作,按照发包人要求将自有机械设备和人员撤出施工现场,发包人应为承包人撤出提供必要条件,支付以上所发生的费用,并按合同约定支付已完工程款;第三,已订货的材料、设备由订货方负责退货或解除订货合同,不能退还的货款和退货、解除订货合同发生的费用,由发包人承担。

四、合同违背

合同违背又称违约,是当事人在执行合同过程中没有履行合同所规定义务的行为。

(一)违约行为和责任

在履行施工合同过程中,主要违约行为和责任包括发包人违约行为和责任、承包人违约行为和责任。

1.发包人违约行为和责任

(1)发包人不按合同约定支付各项价款,或工程师不能及时给出必要的指令、确认,致使合同无法履行。此时发包人承担违约责任,赔偿因其违约给承包人造成的直接损失,延误的工期相应顺延。

(2)发包人未按合同规定的时间和要求提供材料、场地、设备、资金、技术资料等,除竣工日期得以顺延外,还应赔偿承包方因此而发生的实际损失。

(3)发包人原因造成工程中途停建、缓建,或由于设计变更或设计错误造成返工时,发包人应采取措施弥补或减少损失;同时发包人应赔偿承包方因停工、窝工、返工和倒运、人员和机械设备调迁、材料和构件积压等遭受的实际损失。

(4)发包人在工程未经竣工验收就提前使用或擅自动用工程,由此发生的质量问题或其他问题由发包方自己负责解决。

(5)发包方超过承包合同规定的日期进行工程验收时,发包方按合同违约责任条款规定偿付逾期违约金。

2.承包人违约行为和责任

(1)承包人原因造成工程质量不符合合同规定时,承包人负责无偿修理和返工。由于修理和返工造成逾期交付时,承包人偿付逾期违约金。

(2)承包人原因造成工程的交工时间不符合合同规定的期限,承包人按合同违约责任条款偿付逾期违约金。

(3)承包人原因造成发包方提供的材料、设备等丢失或损坏,承包人承担赔偿责任。

(二)违约责任处理原则

1.承担违约责任按"严格责任原则"处理,无论合同当事人主观上是否有过错,只要合同当事人有违约事实亦即有违约行为并造成损失的,就要承担违约责任。

2.在订立合同时,双方在专用条款内约定发(承)包人赔偿承(发)包人损失的计算方法或者发(承)包人支付违约金的数额和计算方法。

3.当事人一方违约后,另一方可按双方约定的担保条款要求提供担保的第三方承担相应责任。

4.当事人一方违约后,另一方要求违约方继续履行合同时,违约方承担继续履行合同、采取补救措施或者赔偿损失等责任。

5.当事人一方违约后,另一方应当采取适当措施防止损失扩大,否则不得就扩大的损失要求赔偿。

6.当事人一方因不可抗力不能履行合同时,对不可抗力的影响部分(或者全部)免除责任,但法律另有规定的除外。当事人延迟履行后发生不可抗力的,不能免除责任。

五、合同争议

合同争议是当事人双方就合同订立、合同履行情况以及不履行合同的后果所产生的纠纷。

(一)施工合同争议的解决方式

合同当事人在履行施工合同时,解决争议、纠纷的方式有和解、调解、仲裁和诉讼等。

1.和解

和解是发生争议的合同当事人依据有关法律规定或合同约定,以合法、自愿、平等为原则,经过谈判和磋商,自愿对争议事项达成协议以解决分歧和矛盾。采取和解方式解决争议的特点是无须第三者介入,简便易行,解决争议及时,能避免当事人经济损失扩大,有利于双方的协作和合同的继续履行。

2.调解

调解是争议的合同当事人在第三方劝说引导下,以合法、自愿、平等为原则,在分清是非的基础上自愿达成协议以解决合同争议。调解有民间调解、仲裁机构调解和法庭调解三种。采取调解方式解决争议的特点是不伤合同当事人和气,有利于今后继续履行合同。

3.仲裁

仲裁也被称为公断,是双方当事人通过协议自愿将争议提交第三者(仲裁机构)裁决,并履行裁决结果。仲裁活动须经双方同意并约定具体的仲裁委员会。仲裁是解决经济合同的一项行政措施,是维护合同法律效力的必要手段,它依据法律、法令及有关政策处理合同纠纷,责令责任方赔偿或对责任方进行罚款,直至追究有关单位或人员的行政责任或法律责任。采取仲裁方式解决争议的特点是可不公开审理争议从而保守当事人的商业秘密,节省费用,对双方当事人日后正常交往的影响较小。

4.诉讼

诉讼是合同当事人发生争议后,任何一方向有管辖权的法院起诉并在后者主持下维护自己的合法权益。采取诉讼方式解决争议的特点是当事人的权利可得到法律严格保护。

除了上述四种主要的解决合同争议方式外,在国际工程承包中出现了一些新的解决合同争议的方式。比如 FIDIC《土木工程施工合同条件》(红皮书)中有关"工程师的决定"规定:业主和承包人之间无论发生何种争端都应首先提交工程师,工程师对争端作出处理决定并将结果通知双方后,如果在规定的期限内双方均未向工程师发出仲裁意向通知,则工程师的决定即被视为最后的决定并对双方产生约束力。又比如在 FIDIC《设计、建造与交钥匙工程合同条件》(橘皮书)中规定:业主和承包人之间无论发生何种争端都应首先以书面形式提交由合同当事人双方共同任命的争端审议委员,争端审议委员会对争端作出决定并通知双方后,如果在规定的期限内双方均未将其不满事宜通知对方,则该决定即被视为最终的决定并对双方产生约束力。以上规定中,无论是工程师的决定还是争端审议委员会的决定都与合同具有同等的约束力,而当任何一方不执行决定时,另一方即可将其不执行决定的行为提交仲裁。"工程师的决定"方式不同于调解,因为这种"决定"不是争端双方达成的协议;也不同于仲裁,因为工程师和争端审议委员会只能以专家的身份作出决定而不能以仲裁人的身份作出裁决,而"决定"的效力不同于仲裁裁决的效力。

当承包人与业主(或分包人)在合同履行的过程中发生争议时,解决争议的首选方式一般是根据平等协商的原则先行和解,尽量取得一致意见。如果双方和解不成,则可要求有关主管部门调解,此时双方如果属于同一部门或行业则可由行业或部门的主管单位负责调解,如果双方不属于同一部门或行业则可由工程所在地的建设主管部门负责调解,若调解无效,则当事人在受到侵害之日起一年之内可将争议送交工程所在地工商行政管理部门的经济合同仲裁委员会进行仲裁。合同当事人处理合同纠纷也可不采取仲裁方式而直接向人民法院起诉。

(二)争议发生后履行合同情况

在一般情况下,发生争议后合同当事人双方都应继续履行合同,保持施工连续,并保护好已完工程。

当发生下列情况时,当事人方可停止履行施工合同:第一,单方违约导致合同确已无法履行,双方协议停止施工;第二,调解要求停止施工,且为双方接受;第三,仲裁机关要求停止施工;第四,法院要求停止施工。

六、索赔

(一)索赔类型

索赔是在项目合同履行过程中,合同一方因不由其负责的原因而支出合同外费用,由此导致该方通过一定的合法途径和程序向合同另一方提出补偿要求。

按索赔对象不同,索赔可划分为施工索赔和商务索赔。施工索赔是因业主或其他非承包人的过失或责任而造成承包人在工程施工中增加合同外费用,由此导致承包人根据合同条款、合法程序要求业主或其他单位赔偿承包人在施工中所遭受的损失。施工索赔通常包括要求延长工期和要求赔偿款项。商务索赔是承包人在采购物资活动中,向供应商、运输商等就物资数量、质量、交货期等方面不符合双方合同规定而提出的索赔。

按索赔依据不同,索赔可划分为合约索赔、合约外索赔和优惠索赔。合约索赔是索赔内容可以在合同内容中找到依据。合约外索赔是索赔内容虽然难以在合同条款中找到依据,但却可以在法律中找到。优惠索赔是当事人对其损失寻找某些优惠性付款,索赔内容既不能在合同中也不能在法律中找到依据。

(二)索赔程序和处理

1.承包人索赔程序和处理

(1)承包人索赔程序

根据合同约定,承包人认为有权得到追加付款和(或)延长工期的,应按以下程序向发包人提出索赔。

①承包人应在知道或应当知道索赔事件发生后28天内,向监理人递交索赔意向通知书,并说明发生索赔事件的事由;承包人未在前述28天内发出索赔意向通知书的,丧失要求追加付款和(或)延长工期的权利。

②承包人应在发出索赔意向通知书后28天内,向监理人正式递交索赔报告;索赔报告应详细说明索赔理由以及要求追加付款金额和(或)延长的工期,并附必要的记录和证明材料。

③索赔事件具有持续影响的,承包人应按合理时间间隔继续递交延续索赔通知,说明持续影响的实际情况和记录,列出累计的追加付款金额和(或)工期延长天数。

④在索赔事件影响结束后28天内,承包人应向监理人递交最终索赔报告,说明最终要求索赔的追加付款金额和(或)延长的工期,并附必要的记录和证明材料。

(2)对承包人索赔的处理

对承包人索赔的处理如下。

①监理人应在收到索赔报告后 14 天内完成审查并报送发包人。监理人对索赔报告存在异议的,有权要求承包人提交全部原始记录副本。

②发包人应在监理人收到索赔报告或有关索赔的进一步证明材料后的 28 天内,由监理人向承包人出具经发包人签认的索赔处理结果。发包人逾期答复的,则视为认可承包人的索赔要求。

③承包人接受索赔处理结果的,索赔款项在当期进度款中进行支付;承包人不接受索赔处理结果的,按照第 20 条"争议解决"约定处理。

2.发包人索赔程序和处理

(1)发包人索赔程序

根据合同约定,发包人认为有权得到赔付金额和(或)延长缺陷责任期的,监理人应向承包人发出通知并附详细的证明。

发包人应在知道或应当知道索赔事件发生后 28 天内通过监理人向承包人提出索赔意向通知书,发包人未在前述 28 天内发出索赔意向通知书的,丧失要求赔付金额和(或)延长缺陷责任期的权利。发包人应在发出索赔意向通知书后 28 天内,通过监理人向承包人正式递交索赔报告。

(2)对发包人索赔的处理

对发包人索赔的处理如下。

①承包人收到发包人提交的索赔报告后,应及时审查索赔报告的内容、查验发包人证明材料。

②承包人应在收到索赔报告或有关索赔的进一步证明材料后 28 天内,将索赔处理结果答复发包人。如果承包人未在上述期限内作出答复的,则视为对发包人索赔要求的认可。

③承包人接受索赔处理结果的,发包人可从应支付给承包人的合同价款中扣除赔付的金额或延长缺陷责任期;发包人不接受索赔处理结果的,按争议解决约定处理。

本章小结

项目合同是项目业主或其代理人与项目实施各个阶段提供货物、服务及工程的对方当事人之间缔结的合同,是项目当事人为完成一个确定的项目目标或规定的内容而就相互权利、责任和利益关系达成的协议。

公共项目合同通常可按照合同包括的项目范围和承包关系、计价方式、承包范围等方式划分为不同类别。按合同所包括的项目范围和承包关系划分,公共项目合同可分为工程总承包合同(业主与总承包商)、工程分包合同(总承包商与分承包商)、转包合同(承包商之间)、劳务分包合同(包工不包料合同)、劳务合同(承包商雇佣劳务)、联合承包合同(两个或两个以上合作单位)等。按计价方式划分,公共项目合同可分为固定总价合同、计量估价合同、单价合同、成本加酬金合同等。公共项目按承包的工程项目范围可划分为"交钥匙"工程合同、包设计—采购—施工合同、包设计—采购合同、设计合同、施工合同、技术服务合同、劳务承包合同、管理服务合同、咨询服务合同等。

我国建设工程施工合同内容分为合同协议书、通用合同条款和专用合同条款三部分。

施工合同签订程序包括市场调查建立联系、表明合作意愿投标报价、协商谈判、签署书面合同、鉴证与公证等递进环节。

施工合同的履行主体包括发包人和承包人,其中,承包人对施工合同的履行在合同履行尤其是公共项目施工合同履行中占据着重要位置。承包人履行施工合同的实际主体主要是项目经理部,该部在项目施工准备、施工、竣工至维修期结束的全过程履行施工合同,动态跟踪收集、整理、分析合同履行中的信息,合理、及时地进行调整,并对合同履行进行预测和检查,发现并解决问题以避免或减少合同风险。

施工项目合同履行过程中经常会遇到不可抗力问题、施工合同变更、解除、违背、争议、索赔等问题。

 关键术语

合同　项目合同　工程总承包合同　工程分包合同　转包合同　劳务分包合同　劳务合同　联合承包合同　计量估价合同　单价合同　成本加酬金合同　包设计—采购—施工合同　包设计—采购合同　设计合同　施工合同　技术服务合同　劳务承包合同　管理服务合同　咨询服务合同　施工合同变更　施工合同解除　施工合同违背　施工合同争议　施工合同索赔

 复习思考题

1.试述公共项目合同的特征。

2.如何按合同所包括的项目范围和承包关系划分公共项目合同类别?

3.如何按合同按计价方式划分公共项目合同类别?

4.如何按承包范围划分公共项目合同类别?

5.简述我国建设工程施工合同中合同协议书、通用合同条款和专用合同条款内容。

6.试述施工合同一般签订程序。

7.试述项目经理部履行合同的内容。

8.试述合同变更的一般程序。

9.试述承包人和发包索赔程序。

10.案例分析题:认真阅读案例材料,按照要求回答问题。

某建筑工程采用邀请招标方式招标。业主在招标文件中要求承发包双方采用固定总价方式合同签约、无调价条款,承包方要在 21 个月内完成项目。承包商投标时报价 364 万元并要求取消固定价格条款而采用浮动价格合同,计划于 24 个月完成项目。业主在未同承包商谈判的情况下发出中标函,在坚持采用固定价格签约的前提下,同意将工期改为 24 个月,同时指出"经审核发现投标书中有计算错误,多算了共计 77.3 万元",要求承包商在合同总价中减去这个差额亦即将报价改为 286.7 万元。承包商接到中标函后作出答复:既然要采用固定总价合同,那么总价优先,不仅不能减去计算错误的 77.3 万元,而且本承包商在原报价的基础上再增加 75 万元,则合同总价应为 439 万元。

在施工中,由于工程变更,合同工程量增加了 70.863 万元,但工程最终在 24 个月内完成。

最终结算时,业主坚持按照改正后的总价 357.563 万元并加上工程量增加的部分结算,即最终合同总价为 427.133 万元。而承包商坚持总结算价款为 509.863 万元。

——案例来源:https://china.findlaw.cn/fangdichan/fangchanmaimai/fcmmjf/129985.html

问题:

(1)案例中涉及的合同纠纷揭示出价格合同在实际执行当中一般存在什么问题?

(2)案例中业主是否应当接受承包商的要求?

第九章　公共项目监理

本章导读

　　对公共项目实施监督管理是公共项目执行中的必要环节,也是公共项目管理中的最迫切需要强化的内容之一。实施公共项目监理需要有制度体系作保障,在制度体系下选择和管理监理单位。结合项目监理理论,本章介绍公共项目监理内涵及一般方法。

知识结构

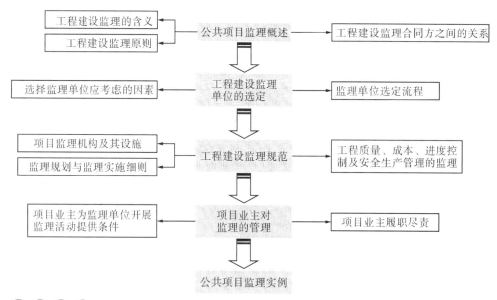

重点问题

☆ 公共项目监理的含义与作用　　☆ 公共项目监理作用的实现条件

☆ 公共项目监理体制　　　　　　☆ 公共项目监理单位与相关单位的关系

☆ 公共项目监理委托　　　　　　☆ 公共项目监理规范

☆ 项目业主对监理的管理

第一节 工程建设监理概述

公共项目监理主要是指公共工程项目中的工程建设监理。国务院于 1984 年颁发《关于改革建筑业和基本建设管理体制若干问题的暂行规定》，明确提出工程质量监督制度。原建设部于 1988 年发布《关于开展建设监理工作的通知》，随后一些行业部门和城市开始实施工程监理试点工作。1995 年原建设部与国家计划委员会联合发布《工程建设监理规定》，推动工程建设监理制度在我国迅速发展。全国人民代表大会于 1997 年通过《中华人民共和国建筑法》，工程监理被列入其中，这标志工程建设监理自此被固化于法律。住房和城乡建设部于 2000 年发布国家标准《建设工程监理规范》，并于 2013 年对其进行修订。

一、工程建设监理的含义

工程建设监理指工程建设监理单位受建设单位委托在工程施工阶段进行控制、管理和协调工作并履行建设工程安全生产管理的法定职责，也指工程监理单位受建设单位委托按照建设工程监理合同约定在建设工程勘察、设计、保修等阶段提供服务。

工程建设监理的责任是控制投资、控制工期、控制质量，进行合同管理、信息管理，协调有关单位的工作关系，亦即"三控、两管、一协调"。

第一，"三控"。首先，投资控制主要是在项目实施前，监理单位进行可行性研究，协助业主正确进行投资决策，控制投资估算；在项目设计阶段，监理单位审查设计方案、设计标准、总概算、修正总概算；在项目准备阶段，监理单位协助确定标底和合同造价；在项目实施阶段，监理单位进行设计变更审查，核实已完成工程量，进行进度款签证和控制索赔；在项目收尾阶段，监理单位审核项目结算。其次，工期控制主要是在项目实施前，监理单位通过周密分析研究确定合理的工期目标，将工期纳入承包合同；在项目实施阶段，监理单位采用网络规划技术、里程碑计划技术、甘特图等科学方法，审查、修改施工组织设计和进度计划，并跟踪项目全过程，进行协调和监督，确保项目按期完成。再次，质量控制是工程建设监理最重要的内容并且贯穿于项目从可行性研究、设计、实施准备、实施到收尾、维修的全过程，具体内容包括在设计阶段组织评比和磋商设计方案、审核图样、控制设计变更；在预施工阶段审查工程承包人的资质，检查工程建设所用材料、结构配件、设备质量；在施工阶段审查施工组织设计，实施质量预控，并通过重要的技术复核、工序操作检验、隐蔽工程验收、工序成果检查等方式验证工程技术标准和施工规范的执行状况；在分项工程和总工程收尾阶段实施阶段验收和竣工验收等。

第二,"两管"。首先,合同管理是监理单位履行约定职责,监督合同执行情况,并站在公正的立场上采取各种控制、协调与监督措施调解合同纠纷,为工程建设顺利实施创造良好合同环境。其次,信息管理是监理单位通过召开施工现场监理会议,填报监理日志、监理日记和监理报表,发布监理月报等活动掌握、分析和加工有关工程要素信息,为发包人、承包人、自身以及其他利益相关者开展相关工程决策、组织实施、执行和参与活动提供信息支撑。

第三,"一协调"。组织协调是监理单位协调项目利益相关者包括发包人、承包人、勘察设计单位、监理单位、政府行政主管部门以及与工程建设有关的其他单位间关系,化解各方矛盾并使之相互合作,确保工程建设顺利实施。

工程建设监理有五方面要义。第一,工程建设监理是对工程建设活动进行监督管理。工程建设监理单位对工程建设过程负责,同项目业主、设计单位、施工承包商、相关政府部门等发生关系。第二,工程建设监理的行为具有唯一性。只有受发包人委托的监理单位独立、自主地以"公正的第三方"身份对工程建设进行监督管理才是工程建设监理,非监理单位进行的监督活动不是工程建设监理,例如项目业主、市场监督管理局对工程建设过程所实施的监督管理分别是承包人自行管理和市场监督管理部门管理。第三,工程建设监理单位的行为需要委托和授权。这体现为:其一,项目业主的委托和授权是工程建设监理单位获得监理权的唯一渠道;其二,项目业主与监理单位这种委托和被委托、授权和被授权的关系可以发生在项目全生命周期的任一阶段,例如开发项目时项目业主可能委托和授权监理单位进行可行性研究,当项目被立项后项目业主可能委托和授权监理单位实施招标采购、对项目合同进行管理;其三,项目业主委托和授权监理单位行使监理职权并不是转让权力或卸载责任,工程建设项目建设的主要决策权和相应风险仍必须由项目业主承担。第四,工程建设监理有明确法律法规依据。工程建设监理必须严格按照国家法律法规和其他有关准则实施。工程建设监理单位开展监理工作所依据的准则是合同,合同具体内容不得违背国家有关工程建设标准和规范。第五,工程建设监理属于微观性质的技术监督活动。工程建设监理针对具体的工程建设过程展开,深入到工程建设的各项生产性活动中,它在客观上通过注重具体工程建设项目的实际效益而维护社会公众利益和国家利益。

二、工程建设监理原则

(一)服务原则

工程建设监理单位提供有偿技术服务。监理单位工作人员依靠自身工程建设知识、技能和经验为项目业主提供监督服务,获得报酬。监理单位工作人员在对工程建设活动进行监督以确保承包人按照承包合同施工的同时,也监督项目业主严格遵守合同、按照合同约定行事。除此之外监理单位既不从项目业主处承包工程造价,也不参与承包人利益分成而只是获得与监理活动等价的技术服务性报酬。

(二)独立原则

从事工程建设监理活动者必须是直接参与工程建设的第三方,该第三方与发包人、承包人之间关系平等。当发包人与监理单位签订监理合同后,发包人不能干涉监理单位的正常监理活动,后者依据合同和国家法规独立行使建设工程承包合同及监理合同中所确认的职权并承担相应责任。在监理过程中,监理单位工作人员不同发包人、承包人发生合同之外、非工程建设合作性质的任何利益关系。

(三)公正原则

监理单位工作人员是建设工程合同管理责任的主要承担者,依照合同和法规公正地维护发包人、承包人双方的合法权益。在工程建设监理过程中,监理单位工作人员严格履行监理合同的各项义务,为项目业主提供监理服务的同时以公正的行为维护项目业主和承包人各自利益。当项目业主和承包人发生利益冲突或纠纷时,监理单位工作人员必须以公正的第三方身份依据客观事实、恪守有关的法律法规和双方所签订的工程建设合同,独立、公正地解决冲突和处理纠纷。

(四)科学原则

工程监理活动的技术性质决定着监理单位工作人员必须具备发现和解决工程问题的能力,同时工程监理活动的管理性质又决定着监理单位工作人员必须具备发现和解决利益冲突和纠纷的能力。既具备发现和解决工程问题的能力,也具备发现和解决利益冲突和纠纷的能力,是监理单位工作人员必须具备的基本素质。只有具备了这两种素质,监理单位工作人员才能科学履行监理职责。为此,监理单位工作人员通常是具有相当学历和资历,包括既精通技术也熟悉管理、既通晓经济也谙熟法律的专门人才,是经有关部门考核合格并经政府主管部门登记注册、授予岗位证书者。监理单位只有拥有了足够数量且业务素质合格的监理工程师,同时建立了科学的企业管理制度,才能确保工程建设监理活动具有科学性。

三、工程建设监理合同方之间的关系

我国工程建设管理与国际惯例接轨,实行"三方管理"体制,如图9-1所示。

"三方管理"体制是国际公认的工程建设管理有效模式,它使直接参与工程建设的项目业主、监理单位、工程承包人通过委托与被委托服务关系、监理与被监理关系

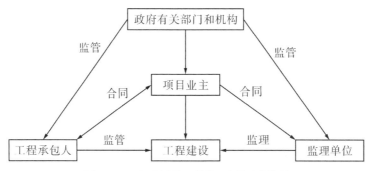

图 9-1 工程建设管理的"三方管理"体制

联系起来,形成一个完整的工程建设闭环管理系统。在这个闭环管理系统中,工程建设活动首先在政府有关部门和机构依法监管之下规范展开,其次在合同各方主动监督相对方之下有序展开,前者可称为工程建设受到宏观监管,后者可称为工程建设受到微观监管。"三方管理"体制之所以有效,是因为它变过去政府既抓管理又抓生产的既是裁判员又是运动员的做法为政府只抓工程建设宏观管理,而将工程建设这一微观生产责任委托给社会化、专业化的施工单位、监理单位去做。也就是说,因为政府专注于自身擅长的项目规划、监督、协调工作,而承包和监理企业专注于具体生产和服务,政府和市场主体分工合作,所以工程建设效率有保障。

(一)项目业主与监理单位之间的平等关系

项目业主与监理单位与之间是平等契约关系。首先,项目业主与监理单位都是独立法人,没有主仆、雇佣与被雇佣关系。项目业主通过合同赋予监理单位监督管理工程建设的权力,这种赋权通过双方平等协商以合同形式约定。合同一旦签订,监理单位与项目业主都要平等遵守约定,承担各自责任。其次,项目业主与监理单位之间是基于合同的买卖关系,其中项目业主是监理服务买方而监理单位是监理服务卖方,双方应按照约定的买卖条款行使各自的权利和义务以取得相应利益。再次,监理单位虽然按照监理合同开展工作并对项目业主负责,但并不受项目业主领导,内部事务也不受项目业主支配。

(二)项目业主与监理单位之间的授权与被授权关系

监理单位接受项目业主委托之后,就被前者授予监理权力,这些权力虽有不同,但基本上包括就工程建设重大问题向项目业主建议的权力、以主持者身份组织协调工程建设的权力、确认与否决工程材料和施工质量的权力、确认与否决施工进度和工期的权力、确认与否决工程款支付与工程结算的权力等。项目业主不赋予他人而自留的权力通常包括工程建设规模、设计标准和使用功能决定权,设计、设备供应和施工承包商选定权,设计、设备供应和施工合同签订权,工程变更的审定权等。工程建设监理单位虽拥有项目业主授权而在工程建设中居于重要地位,但监理单位不是项目业主的代理人。具体而言,监理单位监理人员在工作中出现失误时要自己承担相应责任,不能要求项目业主就监理过失行为承担任何民事责任。

(三)项目业主与监理单位之间的经济合同关系

项目业主与监理单位之间因签订监理合同而产生经济关系,也就是说合同一旦签订,项目业主与监理单位双方就形成了交易,交易对象是监理服务。项目业主与监理单位之间的买卖行为同市场中的一般供需双方买卖行为并无不同,只不过前者更强调建立在买卖双方签订监理合同的基础上。但是,如果从"三方管理"体制角度考虑,项目业主与监理单位的经济合同既是为项目业主少花钱而买到好商品服务,同时也是为承包人在提供商品时获得较高利润服务。所以,在"三方管理"体制充当中介方的监理单位既有责任维护项目业主利益,也有责任维护承包人合法权益。因此,项目业主与监理单位的经济合同关系建立在维系公平交易、提供公共物品的基础上。

第二节 工程建设监理单位的选定

随着监理市场逐步法制化、规范化,伴随着工程建设监理队伍素质的逐步提高,项目业主选择工程建设监理单位时越来越多地采取市场化、社会化方式。

一、选择监理单位应考虑的因素

在选择监理单位时,项目业主考虑的因素主要有以下几项。第一,监理单位的合法性。工程监理单位必须是依法成立的专业化监理单位或兼承监理业务的工程咨询、设计、科研等单位,具有监理单位资质证书,具有法人资格。第二,监理单位人员的素质。工程监理单位的技术、经济、法律、管理等各类专业人员应具有较好素质,胜任工程建设监理工作。第三,监理单位的技能和资历。工程监理单位应具有良好的工程建设监理业务的技能,尤其是具有丰富的工程建设监理实践经验。第四,监理单位的公司治理水平。工程监理单位应具有较高的工程建设管理水平。第五,监理单位的信誉和业绩。工程监理单位应在科学、守法、公正、诚实等方面具有良好口碑,并在以往监理中取得较好业绩。第六,监理费用。工程监理单位所报监理服务价格应科学、合理,有可靠的技术依据并在项目业主能够承受的区间范围内。

为获得以上方面关于监理单位的信息,项目业主通常指派本方机构及其工作人员根据工程项目情况以及对相关咨询、监理公司的调查、了解,初选有可能胜任监理工作的若干公司,并与这些公司共同讨论服务要求、工作范围、拟委托的权限、要求达到的目标、开展工作的手段等事项,在讨论中了解监理公司的资质、专业技能、经验、监理服务报价、业绩等情况。

二、监理单位选定流程

包括公共项目在内的项目业主一般采用市场化、社会化方式选择监理单位,其流程如图 9-2 所示。

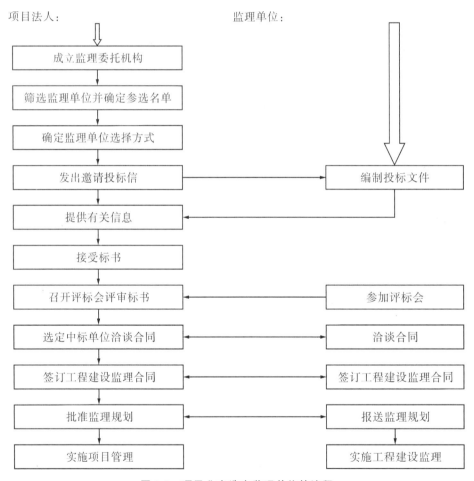

图 9-2 项目业主选定监理单位的流程

(一)确定监理范围

项目业主根据项目以及工程建设的特点以及自身的项目管理能力,确定在项目全生命周期哪些阶段委托监理单位实施监理。如果是在工程建设阶段委托监理单位实施监理,则要确定是在工程建设的哪些环节委托。如果确定了委托环节,则要进一步明确是将哪些工作委托给工程监理单位。确定委托监理服务范围的过程既是项目业主确定将何种监理权力授予监理单位的过程,也是项目业主明确自身不能转让的工程建设责任的过程。

(二)编制监理概算

项目业主与工程建设监理之间的交易关系决定了前者要向后者支付工程建设监理费用,这些费用用来补偿监理单位及其工作人员的监理服务直接成本和各项开支、利润和税金。除此之外,项目业主开展监理招标、监理合同管理等工作也需要资金保障。工程建设监理费用和监理委托工作费用等支出事先都需要被估算,并以监理费用概算的形式呈现。编制监理费用概算既是项目业主在财务上为委托监理做准备,也是项目业主为工程建设监理合同的洽谈做准备。

(三)成立监理委托机构

项目业主在开展监理单位选定工作时预先成立专门的监理委托机构,这个机构一般是合约管理部门或机构,其相关机构包括各项目部、综合办公室等。监理委托机构直接开展监理委托工作,将工作进展及其情况向其主管部门及领导汇报,以便于后者决策。监理委托机构成员通常要求十分熟悉本工程建设情况,了解工程建设监理基本知识和业务流程,具备一定公关能力。

(四)筛选监理单位并确定参选名单

收集监理单位名单时一般尽可能多,以便于筛选到较多优秀监理单位。但是,在确定参选的监理单位名单时,一般以 3～6 家公司为宜。这是因为,第一,过多的监理单位参加标书评议,会出现标书之间差别过小而致使评议质量下滑现象。第二,过多的监理单位投递标书,有时会影响优秀且实力雄厚的工程建设监理单位投标积极性,例如优秀且实力雄厚的工程建设监理会认为门槛过低的监理项目利润空间小而不愿投标。第三,众多监理单位参加投标而后又被大批淘汰,会使被淘汰公司的业务成本增加,这些增加的业务成本或迟或早会在日后的监理合同中被补偿,从而抬高整个监理行业的经营成本,这对项目业主和工程建设监理行业的可持续发展不利。

(五)确定监理单位选择方式

选择监理单位的方式有分部评审法和综合评审法两种。
分部评审是先对工程监理单位的监理规划书的质量、配备监理人员的素质、监理单位的工程监理经验和业绩等进行单纯技术评审,对评审合格者再进行监理费用评审。

综合评审是同时评审监理单位技术和所报监理费用。此时,可考虑将技术评审内容与监理费用评审内容分装密封,在评审时先审技术部分而后再审监理费用部分,以降低和避免费用高低给技术评审造成干扰。

选择监理单位的方式孰优孰劣并无定论。具体操作时,一般以工程建设的复杂性和难易程度以及项目业主对工程监理单位期望值大小相机行事。一般来说,第一,不管采用何种选择监理单位的方式,所选择的方式都应有利于选到水平高、经验丰富、社会信誉好和工作人员素质强的监理单位。第二,监理费用因素往往是第二位要考虑的因素,因为选到一个理想的监理单位就意味着项目经济和社会效益在很大程度上得到保障,相应的监理费用即使高一些也得到了补偿。

(六)发出邀请投标信

确定监理单位选择方式之后,发包方着手发出邀请投标信。邀请投标信内容一般包括工程项目简介,拟委托服务的范围、内容、职责、合同条件以及其他补充资料等,监理费用计价基础方式,监理规划书编制格式、要求、内容,监理规划书编制的时间要求,监理规划书有效期规定(即在此期间不允许改变监理人员配置方案和监理报价等),提交规划书的地点、方式和日期,开始监理的时间,项目法人可提供的人员、设施、交通、通信以及生活设施等,其他有关纳税规定、当地有关法律、其他被邀监理单位名单、被邀方接受邀请的回复办法等。

项目招标方有义务就招标文件所涉及的内容向潜在投标人作进一步解释,提供必要的资料和现场服务。

(七)召开评标会评审标书

评标会评审标书主要评审监理单位的监理经验和业绩、监理规划书(或称监理大纲)和监理人员的素质和水平三方面内容。其中,监理人员素质和水平居于首位,监理大纲次之,监理单位经验最后。监理单位经验不是重点评审内容的主要原因在于,在确定参选名单时项目业主已经对潜在的投标单位进行了一番评比和筛选,评比和筛选内容包括对监理单位一般经验的评审,因此召开评标会评审标书时就重在评审与本项目更直接的经验以及特殊经验情况,相应的评审分在总评审分中的比例就偏小。

对监理规划的评审重在评审监理单位的下述情况:一是对工程建设委托任务的理解程度;二是有无创造性的设想;三是采用的监理方法和手段是否适当、科学,是否能满足对项目监理的需要。

对监理人员素质和水平的评审至关重要,这由工程建设监理工作者既要有理论素养又要有实战技能的特点所决定的。对监理人员素质和水平的评审内容主要包括三个方面:第一,一般资格和资历包括学历、专业成绩、任职经历等;第二,适应本工程建设情况包括与本项目类似的工程监理经验,以及拟承担的工作是否与他的专业特长和经验相符合等;第三,项目所在地的工作经验包括对项目外部环境的熟悉程度等。

表 9-1 为一个工程建设监理内部招标的评分内容及分值分配参考表,其中监理单位的监理经验和业绩占到总评分的 15%,监理规划书占到总评分的 15%,监理人员的素质和水平占到总评分的 20%。

表 9-1 施工监理内部招标的评分内容及分值分配参考表

评 审 内 容	分 值
资质等级及总体素质	15
监理规划或监理大纲	15
监理单位业绩	15
总监理工程师资格及业绩	10
各专业工程师资格及业绩	10
监理取费	10
企业奖惩及社会信誉	10
专业人员配套	5
职称、年龄结构等	5
检测仪器、设备配置	5
总 计	100

(八)签订工程建设监理合同及其他

评标之后中标单位与项目业主洽谈合同,并最终签订工程建设监理合同。随即,监理单位向项目业主报送监理规划,并在得到后者审批后实施工程建设监理。

从上述工程监理单位选定过程来看,工程监理单位的选择与一般性质的工程招投标以及货物采购中标单位的选定有所区别:第一,工程建设监理费用也就是招投标价格不是选择监理单位的主要因素;第二,工程建设监理的招投标过程没有工程公开招标方式中的资格预审环节;第三,工程建设监理招投标对监理规划书的提交方式、时间等的规定没有像工程投标书那样严格,如无需提交"保函"。

第三节 工程建设监理规范

工程建设监理单位是依法成立并取得建设主管部门颁发的工程监理企业资质证书,从事建设工程监理与相关服务活动的服务机构。工程建设监理单位实施监理的前提包括得到项目业主授权,亦即与项目业主签订书面形式的内容包括监理工作的范围、内容、服务期限和酬金以及双方的义务、违约责任等条款的工程建设监理合同;在工程建设开工前,项目业主将工程监理单位的名称、监理范围、监理内容、监理权限及总监理工程师的姓名书面通知施工单位。工程建设监理单位实施监理的依据主要包括法律法规及工程建设标准、建设工程勘察设计文件、建设工程监理合同及其他合同文件。

一、项目监理机构及其设施

工程建设监理单位在签订监理合同并实施监理时,通常在施工现场派驻项目监理机构,该机构的组织形式和规模根据建设工程监理合同约定的服务内容、服务期限以及工程特点、规模、技术复杂程度、环境等因素确定。在施工现场派驻项目监理机构后,监理单位一般需要将工程建设监理机构的组织形式、人员构成及对总监理工程师的任命书面通知项目业主。施工现场的工程建设监理工作全部完成或工程建设监理合同终止时,项目监理机构可撤离施工现场。

项目监理机构的监理人员由总监理工程师、专业监理工程师和监理员组成,且专业配套、数量应满足建设工程监理工作需要,必要时可设总监理工程师代表。其中,总监理工程师是由工程监理单位法定代表人书面任命以负责履行建设工程监理合同、主持项目监理机构工作的注册监理工程师,而注册监理工程师是取得国务院建设主管部门颁发的《中华人民共和国注册监理工程师注册执业证书》和执业印章、从事建设工程监理与相关服务等活动的人员。总监理工程师代表是经工程监理单位法定代表人同意,由总监理工程师书面授权,代表总监理工程师行使其部分职责和权力,具有工程类注册执业资格或具有中级及以上专业技术职称、3 年及以上工程实践经验并经监理业务培训的人员。下列情形项目监理机构可设置总监理工程师代表:第一,工程规模较大、专业较复杂,总监理工程师难以处理多个专业工程时,可按专业设总监理工程师代表;第二,一个建设工程监理合同中包含多个相对独立的施工合同,可按施工合同段设总监理工程师代表;第三,工程规模较大、地域比较分散,可按工程地域设总监理工程师代表。专业监理工程师是由总监理工程师授权负责实施某一专业或某一岗位的监理工作,有相应监理文件签发权,具有工程类注册执业资格或具有中级及以上专业技术职称、2 年及以上工程实践经验并经监理业务培训的人员。监理员是从事具体监理工作,具有中专及以上学历并经过监理业务培训的人员。在实施监理过程中,工程建设监理单位如果要调换总监理工程师则需征得项目业主书面同意,如果要调换专业监理工程师则总监理工程师需书面通知项目业主。

项目监理机构的一名总监理工程师虽然既可担任一项也可担任多项工程建设监理合同的总监理工程师,但是如果一名总监理工程需要同时担任多项建设工程监理合同的总监理工程师则需要征得项目业主书面同意,且最多不超过三项。

总监理工程师履行的主要职责通常包括以下约 15 项。第一,确定项目监理机构人员及其岗位职责。第二,组织编制监理规划、审批监理实施细则。第三,根据工程进展及监理工作情况调配监理人员、检查监理人员工作。第四,组织召开监理例会。第五,组织审核分包单位资格。第六,组织审查施工组织设计、(专项)施工方案。第七,审查开复工报审表,签发工程开工令、暂停令和复工令。第八,组织检查施工单位现场质量、安全生产管理体系的建立及运行情况。第九,组织审核施工单位的付款申请,签发工程款支付证书,组织审核竣工结算。第十,组织审查和处理工程变更。第十一,调解建设单位与施工单位的合同争议,处理工程索赔。第十二,组织验收分部工程,组织审查单位工程质量检验资料。第十三,审查施工单位的竣工申请,组织工程竣工预验收,组织编写工程质量评估报告,参与工程竣工验收。第十四,参与或配合工程质量安全事故的调查和处理。第十五,组织编写监理规划、监理月报、监理工作总结,组织整理监理文件资料,其中监理规划是项目监理机构全面开展建设工程监理工作的指导性文件;监理月报是项目监理机构每月向建设单位提交的建设工程监理工作及建设工程实施情况等分析总结报告;监理文件资料是工程监理单位在履行建设工程监理合同过程中形成或获取的,以一定形式记录、保存的文件资料。

总监理工程师不能将下列约 8 项工作委托给总监理工程师代表。第一,组织编制监理规划,审批监理实施细则。监理实施细则是针对某一专业或某一方面建设工程监理工作的操作性文件。第二,根据工程进展及监理工作情况调配监理人员。第三,组织审查施工组织设计、(专项)施工方案。第四,签发工程开工令、暂停令和复工令。第五,签发工程款支付证书,组织审核竣工结算。第六,调解建设单位与施工单位的合同争议,处理工程索赔。第七,审查施工单位的竣工申请,组织工程竣工预验收,组织编写工程质量评估报告,参与工程竣工验收。第八,参与或配合工程质量安全事故的调查和处理。

专业监理工程师通常履行下列 13 项职责。第一,参与编制监理规划,负责编制监理实施细则。第二,审查施工单位提交的涉及本专业的报审文件,并向总监理工程师报告。第三,参与审核分包单位资格。第四,指导、检查监理员工作,定期向总监理工程师报告本专业监理工作实施情况。第五,检查进场的工程材料、构配件、设备的质量。第六,验收检验批、隐蔽工程、分项工程,参与验收分部工程。第七,处置发现的质量问题和安全事故隐患。第八,进行工程计量。工程计量是根据工程设计文件及施工合同约定,项目监理机构对施工单位申报的合格工程的工程量进行核验。第九,参与工程变更的审查和处理。第十,组织编写监理日志。监理日志是项目监理机构每日对建设工程监理工作及施工进展情况所做记录。第十一,参与编写监理月报。第十二,收集、汇总、参与整理监理文件资料。第十三,参与工程竣工预验收和竣工验收。

二、监理规划与监理实施细则

(一)监理规划

监理规划是项目监理机构全面开展建设工程监理工作的指导性文件,它确定项目监理机构的工作目标,确定具体监理工作的制度、内容、程序、方法和措施。

监理规划通常在签订工程建设监理合同及监理单位收到工程设计文件后由总监理工程师主持编制,编制过程遵循编制—审批程序,亦即总监理工程师组织专业监理工程师编制,之后总监理工程师签字后由工程建设监理单位技术负责人审批。在召开第一次工地会议前,监理规划要报送至项目业主。

监理规划的内容主要包括工程概况,监理工作的范围、内容、目标,监理工作依据,监理组织形式、人员配备及进退场计划、监理人员岗位职责,监理工作制度,工程质量控制,工程造价控制,工程进度控制,安全生产管理的监理工作,合同与信息管理,组织协调,监理工作设施等。

在实施建设工程监理过程中,当实际情况或条件发生变化而需要调整监理规划时,总监理工程师应组织专业监理工程师修改监理规划,并呈报工程建设监理单位技术负责人批准,最后报送项目业主。

(二)监理实施细则

监理实施细则通常在相应工程施工开始前由专业监理工程师编制,编制依据主要包括监理规划、工程建设标准、工程设计文件,施工组织设计、(专项)施工方案。监理实施细则由总监理工程师审批后实施。如果在实施过程中根据实际情况对监理实施细则进行了补充、修改,则补充、修改后的监理实施细则在经总监理工程师批准后方能实施。

监理实施细则主要内容包括专业工程特点、监理工作流程、监理工作要点、监理工作方法及措施等。

三、工程质量、成本、进度控制及安全生产管理的监理

（一）一般规范

项目监理机构通常按照工程建设监理合同约定，以动态控制、预防为主的原则制定和实施相应监理措施，采用旁站、巡视和平行检验等方式对工程建设实施监理。其中，旁站是项目监理机构对工程的关键部位或关键工序的施工质量进行监督；巡视是项目监理机构对施工现场进行定期或不定期检查；平行检验是项目监理机构在施工单位自检的同时，按有关规定和建设工程监理合同约定对同一检验项目进行检测试验。

实施监理前，所有监理人员通都必须熟悉工程设计文件，参加由项目业主主持的图纸会审和设计交底会议，会议纪要应由总监理工程师签字确认。

工程建设开工前，监理人员都必须参加由项目业主主持召开的第一次工地会议，会议纪要应由项目监理机构负责整理，与会各方代表应会签。

实施监理过程中，在信息管理的会议管理方面，项目监理机构一方面应定期召开监理例会，组织有关单位研究解决与监理相关的问题；另一方面应根据工程需要主持或参加专题会议，解决监理工作范围内工程专项问题。监理例会以及专题会议的会议纪要由项目监理机构负责整理，与会各方代表会签。

实施监理过程中，在联系与协调相关方关系方面，除另有规定外，项目监理机构与工程建设相关方之间一般以规范的工作联系单形式联系，并协调工程建设相关方之间的关系。

实施监理过程中，在监理施工组织设计方面，项目监理机构应审查施工单位报审的施工组织设计，审查通过后由总监理工程师签字确认并报项目业主批准。施工组织设计被批准后，项目监理机构应要求施工单位按已批准的施工组织设计组织施工。如果施工单位调整了施工组织设计，则项目监理机构应按程序重新审查。项目监理机构审查施工组织设计的内容包括编审程序是否符合相关规定，施工进度、施工方案及工程质量保证措施是否符合施工合同要求，资金、劳动力、材料、设备等资源供应计划是否满足工程施工需要，安全技术措施是否符合工程建设强制性标准，施工总平面布置是否科学合理等。

实施监理过程中，在监理开工方面，总监理工程师应组织专业监理工程师审查施工单位报送的开工报审表及相关资料。当开工报审表及相关资料同时具备四个条件时，总监理工程师签署审查意见并报项目业主批准。四个条件包括：第一，设计交底和图纸会审已完成；第二，施工组织设计已由总监理工程师签认；第三，施工单位现场质量、安全生产管理体系已建立，管理及施工人员已到位，施工机械具备使用条件，主

要工程材料已落实;第四,进场道路及水、电、通信等已满足开工要求。项目业主批准开工报审表及相关资料后,总监理工程师签发工程开工令。

实施监理过程中,在监理分包工程开工方面,分包工程开工前项目监理机构应审核施工单位报送的分包单位资格报审表,专业监理工程师提出审查意见后应由总监理工程师审核签认。项目监理机构审核分包单位资格时,主要审核分包单位营业执照、企业资质等级证书,安全生产许可文件,类似工程业绩,专职管理人员和特种作业人员的资格等情况。

实施监理过程中,在监理风险方面,项目监理机构宜根据工程特点、施工合同、工程设计文件及经过批准的施工组织设计对工程进行风险分析,制定工程质量、造价、进度目标控制及安全生产管理的方案,提出防范性对策。

(二)工程质量控制

工程建设开工前,项目监理机构首先要审查施工单位现场的质量管理组织机构、管理制度及专职管理人员和特种作业人员的资格。在此基础上,第一,总监理工程师组织专业监理工程师对施工单位报审的施工方案进行审查,包括审查编审程序是否符合相关规定、审查工程质量保证措施是否符合有关标准,对审查通过的方案予以签认。第二,专业监理工程师首先审查施工单位报送的新材料、新工艺、新技术、新设备的质量认证材料和相关验收标准的适用性,并在必要时要求施工单位组织专题论证,将审查和论证结果报总监理工程师签认;其次,检查、复核施工单位报送的施工控制测量成果及保护措施,包括施工单位测量人员的资格证书及测量设备检定证书、施工平面控制网、高程控制网和临时水准点的测量成果及控制桩的保护措施,签署意见;再次,对施工单位在施工过程中报送的施工测量放线成果进行查验;最后,对施工单位为本工程提供的服务性试验室进行检查,检查内容包括试验室的资质等级及试验范围、法定计量部门对试验设备出具的计量检定证明、试验室管理制度、试验人员资格证书等。

实施监理过程中,在材料质量控制方面,项目监理机构审查施工单位报送的用于工程的材料、构配件、设备的质量证明文件,并按有关规定、建设工程监理合同约定,对用于工程的材料进行见证取样,平行检验。对已进场但经检验不合格的工程材料、构配件、设备,项目监理机构应要求施工单位限期将其撤出施工现场。

实施监理过程中,在计量设备质量控制方面,专业监理工程师审查施工单位定期提交影响工程质量的计量设备的检查和检定报告。

实施监理过程中,在工程施工质量控制方面,第一,项目监理机构根据工程特点和施工单位报送的施工组织设计,确定旁站的关键部位;关键工序,安排监理人员进行旁站,并及时记录旁站情况。第二,项目监理机构安排监理人员对工程施工质量进行巡视,巡视内容主要包括施工单位是否按工程设计文件、工程建设标准和批准的施工组织设计、(专项)施工方案施工,使用的工程材料、构配件和设备是否合格,施工现场管理人员,特别是施工质量管理人员是否到位,特种作业人员是否持证上岗。第三,项目监理机构根据工程特点、专业要求以及建设工程监理合同约定,对工程材料、施工质量进行平行检验。

实施监理过程中,在工程验收方面,第一,项目监理机构对施工单位报验的隐蔽工程、检验批、分项工程和分部工程进行验收,对验收合格的给予签认;对验收不合格的拒绝签认,同时要求施工单位在指定的时间内整改并重新报验。第二,对已同意覆盖的工程隐蔽部位质量有疑问的,或发现施工单位私自覆盖工程隐蔽部位的,项目监理机构应要求施工单位对该隐蔽部位进行钻孔探测或揭开或其他方法进行重新检验。

实施监理过程中,在质量纠偏方面,第一,项目监理机构发现施工存在质量问题的,或施工单位采用不适当的施工工艺,或施工不当,造成工程质量不合格的,应及时签发监理通知单,要求施工单位整改。整改完毕后,项目监理机构根据施工单位报送的监理通知回复对整改情况进行复查,提出复查意见。第二,对需要返工处理加固补强的质量缺陷,项目监理机构应要求施工单位报送经设计等相关单位认可的处理方案,并对质量缺陷的处理过程进行跟踪检查,同时对处理结果进行验收。第三,对需要返工处理或加固补强的质量事故,项目监理机构应要求施工单位报送质量事故调查报告和经设计等相关单位认可的处理方案,并对质量事故的处理过程进行跟踪检查,同时对处理结果进行验收。第四,项目监理机构及时向建设单位提交质量事故书面报告,并将完整的质量事故处理记录整理归档。

实施监理过程中,在竣工验收方面,第一,项目监理机构审查施工单位提交的单位工程竣工验收报审表及竣工资料,组织工程竣工预验收。在预验收过程中,若发现存在问题,则项目监理机构应要求施工单位及时整改;如果认为合格,则总监理工程师应签认单位工程竣工验收报审表。第二,工程竣工预验收合格后项目监理机构编写工程质量评估报告,之后经总监理工程师和工程监理单位技术负责人审核签字后报项目业主。第三,项目监理机构参加由项目业主组织的竣工验收,对验收中提出的整改问题督促施工单位及时整改。若工程质量符合要求,则总监理工程师在工程竣工验收报告中签署意见。

(三)工程成本控制

工程造价即工程成本是项目在建设期预计或实际支出的建设费用。工程成本控制一般被称之为工程造价控制,是工程造价管理的一个环节,主要涉及工程计量和付款两个环节,其中工程计量是项目监理机构根据工程设计文件及施工合同约定对施工单位申报的合格工程的具体工程量进行核验。

工程成本控制一般包括三个步骤。第一,专业监理工程师对施工单位在工程款支付报审表中提交的工程量和支付金额进行复核,确定实际完成的工程量,提出到期应支付给施工单位的金额,并提出相应的支持性材料。第二,总监理工程师对专业监理工程师的审查意见进行审核,签认后报业主审批。总监理工程师对专业监理工程师的审查意见进行审核并抄送施工单位后,就工程竣工结算事宜与建设单位、施工单位协商;达成一致意见的,根据建设单位审批意见向施工单位签发竣工结算款支付证书;不能达成一致意见的,应按施工合同约定处理。第三,总监理工程师根据业主的审批意见,向施工单位签发工程款支付证书。

(四)工程进度控制

项目监理机构审查施工单位报审的施工总进度计划和阶段性进度计划,并提出审查意见,之后总监理工程师审核计划并报项目业主。施工进度计划的审查内容主要包括五项内容:第一,施工进度计划是否符合施工合同中工期的约定;第二,施工进度计划中主要工程项目有无遗漏、是否满足分批投入试运、分批动用的需要,阶段性施工进度计划是否满足总进度控制目标的要求;第三,施工顺序的安排是否符合施工工艺要求;第四,施工人员、工程材料、施工机械等资源供应计划是否满足施工进度计划的需要;第五,施工进度计划是否符合建设单位提供的资金、施工图纸、施工场地、物资等施工条件。

项目监理机构比较分析工程施工实际进度与计划进度,预测实际进度对工程总工期的影响,并在监理月报中向建设单位报告工程实际进展情况。项目监理机构在检查施工进度计划的实施情况时,如果发现实际进度严重滞后于计划进度且影响合同工期,则应签发监理通知单以要求施工单位采取调整措施加快施工进度;与此同时,总监理工程师应向建设单位报告工期延误风险。

(五)安全生产管理的监理

项目监理机构根据法律法规、工程建设强制性标准履行建设工程安全生产管理的监理职责,并将安全生产管理的监理工作内容、方法和措施纳入监理规划及监理实施细则。

项目监理机构审查施工单位现场安全生产规章制度的建立和实施情况,并审查施工单位安全生产许可证及施工单位项目经理、专职安全生产管理人员和特种作业人员的资格,同时核查施工机械和设施的安全许可验收手续。

项目监理机构审查施工单位报审的专项施工方案,之后,方案如果符合要求则总监理工程师签认后报建设单位。在这一过程中,第一,在审查超过一定规模的危险性较大的分部分项工程的专项施工方案时,应对施工单位组织专家进行论证、审查的情况进行检查,以及对是否附具安全验算结果进行检查。第二,项目监理机构应要求施工单位按已批准的专项施工方案组织施工。第三,需要调整专项施工方案时,施工单位应按程序重新提交方案至项目监理机构并接受后者审查。审查专项施工方案的基本内容包括审查编审程序是否符合相关规定,安全技术措施是否符合工程建设强制性标准。

第四节　项目业主对监理的管理

监理合同签订后,在开工前和工程建设实施过程中项目业主都要依据合同约定对监理单位的监理行为给予监督和检查。总体而言,依照监理合同,项目业主主要为监理单位开展监理活动提供条件,正常履行职责和对例外事项给予监理单位以指示,以利于监理单位开展具体的监督、协调工程建设活动。

一、项目业主为监理单位开展监理活动提供条件

在开工前项目业主依照合同所承担的责任和义务包括为监理单位协调外部关系,为监理单位提供技术服务,派驻代表于监理单位,审核监理成员名单,审查监理规划,授予监理单位监理权利等。

项目业主为监理单位协调的外部关系主要指项目业主协调监理单位与施工单位的关系,协调监理单位与设计单位的关系,协调监理单位与政府及其他有关部门的关系,以及协调自身与监理单位的关系。

项目业主为监理单位提供技术服务主要指项目业主向监理单位提供专用条件内约定的工程资料,提供工程原材料、构配件、机械设备等生产厂家名录,提供与工程有关的协作单位、配合单位的名录,提供合同专用条件约定的设施并对监理单位自备设施行为给予合理的经济补偿等。

项目业主派驻代表于监理单位是指项目业主授权一名熟悉工程情况、能迅速作出决定的人员常驻项目监理机构并负责与监理单位建立工作联系。项目业主若更换其常驻代表,则应提前通知监理单位。

项目业主审核监理成员名单是指项目业主审核并批准监理单位报送的总监理工程师和监理机构主要成员名单。其中,总监理工程师必须隶属于与项目业主签订监理合同的监理单位并在职,监理机构主要成员中具有中级专业技术职称以上的人员比例不低于70%,监理单位聘请的技术顾问、项目业主方提供的人员不能计入监理成员。

项目业主审查监理规划是项目业主审查监理单位报送的监理规划,对其中不满意之处提出修改意见,直至最终批准监理规划。监理规划内容中,项目目标内容包括

项目组织、监理机构、总投资、总工期、质量要求和约定等。项目组织内容包括项目组织结构、项目利益相关方关系等。监理机构内容包括监理机构的设置与人员构成、总监理工程师职权范围、监理工程师代表职权范围、监理员岗位职责、监理工作规章等。质量控制内容包括质量目标、质量控制依据、全过程质量控制要求、质量控制程序和流程图、质量风险分析、质量管理表格及其制定和发放、质量控制战略等。造价或投资控制内容包括造价分解、造价控制流程图、造价风险分析、造价控制措施、造价分析制度、计量支付报表及其审核等。进度控制内容包括总进度计划、进度目标风险分析、进度控制流程图或流程表、进度控制措施、进度表格式确定等。合同管理内容包括合同结构、合同文件资料管理、监理合同执行措施、合同执行情况综合分析、索赔控制和管理、监理合同管理方法、合同修改等。信息管理内容包括信息结构图、信息目录表、会议制度、信息处理系统等。

项目业主授予监理单位监理权是指项目业主把授予监理单位监理权利事宜以及监理机构主要成员的分工及时书面通知已选定的第三方，并在与第三方签订合同时予以明确。

二、项目业主履职尽责

项目业主在正常情况下履行合同约定的职责，但在例外事项发生时要作出非常规决策。

（一）在正常情况下履行合同约定的职责

项目业主在正常情况下履行合同约定的职责内容通常包括以下七项。

1.协调工程活动正常开展和监理工作正常开展时的外部利益相关方关系。

2.选择工程设计单位或项目总承包单位并签订合同。在此过程中，监理单位只有建议权并配合招标工作。

3.及时将自己的计划和安排通知监理单位并与其协商，由监理单位依据协商结果贯彻实施；同时，授权监理单位发布自身对承包单位下达的各种指令。

4.及时书面回答监理单位提交的各种要求并作出决定，不延误或耽搁施工。

5.确保资金到位，按时足额支付工程进度款和监理酬金。项目业主履行这一职责时需要同监理单位联动。其一，监理单位依照工程建设合同，在合同约定的工程造价范围内对支付的工程款进行审核、签认或否定，对结算的工程款进行复核、确认或否定。其二，未经监理单位签字确认，项目业主不向承包单位支付工程款；同时，对属于承包合同价外支付的变更工程款和索赔款，即使监理单位已经签字确认，也必须经项目业主进行严格审查后再决定是否支付；同理，对于监理单位签字确认的酬金支付通知书中的附加和额外监理酬金，项目业主也需要审查其收费的合理性和计算的正确性以决定是否支付。项目业主如果对变更工程款和索赔款有异议、对附加和额外监理酬金有异议,应在 24 小时内发出异议通知,然后与当事方协商解决,但不拖延无异议工程款或监理酬金的支付。

6.举行或参加会议。会议管理是信息管理的重要内容,为此其一,项目业主自主举行协调会议或参与协调会议,与各方就施工过程中所发生问题交换看法并提出建议;项目业主还可就某特殊问题召开临时会议,与监理单位沟通,以保障监理措施包括对风险预测后所采取的防范措施、特殊事件发生后的处理方法等及时有效。其二,项目业主派驻工地的代表参加各种协调会议包括第一次工地会议、工地协调例会和专业协调会议,其中,第一次工地会议由项目业主代表和总监理工程师共同主持,并由项目施工所涉及的单位代表包括承包单位代表、设计单位代表以及分包单位代表共同参加,会议目的一般是检查工程的开工条件、创造良好合作环境;以后的协调会议由总监理工程师主持,项目业主方派人参加。其三,项目业主召集监理单位代表和有关承包单位代表召开专题会议,就施工过程中发生的特殊事项进行协商,包括洽商变更合同条款等。

7.管理文档。项目业主的项目管理机构建立数据资料管理系统用以对各种文件、报表等实施档案化管理,对施工过程中可能发生的风险进行分析,以便及时采取措施有效减小风险损失或预防风险发生。

(二)对例外事项进行决策

项目业主对监理活动中发生的例外事项的决策权通常包括以下七项内容。

1.项目业主具有认定技术标准、工程规模、施工规划、生产工艺等工程设计的权力,而监理单位对工程设计只有建议权。

2.项目业主对工程结构设计和其他专业设计中的技术变更拥有审定权,尤其是拥有权力审定那些会提高工程造价或延长工期的技术变更。

3.监理单位虽然可以自主就施工组织设计和技术方案向承包人提出建议并向业主书面报告,但是若提出的建议将提高工程造价或延长工期,则只有在项目业主同意后,建议方可被实施。

4.监理单位虽然拥有对参与施工的单位进行组织协调的主持权,但在主持前,监理单位必须就重要协调事项向项目业主报告。

5.监理单位在征得项目业主同意后发布开工令、停工令和复工令。如果事发突然而导致监理单位不能事先向项目业主报告,则在停工令发出后的 24 小时以内监理单位必须向项目业主提交书面报告。

6.监理单位在项目业主授权下虽然可对施工、设计等合同规定的义务提出变更,但若变更会严重影响工程造价、质量或进度,则该变更必须经项目业主批准后方可实施。

7.项目业主有权单方面中止监理合同。当下述情况出现时项目业主可中止合同,第一,监理单位严重违约并使得监理合同无法顺利实施。第二,监理合同实施过程出现不可抗力而致项目业主和监理单位双方无法再履行合同。第三,国家调整政策导致建设项目停建或缓建。

(三)项目业主督促监理单位履行合同

项目业主主要通过三种方式督促监理单位履行合同,包括控制监理机构人员、依据监理月报对监理工作提出要求和调整监理范围。

1.控制监理机构人员

项目业主对监理机构人员进行控制主要包括限定监理单位不得随意更换经项目业主批准的总监理工程师,限定进驻施工现场的监理工作人员必须是经项目业主批准的人员,要求监理单位更换不称职的监理人员等。

2.依据监理月报对监理工作提出要求

项目业主依据监理月报对监理工作提出要求时,主要是项目业主依据监理月报对工程进展情况和检查监理机构工作质量不满意之处提出要求。监理月报是监理工程师每月根据工程建设进展情况、存在的问题以书面形式向项目业主和上级监理部门所提交的报告,月报内容通常包括工程概况,施工单位的项目组织系统,工程形象部位完成情况,工程质量,工程计量与支付,工程变更及洽谈协商,工程材料、构配件及设备供应,施工现场情况,气象数据,监理单位,当月监理综合评价。

监理月报中的工程概况内容包括工程概述即工程正在施工部位的基本情况,总平面示意图,施工概述即工、料、机具配备动态,本期施工情况。

施工单位的项目组织系统内容主要是当月施工组织描述。

工程形象部位即工程中具体施工位置的概念性描述如承台、箱梁、底板等,其完成情况内容包括当月正在施工部位的平面、剖面示意图,工程形象部位完成情况及分析,当月末正在施工部位的完成进度示意图或工程照片。

工程质量内容包括工程验评情况分析、分项工程一次验收合格率统计、分项工程优良率控制图、分部工程验评情况、施工试验情况、质量事故、暂停施工指令、本期工程质量问题与对策。

工程计量与支付内容包括工程计量、预付款支付证书、月工程款支付证书、索赔情况。

工程变更及洽谈协商内容主要包括各项变更概述,未经监理工程师认可的物资、设施等供应。

工程材料、构配件及设备供应内容包括工地材料、构配件及设备供应的数量及质量情况,工地材料、构配件及设备预控情况。

施工现场情况内容包括正常施工状况描述、非正常情况下施工状况描述。

气象数据内容主要包括影响正常施工的不利气候条件;监理单位内容包括监理组织机构框图,项目监理机构人员构成,监理会议、监理复测、监理抽查等监理工作统计。

当月监理综合评价内容包括监理单位对本月工程的总评价,投资、进度、质量控制情况,信息管理、合同管理情况,存在问题与对策。

3.调整监理范围

调整监理范围是追加或减小对监理机构授权的范围。项目业主对总监理工程师授权的范围大小依照工程建设特点、进展情况以及总监理工程师的管理能力和水平高低而动态变化,变化结果要被通知到监理单位。不论如何调整,调整监理范围的一个基本原则是总监理工程师能独立自主在一定权限范围内作出决定,即无须事事向项目业主请示。

第五节 公共项目监理实例

实例一:施工监理

[内容]

1.工程基本情况

极品江山9~12号楼商业及地下车库工程项目位于某市某区长江二路以南、某路以东一小区内,建筑面积1万 m²,其中9~12号楼商业及地下车库工程地上面积8.17万 m²,地下面积2.96万 m²。事故发生时,11号楼正在施工地下室一层。2018年5月某日,该工程的建设单位某房地产公司未取得施工许可证,擅自组织施工;经责令整改后于2018年7月某日在市住房城乡建设局办理了施工许可证。春节后,市住房城乡建设局对该工地组织了复工检查。

2.参建单位情况

建设单位:某市某房地产公司。

施工总承包单位:某省某建筑公司。

工程监理单位:某市某监理公司,具有房屋建筑工程甲级资质。

塔式起重机产权单位:某省某物资公司。

塔式起重机安装维保单位:某市某安装公司。

[问题]

2019年2月某日下午,某省某建筑公司承建的某市极品江山项目部在1号楼地下车库开展施工。13时40分左右,项目部钢筋班张某安排钢筋班成员李某在钢筋堆料场吊运几捆钢筋到地下室底板堆放区,以便备用。张某随即来到位于11楼地下车库施工处顶上方的钢材堆料场,李某在钢筋堆料场将钢筋用索具捆扎完毕后,用对讲机通知塔式起重机司机王某将捆扎好的钢筋起吊至指定地点,随后,李某离开钢筋起吊现场。

14时08分左右,当塔式起重机起吊2.16 t钢筋由西向东逆时针回转时(此时起吊重量已超过允许起吊重量44%,小车变幅在4 m位置时允许起吊重量为1.5 t),QTZ80基础井字梁承重板焊接处发生拉裂,塔机整体向东偏北倒塌,致使塔式起重机司机王某和现场施工的1名木工、1名钢筋工3人死亡,1人受伤。

这是一起严重违反塔式起重机危险性较大作业安全规程规定要求而导致的较大生产安全责任事故,其原因是什么? 监理单位及其人员责任如何界定? 如何对监理进行处罚? 经验教训有哪些?

[解析]

1.事故原因

(1)直接原因

塔式起重机司机王某违章违规作业。未按起重作业的安全规程规定要求对塔式起重机开展必备项目及内容的日常检查,致使起重机力矩限制器等安全设施失效的重大安全隐患未及时得以发现。起重机带病运行,超载吊运,是造成此次事故的直接原因。

(2)间接原因

①某市某安装公司及维保人员严重失职。未按照规定要求对该塔式起重机进行必备的维护保养,且出具虚假维保记录。

②某省某建筑公司施工作业现场安全管理失责。未建立危险性较大设备日常安全隐患排查等基本制度,塔式起重机操作现场也未按规定要求配备安全员、指挥、司索信号工等,未及时发现和纠正制止塔式起重机操作人员违章违规行为,施工单位的安全生产主体责任及日常安全管理制度措施缺失。

③某市某监理公司监理职责履行不力。未建立和实施塔式起重机作业等危险性较大作业的安全监理规定,对违章违规操作行为也未及时发现和纠正制止,作业现场监理缺失,履职尽责不到位。

④某市某房地产公司项目建设安全管理薄弱。未严格履行建设项目建设、施工、监理各环节安全生产统一协调管理职责,安全隐患排查工作组织不力,存有典型的以包代管行为。

⑤属地政府和行业监管部门安全监管存有漏洞。节后施工工地复工安全标准要求审核把关不严,施工工地重点环节的日常安全监管存有疏漏,对塔式起重机作业等危险性较大设备的安全监管制度和措施有待进一步加强和改进。

2.监理单位及其人员责任

作为监理单位,某市某监理公司在承担该工程施工监理过程中,对施工单位及施工人员违规违章行为检查处理不力,未依照法律、法规和工程建设强制性标准实施监理,其行为违反了《建设工程安全生产管理条例》第十四条规定,对该起事故的发生负有监理责任。

赵某作为项目总监理工程师,未能认真履行总监职责,对事故的发生负有监理责任。

钱某作为项目总监代表,未能认真履行安全监理职责,对施工单位施工人员违章行为没有及时发现和处理,未依照法律、法规和工程建设强制性标准实施监理,对事故的发生负有监理不力的直接责任。

3.对监理进行处罚

(1)对监理单位的处罚

依据《建设工程安全生产管理条例》第五十七条规定,给予某市某监理公司责令停业整顿60日行政处罚。停业整顿期间不得在全国范围内以房屋建筑工程监理资质承接新项目。

(2)对总监理工程师的处罚

依据《建设工程安全生产管理条例》第五十八条规定,给予赵某吊销注册监理工程师注册执业证书,5年内不予注册的行政处罚。

依据《建设工程安全生产管理条例》第五十八条规定,给予钱某吊销注册监理工程师注册执业证书,5年内不予注册的行政处罚。

4.经验教训

必须严格落实安全监管责任。地方政府要深刻吸取事故教训,牢固树立"发展决不能以牺牲安全为代价"的理念,认真贯彻落实国家、省、市对安全生产的工作部署和责任分工,全面开展安全生产大检查,深入排查治理各类事故隐患;加强对本行政区内建筑项目的安全监管,采取切实可行的措施,从源头上进行管理,防止类似事故再次发生。建设部门要加强安全监管队伍建设,切实履行安全监管职责,建立长效工作机制,加强日常监督检查以及工地复产复工、特种设备等方面的安全监管,严肃查处违法、违规的建设项目;切实把建筑施工安全监管责任落实到位,有效防范和遏制建筑施工事故的发生。全市建设、施工、监理和技术服务机构要深刻吸取事故教训,守住法律底线、诚信底线、安全底线,依法规范企业内部经营管理活动,建立健全并严格落实本单位安全生产责任制。各施工企业要组织检查、消除施工现场事故隐患,保证施工现场安全生产管理体系、制度落实、培训教育到位。严格执行专项施工方案、技术交底的编制,加强对特种设备的安装、检测、维保过程的安全管理,确保安全生产。

——案例来源:https://mp.weixin.qq.com/s? __biz＝MzI3ODU5Nzc2Mg＝＝＆mid＝2247501948＆idx＝1＆sn＝41709eb034e7fa122fbceafe20ade83a＆chksm＝eb561191dc21988768cc679dd4479105c9fa877093e0813087e99ba1e85a669b383c48ca2f7d＆scene＝27

实例二：合同监理

[内容]

某工程项目，经有关部门批准采取公开招标的方式确定了中标单位并签订合同。

1.工程合同条款

(1)由于设计未完成，承包范围内待实施的工程虽然性质明确，但工程量还难以确定，双方商定拟采用总价合同形式签订施工合同，以减少双方的风险。

(2)施工单位按建设单位代表批准的施工组织设计(或施工方案)组织施工，施工单位不承担因此引起的工期延误和费用增加的责任。

(3)甲方向施工单位提供场地的工程地质和地下主要管网线路资料，供施工单位参考使用。

(4)建设单位不能将工程转包，但允许分包，也允许分包单位将分包的工程再次分包给其他施工单位。

2.施工招标文件

在施工招标文件中，按工期定额计算，该工程工期为 573 天。但在施工合同中，双方约定：开工日期为 2002 年 12 月 15 日，竣工日期为 2004 年 7 月 25 日，日历天数为 586 天。

3.施工过程

(1)工程进行到第 6 个月时，国务院有关部门发出通知，指令压缩国家基建投资，要求某些建设项目暂停施工。该工程项目属于指令停工下马项目，因此，业主向承包商提出暂时中止合同实施的通知。承包商按要求暂停施工。

(2)复工后在工程后期，工地遭遇当地百年罕见的台风的袭击，工程被迫暂停施工，部分已完工程受损，现场场地遭到破坏，最终使工期拖延 2 个月。

[问题]

1.该工程合同条款中约定的总价合同形式是否恰当？请说明原因。

2.该工程合同条款中除合同价形式的约定外，有哪些条款存在不妥之处？请指出并说明理由。

3.本工程的合同工期应为多少天？为什么？

4.在工程实施过程中，出现的国务院通知和台风袭击引起的暂停施工问题应如何处理？

[解析]

1.该工程合同条款中约定采用总价合同形式不恰当

原因：因为项目工程量难以确定，双方风险较大，故不应采用总价合同。

2.该合同条款中存在的不妥之处及其理由

（1）不妥之处：建设单位向施工单位提供场地的工程地质和地下主要管网线路资料供施工单位参考使用。

理由：建设单位向施工单位提供保证资料真实、准确的工程地质和地下主要管网线路资料，作为施工单位现场施工的依据。

（2）不妥之处：允许分包单位将分包的工程再次分包给其他施工单位。

理由：《招标投标法》规定，禁止分包单位将分包的工程再次分包。

3.本工程的合同工期应为586天

原因：根据施工合同文件的解释顺序，协议条款应先于招标文件来解释施工中的矛盾。

4.对国务院指令暂时停工的处理

由于国家指令性计划有重大修改或政策上原因强制工程停工，造成合同的执行暂时中止，属于法律上、事实上不能履行合同的除外责任，这不属于业主违约和单方面中止合同，故业主不承担违约责任和经济损失赔偿责任。

5.对不可抗力的暂时停工的处理

承包商因遭遇不可抗力被迫停工，根据合同法规定可以不向业主承担工期拖延的经济责任，业主应给予工期顺延。

——案例来源：https://www.zhikaodi.com/showinfo-322-206517-0.html

 本章小结

工程建设监理指工程建设监理单位受建设单位委托在工程施工阶段进行控制、管理和协调工作并履行建设工程安全生产管理的法定职责，也指工程监理单位受建设单位委托按照建设工程监理合同约定在建设工程勘察、设计、保修等阶段提供服务。工程建设监理的责任是控制投资、控制工期、控制质量，进行合同管理、信息管理，协调有关单位的工作关系，亦即"三控、两管、一协调"。

我国工程建设管理与国际惯例接轨，实行"三方管理"体制，该体制使直接参与工程建设的项目业主、监理单位、工程承包人通过委托与被委托服务关系、监理与被监理关系而联系起来，形成一个完整的工程建设闭环管理系统。项目业主与监理单位具有平等关系、授权与被授权关系和经济合同关系。

监理单位选定流程通常包括确定监理范围、编制监理概算、成立监理委托机构、筛选监理单位并确定参选名单、确定监理单位选择方式、发出邀请投标信与提供有关信息、召开评标会评审标书、签订工程建设监理合同及其他。

工程建设监理单位在签订监理合同并实施监理时，通常在施工现场派驻项目监理机构，该机构的组织形式和规模可根据建设工程监理合同约定的服务内容、服务期限以及工程特点、规模、技术复杂程度、环境等因素确定。

项目监理机构的监理人员由总监理工程师、专业监理工程师和监理员组成,且专业配套、数量应满足建设工程监理工作需要,必要时可设总监理工程师代表。总监理工程师履行的主要职责通常包括确定项目监理机构人员及其岗位职责,组织编制监理规划、审批监理实施细则等约十五项职责。监理规划是项目监理机构全面开展建设工程监理工作的指导性文件,它确定项目监理机构的工作目标,确定具体监理工作的制度、内容、程序、方法和措施。监理实施细则通常在相应工程施工开始前由专业监理工程师编制,编制依据主要包括监理规划,工程建设标准、工程设计文件,施工组织设计、(专项)施工方案。

公共项目监理的核心工作是工程质量、成本、进度控制及安全生产管理监理。

依照监理合同,项目业主要为监理单位开展监理活动提供条件,正常履行职责和对例外事项给予监理单位以指示,以利于监理单位开展具体的监督、协调工程建设活动。

 ## 关键术语

工程建设监理 总监理工程师 监理工程师代表 专业监理工程师 监理员 监理规划 监理实施细则 旁站 巡视 平行检验 第一次工地会议 工地协调例会 专业协调会议 监理月报 工程形象部位

复习思考题

1.试述工程建设监理的责任内容。

2.试述工程建设管理的"三方管理"体制。

3.选择监理单位时项目业主考虑的因素主要有哪些?

4.试述监理单位选定流程。

5.试述工程建设监理机构的组织形式、人员构成。

6.总监理工程师履行的主要职责有哪些?

7.专业监理工程师通常履行哪些职责?

8.如何理解监理规划?

9.如何理解监理实施细则?

10.如何从监理角度实施质量控制?

11.如何从监理角度实施工程成本控制?

12.如何从监理角度实施工程进度控制?

13.如何理解安全生产管理的监理?

14.项目业主一般为监理单位开展监理活动提供哪些条件?

15.项目业主在正常情况下履行合同约定的哪些职责?

16.项目业主对监理活动中发生的例外事项的决策权通常包括哪些内容?

17.项目业主如何督促监理单位履行合同?

18.案例分析题:认真阅读案例材料,按照要求回答问题。

招投标监理

[内容]

1.招投标过程

某工程监理公司承担施工阶段监理任务,建设单位采用公开招标方式选择承包单位。在招标文件中对省内与省外投标人提出了不同的资格要求,并规定2001年10月30日为投标截止时间。甲、乙等多家承包单位参加投标,乙承包单位11月5日才提交投标保证金,11月3日由招标办主持举行了开标会。但本次招标由于招标人原因导致招标失败。

建设单位重新招标后确定甲承包单位中标,并签订了施工合同。施工开始后,建设单位要求提前竣工,并与甲承包单位协商签订了书面协议,写明了甲承包单位为保证施工质量采取的措施和建设单位应支付的赶工费用。

2.施工过程

施工过程中发生了混凝土工程质量事故……经调查组技术鉴定,认为是甲承包单位为赶工而拆模过早、混凝土强度不足造成的。该事故未造成人员伤亡,但导致直接经济损失4.8万元。

质量事故发生后,建设单位以甲承包单位的行为与投标书中的承诺不符,不具备履约能力,又不可能保证提前竣工为由,提出终止合同,甲承包单位认为事故是因建设单位要求赶工引起,不同意终止合同,建设单位按合同约定提请仲裁,仲裁机构裁定终止合同,甲承包单位决定向具有管辖权的法院提起诉讼。

——案例来源:https://www.zhikaodi.com/showinfo-322-206517-0.html

[问题]

1.请指出该工程招投标过程中的不妥之处,并说明理由。招标人招标失败造成投标单位损失是否应给予补偿?说明理由。

2.上述质量事故发生后,在事故调查前,总监理工程师应做哪些工作?

3.上述质量事故的调查组应由谁组织?监理单位是否应参加调查组?请说明理由。

4.上述质量事故的技术处理方案应由谁提出?技术处理方案核签后,总监理工程师应完成哪些工作?该质量事故处理报告应由谁提出?

5.建设单位与甲承包单位所签协议是否具有与施工合同相同的法律效力?请说明理由。具有管辖权的法院是否可依法受理甲承包单位的诉讼请求?为什么?

第十章 公共项目审计、验收与后评估

公共项目建设的完成以公共项目审计、项目验收、项目后评估的实施为标志。公共项目审计与后评估构成公共项目绩效管理的主要内容,也代表着公共项目局部生命周期的结束。结合审计与项目后评估理论,本章介绍公共项目审计与后评估的内涵及一般方法。

知 识 结 构

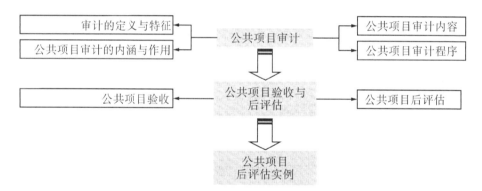

重 点 问 题

☆ 公共项目审计内涵与作用　　　☆ 公共项目审计内容

☆ 公共项目审计程序　　　　　　☆ 公共项目验收的作用

☆ 公共项目验收范围和依据　　　☆ 公共项目验收流程

☆ 公共项目后评估内涵与特点　　☆ 公共项目后评估原则、主体及其职责

☆ 公共项目后评估程序与内容　　☆ 公共项目后评估方法

第一节　公共项目审计

一、审计定义与特征

审计是为查明有关经济活动和经济现象的认定与所制定标准之间的一致程度而客观地收集和评估证据，并将结果传递给有利害关系的使用者的系统过程。审计的基本职能是经济监督，体现为专设机关依照有关法律对国家各级政府及金融机构、企业事业组织的重大项目和财务收支进行事前、事中或事后审查。

与其他经济活动相比，审计具有独立性、权威性和公正性特征。

审计在组织上、人员上、工作上、经费上均具有独立性，这种独立性是审计的本质特征。第一，审计机构必须独立且为专职机构，与被审计单位在组织上没有隶属关系。第二，审计人员与被审计单位不存在任何经济利益关系，不参与被审计单位的经营管理活动，审计人员依法行使审计职权受到国家法律保护。第三，审计机构和审计人员在工作上依法独立行使审计监督权，按照规定的审计目标、内容、程序，严格遵循审计准则、审计标准要求，进行证明资料的收集，作出审计判断，表达审计意见，提出审计报告。第四，审计机构有足够的经费来源，能够独立自主地进行审计工作，不受被审计单位的牵制。

审计的权威性是国家对实行审计制度、建立审计机关以及审计机构的地位和权力都作出明确规定，使审计组织具有法律的权威性。我国在宪法中明文规定实行审计监督制度，在审计法中又进一步规定国家实行审计监督制度，国务院和县级以上地方人民政府设立审计机关，审计机关依照法律规定的职权和程序进行审计监督。审计人员依法审计行为受法律保护，任何组织和个人不得拒绝、阻碍审计人员依法执行职务。审计机关负责人在没有违法失职或者其他不符合任职条件的情况下，不得被随意撤换。审计机关的审计权包括要求报送资料权，检查权，调查取证权，采取临时强制措施权，建议主管部门纠正其有关规定权，通报、公布审计结果权，对被审计单位拒绝、阻碍审计工作的处理、处罚权，对被审计单位违反预算或者其他违反国家规定的财政收支行为的处理权，对被审计单位违反国家规定的财务收支行为的处理、处罚权，给予被审计单位有关责任人员行政处分的建议权等。政府审计机关的审计决定具有法律效力并可强制执行，被审计单位必须坚决执行审计决定，包括将非法所得及罚款按期缴入审计机关指定的专门账户；如果被审计单位和协助执行单位未按规定期限和要求执行审计决定，则应采取措施责令其执行；对拒不执行审计决定的，审计机关可申请法院强制执行,并可依法追究其责任。我国社会审计组织是经过有关部门批准、登记注册的法人组织,依照法律规定独立承办审计查账验证和咨询服务业务,其审计报告对外具有法律效力。我国内部审计机构根据法律规定设置,在单位内部具有较高的地位和相对的独立性,也具有一定的权威性。各国为了保障审计的权威性,分别通过公司法、证券交易法、商法、破产法等,从法律上赋予审计以超脱的地位及监督、评价、鉴证职能。一些国际性的组织为了提高审计的权威性,也通过协调各国的审计制度、准则以及制定统一的标准,使审计成为一项世界性的权威专业服务。

审计的公正性是审计机关和审计人员站在第三方立场上进行实事求是的检查,作出不带任何偏见的、符合客观实际的判断,并作出公正的评价和进行公正的处理以确定或解除被审计人的经济责任。

审计机关和审计人员只有同时保持独立性、公正性,才能取信于审计授权者或委托者以及社会公众,才能真正树立审计权威的形象。

审计监督是一种经济监督,并不同于行政监督或司法监督。行政监督的对象是国家行政机关实施的行政管理活动,其中包括经济活动;行政监督不是以第三者身份通过授权或委托进行监督,其执行主体本身就具有管理权和处罚权。法律监督的客体是法律关系,实行法律监督的主体是法院和检察院,其监督要按照法律程序进行。审计虽然也是依法监督,但除法律为其依据外,还有国家的方针、政策、计划、规章、标准、法规等,依法审计并不等于就是法律监督。审计监督虽说也是经济监督,但又不同于其他专业经济监督。审计监督是专设部门实行的监督,审计部门无任何经济管理职能,不参与被审计人及审计委托人任何管理活动,具有超脱性;审计监督内容取决于授权人或委托人的需要,具有广泛性;审计监督代表国家实施监督,被审计单位不得阻挠;审计监督不仅可以对所有的经济活动进行监督,而且还可以对其他经济监督部门以及它们监督过的内容进行再监督。如会计、财政、税务、银行等部门可以实行经济监督,但它们不是独立的经济监督部门,而主要是经济管理部门,经济监督是其经济管理的附带职能,监督是为其管理服务的。

二、公共项目审计的内涵与作用

包括公共项目在内的项目审计是审计机构依据国家法令和财务制度、企业的经营方针、管理标准和规章制度,对项目活动包括项目的文件记录、管理的方法和程序、财产情况、预算和费用支出情况以及项目工作的完成情况等用科学的方法和程序进行审核检查,以判断其是否合法、合理和有效,是对项目管理工作进行全面检查。项目审计既可以对拟建、在建或竣工的项目进行审计,也可以对项目的整体进行审计,还可以对项目的部分进行审计。项目审计除了具有经济监督职能外,还具有项目支撑职能,即审计机构实施项目审计后提出改进项目组织、提高工作效率、改善管理方法的途径,帮助项目组织者在合乎法规的前提下更合理地利用现有资源,顺利实现建设项目的目标。项目审计不同于财务审计,前者的审计范围更广而几乎涉及项目管理的所有问题,其本质更接近于项目评估。

包括公共项目在内的项目审计一般具有以下六方面作用。第一,及时纠偏。及时发现不合理的经济活动,并提出相应的改正建议,促使项目管理人员最大限度地实现对人、财、物使用的综合优化,从而尽可能降低项目造价,提高项目收益。第二,保证投资决策和项目建设期间的重大决策正确、可行。项目审计可以对项目决策是否遵循了科学程序、决策依据是否充分、方案是否经过了优选等作出正确评价,避免或终止错误的决策。这一点,对防止盲目投资和建设决策中的重大失误非常重要。第三,揭露错误和舞弊,制止违法违纪行为,维护投资者的权益。第四,交流经验,吸取教训,提高项目管理水平。任何时期的项目审计都会发现经验和暴露问题,这些经验和问题会帮助项目经理以及企业高层管理部门改善管理状况,避免或减少再次出现类似的错误。第五,激发项目管理人员的积极性和创造性。在审计过程中,通过对管理和建设现状的评价与签证,使渎职舞弊的人员受到处理或批评,使成绩优异的部门和管理人员受到承认和荣誉,能够激励项目管理人员恪尽职守,努力工作。第六,便于高层管理人员调控项目。对于项目管理而言,项目审计的大部分实际工作是由项目管理中心来操作,包括提供资料、负责执行等,而非单纯的审计中心。

公共项目审计还有规范公共工程投资行为、防范化解公共工程建设领域的重大风险,推动重大政策措施贯彻落实的作用,这体现在国家审计法和地方政府法规中。

我国公共项目审计主体包括国家审计机关、内部审计机构和社会审计组织三部分。第一,国家审计机关。国家审计机关分为中央和地方国家审计机关,它们对政府投资和以政府投资为主的建设项目的预算执行情况和决算、对其他关系国家利益和公共利益的重大公共工程项目的资金管理使用和建设运营情况进行审计监督。国务院设立审计署,审计署在审计长领导下具体组织开展全国公共投资项目审计工作;审计署驻地方特派员办事处和各省、市、县等审计机关也相应设立专业审计部门,负责具体开展其行政职责范围内的公共投资项目审计工作;地方各级审计机关对本级人民政府和上一级审计机关负责并报告工作,审计业务以上级审计机关领导为主。第二,内部审计机构。内部审计机构是部门、单位内部专职经济监督的机构,它在本部门、本单位主要负责人的直接领导下依照国家的方针政策、财政经济法规和有关规章制度,对本部门、本单位及其所属单位的财政、财务收支及其经济效益进行内部审计监督,独立行使内部审计职权,业务上受国家审计机关的指导,对本部门、本单位主要负责人负责并报告工作。第三,社会审计组织。我国社会审计组织是经政府有关部门批准并注册登记后,采取有偿服务方式面向社会开展审计查证、咨询、签证等业务的社会组织,它受国家审计机关的领导和管理,可接受审计机关委托也可接受企事业单位、其他社会经济组织和个人的委托进行审计。相应地,我国公共项目审计人员由国家审计机关审计人员、内部审计机构审计人员和社会审计组织审计人员三部分构成。

三、公共项目审计内容

公共项目审计内容总体上包括九个方面。第一,履行基本建设程序情况。主要审查项目的建议书、可行性研究、初步设计、施工图设计、招投标、建设实施、竣工验收等程序是否符合规定;有无决策失误和重复建设造成重大损失浪费等。第二,有关政策措施执行和规划实施情况。主要审查项目建设是否符合国家宏观调控政策、相关产业政策,是否符合国家或地区发展规划等。第三,项目建设资金管理情况。主要审查项目建设资金到位和管理使用情况,反映挤占挪用建设资金、损失浪费等问题。第四,工程质量、安全情况。主要审查工程建设质量和安全管理制度的建立、健全和落实情况,揭露和反映工程质量安全隐患等问题。第五,设备、物资和材料采购情况。主要审查设备、物资和材料采购是否按照规定实行招标,招标过程中有无低价中标、暗箱操作等重大违法违规问题和经济犯罪案件线索。第六,工程造价情况。主要审查已完成投资的真实性、合规性,揭露和反映虚假计量、设计变更不实和造价不合理等问题。第七,土地利用和征地拆迁情况。主要审查征地拆迁资金拨付和管理使用情况,揭露挤占、挪用、套取、截留征地拆迁资金等行为。第八,环境保护情况。主要审查采取的相关环境保护措施的合理、有效性,分析项目建设对环境造成的影响等。第九,投资绩效情况。主要审查项目是否按照计划工期实施,评审项目的投资效益,包括经济效益、社会效益和环境效益,分析存在问题的原因;揭示投资管理体制、机制和制度方面的问题,促进深化投资体制改革等。以上内容可归类为项目可行性研究审计、投资决策审计、建设项目勘察设计审计、项目在建阶段审计、项目财务审计、项目竣工决算审计、财政预算执行情况审计、公共项目绩效审计等。

公共项目可行性研究审计是对可行性研究报告及其过程进行审查,其内容主要包括审查项目是否进行了可行性研究,审查可行性研究的工作前提是否具备,审查可行性研究内容提出的依据,审查可行性研究报告的内容,审查可行性研究报告的审批情况,审查可行性研究的收费情况等。

公共项目投资决策审计是对项目在公共需求上的合理性、建设的必要性、技术和经济上的适宜性等进行审查,其内容主要包括审查可行性研究报告的基本条件,审查社会、市场分析和需求预测,审查资源、能源、原材料采集和运输方案的技术经济评价结论,审查资金筹措方案,审查技术费用的估价、建筑成本的预算以及生产总成本的测算,审查项目管理制度,审查投资效果的经济评价结论等。

建设项目勘察设计审计是对项目建设工程勘察工作和项目建设工程设计工作进

行审查,其内容主要包括审查勘察证书,审查工程勘察工作报告,审查工程勘察取费,审查工程勘察合同,审查设计单位资格、等级,审查建设工程设计合同,审查设计任务书,审查初步设计,审查施工图设计。

项目在建阶段审计是项目正式开工建设至建设结束前进行的审查,其内容主要包括六个方面。第一,审查项目资金来源情况。审查项目资本金来源及其他资金来源是否符合国家有关规定并是否按时到位。第二,审查建设项目审批程序和手续是否完备。第三,审查项目概算、预算及其调整情况。审查项目设计概算、施工预算的编制及内容的合法性、合规性与准确性,包括概算编制依据、工程费用、设备及工器具购置费、其他费用、预备费用、概算调整等。第四,审查设计变更的内容和调整情况。审查设计单位是否按照批准的规定和标准设计或调整。第五,审查成本及财务收支核算情况。审查资金是否在规定范围内使用,是否存在被侵占、转移和挪用情况,是否存在超支情况,资金结算是否真实、合规。第六,审查内部控制制度。审查项目实施单位机构设置是否完善有效,包括是否实行项目建设部负责制、企业基建部门负责制、项目法人负责制等。

项目财务审计是对项目有关单位的财务收支活动和财务状况进行审查,其内容主要包括审查会计资料、预算资料的完整性和正确性,审查资金使用情况的合法性,审查概算、预算执行情况,审查项目管理制度的建立情况,审查会计组织是否健全、会计制度是否得到贯彻执行。

项目竣工决算审计是在项目正式竣工验收前由审计人员依法对项目竣工决算的正确性、真实性、合法性和实现的经济效益、社会效益及环境效益进行检查、评价和鉴证,其内容主要包括:审查竣工决算编制依据;审查是否按规定的时间及时进行竣工决算的编报;审核竣工决算资料的齐全性和真实性;审查建设单位的竣工验收工作是否符合有关规定,决算编制工作有无专门的人员,各项清理工作是否彻底和全面;审查项目建设是否按照批准的初步设计进行,各单位工程是否严格按照批准的概算内容进行,有无概算外项目和提高建设标准、扩大建设规模问题,有无重大质量事故和经济损失;工程施工发生计划调整、设计变更有无批准调整计划的文件和变更设计的手续,设计变更和现场签证是否合理,有关手续是否符合规定;审查在工程实施过程中有关设备和材料的变化情况、建筑经济政策的变化情况、补充合同的内容变化等是否正常,调整是否合理;审查交付使用财产是否真实和完整,是否符合交付条件,移交手续是否齐全、合规;审查建设项目的资金来源和投资支出是否真实、合法,基本建设结余资金是否真实、准确;审查建设成本节约和超支的原因;审查转出投资、应核销投资和应核销支出的列支依据是否充分,手续是否完备,内容是否真实,核销是否合规,有无虚列投资的问题;审查建设工期;审查工程质量;审查、评价投资效益;审查、核实尾工工程的未完工程量,防止将新增项目列为尾工项目并增加新的工程内容。

财政预算执行情况审计是对国务院各部门和地方各级政府是否积极组织收入、

是否及时合理地拨付资金并不断地组织财政预算收支平衡进行审查,其内容主要包括:审查预算执行情况报告的合理性、真实性;审查预算收入的完成进度是否达到计划要求,分析预算收入大幅度增减的原因;审查预算支出是否严格按照国家预算执行,进度是否与计划一致,分析审查预算支出超支或未完成计划的原因;审查并评价被审单位组织预算收支平衡的措施是否切实可行及其实施效果;审查动用预备费是否适当,手续是否完备;审查财政结余资金是否真实、正确,是否做到了收支平衡;审查财政结算资金是否按规定进行结转,往来资金是否合理等。

公共项目绩效审计是对公共项目的经济性、效率性和效果性进行审查,其内容主要包括确立评价投资效益优劣程度的审计标准,审查项目建成后是否达到预期经济效益效果及新增服务能力,审查项目运行的效率与效果,审查是否存在资产闲置和损失浪费等情况,综合研判项目的经济效益、社会效益、环境效益等。

四、公共项目审计程序

包括公共项目在内的项目审计主要遵循以下程序,即启动项目审计、制定项目审计计划、实施项目审计、报告审计结果并对项目各方面提出改进建议、终结项目审计。

(一)启动项目审计工作

审计部门结合工程具体情况、工程计划和施工情况提出审计计划,确定审计对象,组成审计小组,确定主审人员,制定审计工作方案,对被审单位下达审计通知书。启动项目审计工作具体包括:明确审计目的;选举审计小组组长,使项目审计小组成员相互了解;了解项目概况,熟悉项目有关资料;分析项目计划和各种记录,设计项目审计用调查表、调查问卷等。

审计过程中,被审计单位应配合审计单位介绍工程管理情况,提供设计文件、计划任务书或领导批示、招投标书、概(预)算书、工程结算书、经济合同等商务资料,以及提供隐蔽工程签证等资料。

(二)制定项目审计计划

审计机构每年对审计项目和审计调查项目作出预期规划,具体步骤包括确定审计范围,确定审计工作所要占用的人力和财力资源,确定审计实施项目,确定审计风险及预案,确定审计技术方法及其体系,确定审计信息沟通、编报和披露计划,确定审计档案管理办法。审计计划的内容主要有审计时间、范围、重点和总体目标,所需审计人员,审计资源的耗费水平和成本预算,任务分工,重大审计专题预计参与人员及完成时间,完成审计任务的风险及其控制措施。

(三)实施项目审计

实施项目审计主要是针对确定的审计范围实施审查,从中发现常规性的错误和弊端,并与项目管理人员协同纠正错误和弊端。实施项目审计又包含审计前准备和实施审计两个阶段。

1.审计前准备

审计前准备工作主要包括审计小组熟悉被审计项目基本情况,熟悉审计目标、范围和重点,熟悉审计方法和评价标准,编制审计方案。

审计小组熟悉被审计项目基本情况包括:熟悉被审计项目的投资规模,资金来源,管理体制,建设内容,建设期限等基本情况;熟悉被审计项目的机构和人员设置,管理程序,财政、财务收支及其管理情况;熟悉被审计项目的建设管理程序,内部控制制度等;熟悉与被审计项目相关的外部环境等。

熟悉审计目标、范围和重点主要是将审计目标分为总体目标、子目标和具体目标,同时界定相应审计范围及其重点。

编制审计方案是为实现预期审计目标、顺利完成审计任务而制定审计工作计划和部署,分为制定审计工作方案和制定审计实施方案。制定审计工作方案是审计机关为实施审计而制定审计项目工作总体计划和部署,将审计工作下达到承担审计任务的具体审计执行单位。制定审计实施方案是审计执行单位制定具体审计实施计划和部署,包括对编写和发送审计通知书、进行审计分组、设计审计程序、编写审计报告等所有工作进行具体安排。

2.实施审计

实施审计是审计人员按照法规,审计准则,已核准的审计目标、范围和标准以及任何来自审计署管理层的指导,对被审计单位的业务活动进行职业研判。

审计实施的步骤通常分为下达审计通知、召开审计进点见面会、收集审计证据、编制审计记录、编制审计工作底稿、与被审计单位保持良好关系、召开现场审计撤点会等环节。收集审计证据是公共项目现场审计工作的核心内容,必须做到客观、相关、充分和合法。审计证据包括以书面形式存在并证明审计项目的书面证据,以实物形式存在并证明审计项目的实物证据,审计项目相关的图片、影像、视听或电子数据资料,专门机构或人员的勘验笔录、鉴定结论,其他有关人员提供的口头证据、分析性证据等。编制审计记录是对收集到的审计证据和整理归纳证据所形成的结果编制成记录,并要求审计事项当事人及其单位对记录情况的真实性予以签字确认。编制审计工作底稿是审计人员编制在审计过程中形成的反映审计事项内容的文稿,是编制审计报告的基础。

(四)报告审计结果并对项目各方面提出改进建议

报告审计结果是审计组向派出审计机关提交书面报告、汇报审计实施情况及审计结果。在此阶段审计组所做的工作主要包括起草审计报告初稿,征求被审计单位意见,提交审计报告,审计报告复核与修改,审定审计报告和作出审计决定,对审计结果进行公告,向政府、人大提出专题报告或专项报告。审计报告的内容主要包括内容摘要、被审计项目背景情况、审计实施情况、审计评价意见、审计处理处罚意见、审计建议、被审计项目的反馈意见。

审计人员出具审计报告后,通常对审计报告中提出的审计决定的执行和审计建议采纳落实情况进行跟踪,同时对审计项目进行总结分析。

(五)终结项目审计

项目审计工作结束后,审计小组对项目审计工作进行总结,并将审计过程中的相关文件、资料进行整理,按档案管理的有关规定立卷归档。之后,项目审计工作结束,审计小组解散。

第二节　公共项目验收与后评估

一、公共项目验收

公共项目建成后,应当按照国家有关规定及时进行竣工验收。对公共项目进行验收有以下三方面作用:第一,确保公共项目建设质量和投资效益。通过对已经竣工工程的检查和试验,项目业主能够掌握承包人施工质量是否达到设计要求并形成生产力或使用能力;第二,明确并落实合同责任。项目通过了验收,则表明承包人按照约定履行了责任;第三,程序上保障公共项目顺利投入运营。任何公共项目未经竣工验收或竣工验收不合格者,不得交付使用,不得办理固定资产移交手续。

公共项目验收范围通常包括新建、扩建、改建、技术改造的建设项目,按照批准的设计文件规定建成并符合验收标准的建设项目。某些特殊项目,虽然其工程施工尚未全部按照设计要求完成,也可进行验收。这些特殊项目包括:第一,工程内容还未全部完成,但已经可以投产或使用的工程项目;第二,规定的工程内容已经建成,但受外部条件制约而不能投入使用的工程项目;第三,部分建设项目或单项工程已经形成部分生产力,经主管部门批准后可验收的工程项目。

公共项目验收依据通常包括以下文件、批复、资料、合同等。第一，经审批的项目建议书、可行性研究报告、资金申请报告、初步设计文件及概算、变更设计、调整概算、实施方案及其批复文件。第二，有关部门对规划、土地、环保、节能、消防、职业卫生、生产安全、资源使用及其他有关事项的批复。第三，国家、省和行业行政主管部门颁布的建设标准、现行设计和施工技术规范、验收规范和质量标准等有关规定。第四，施工图纸和设备技术说明书、从国外引进技术或成套设备的合同和国外提供的设计文件等资料。第五，建设项目的勘察、设计、施工、监理合同，以及重要设备、材料招标投标文件及其合同。

公共项目验收条件通常包括七个方面。第一，主体工程、辅助工程和公用设施基本按设计文件要求建成，能够满足生产或使用的需要。第二，主要工艺设备及配套设施经联动负荷试车合格，形成生产能力，能够生产出设计文件中规定的合格产品。引进的国外设备应按合同要求完成负荷调试考核，并达到规定的各项技术经济指标。第三，工程质量、土地、规划、环保、职业健康安全、消防、节能等已通过专项验收、核查、评定，可同时交付使用。第四，编制完成竣工结算报告，建设单位委托中介单位进行审核或财政部门委托中介进行审核，选择具备资质的中介机构完成审核。第五，建设项目的档案资料齐全、完整，符合国家有关建设项目档案验收规定。第六，生产流动资金已落实，生产准备工作基本完成，能适应投产初期的需要。第七，如果大型工业建设项目的整体或单项工程已形成部分生产能力，则可以从实际情况出发对已完成的工程和设备组织验收。

公共项目验收流程分为申报验收、收集和审核资料、竣工验收、验收通过并进行批复、验收结束并移交固定资产五个环节。第一，申报验收。专项验收合格后，项目法人向验收领导小组提出验收申请，报送验收计划，验收计划要明确竣工验收内容、责任领导等相关内容，并指定专人负责。第二，收集和审核资料。根据项目法人提交的申请、验收计划，验收领导小组收集和审核由项目法人提出的项目总报告，其中包括竣工报告。具体包括：工程总结，试生产报告，财务结算报告和环保、消防、职业安全卫生、防疫、档案等专项报告；设计报告，即项目设计单位提交的项目设计情况报告；施工报告，即施工单位提交的项目施工情况报告；监理报告，即项目监理单位提交的项目监理和质量情况报告；质检报告，即政府质检部门提交的项目质量监督评定报告；项目竣工图，即建设单位提交的项目竣工图；工程其他需要说明的资料。第三，竣工验收。在这一环节，首先，验收领导小组组织项目竣工验收的专家组、相关单位及人员召开项目竣工验收启动会，在听取项目法人汇报、勘察单位负责人汇报、设计单位负责人汇报、监理汇报和施工单位汇报审阅资料的同时，现场审阅已经收集到的相关资料清单及资料内容。其次，验收领导小组阅毕资料并经实地察验、咨询讨论后召开项目竣工验收总结会，对所验收的项目出具项目竣工验收意见书，对验收合格但有遗留问题的项目下达限期整改意见表，待整改完成后进行复验。第四，验收通过并进行批复。根据专家组意见、成员单位以及相关业务部门意见,按照管理制度要求,验收领导小组将竣工验收的项目提交同级决策会研究决定。决策会同意验收后对项目验收进行批复。第五,验收结束并移交固定资产。项目通过验收后,承包人同项目业主办理竣工结算手续,并将工程移交给项目业主。

二、公共项目后评估

公共项目后评估是相对于公共项目前评估而言的,是在公共项目建成或投入使用的确定时间点,由项目相关主体的某一方或委托第三方对项目立项、决策、设计、实施直到实现运营或完成的全过程及其结果、影响和绩效与预期进行对比考核,研判项目预期目标的实现程度;同时也对项目的实际投资、效益、效果进行系统审计,对项目产生的财务、经济、社会和环境等效果和影响进行客观、科学、公正的评估。

(一)公共项目后评估与前期、中期评估的关系

1.公共项目后评估与前期评估的关系

公共项目前期评估是基于项目可行性研究,对拟建项目的发展前景包括经济、社会、资源、技术、市场、财务等方面的基本数据作出预测,从而协助决策者作出正确抉择,并为项目实施、监理等奠定良好基础,它是项目后期评估的基础。公共项目后评估与前评估的区别主要体现在以下五个方面。

(1)评估主体不同。公共项目前评估主要由项目业主组织实施;而后评估主体则是以投资运行的监督管理机构或后评估权威机构或上一层的决策机构为主,包括计划、财政、审计、银行、设计、质量、司法等有关部门,并且评估过程要按照项目单位自我评估、行业主管部门评估和国家评估三个层次组织实施,以确保后评估的公正性和客观性。

(2)评估侧重点不同。项目前评估主要是以定量指标为主,侧重于项目的财务效益、国民经济效益分析与评估,评估结果直接作为项目投资决策的依据;项目后评估则要结合行政和法律、经济和社会、建设和生产、决策和实施等各方面的内容综合进行,要以现有事实为依据、以提高经济效益为目的,对项目实施结果进行鉴定,间接用于对未来项目进行投资决策。

(3)评估内容不同。投资项目的前评估主要是对项目建设的必要性、可行性、合理性及技术方案和生产建设条件等进行评估,对未来的经济效益和社会效益进行科学预测;项目后评估除了对上述内容进行再评估外,还要对项目决策的准确程度和实施效率进行评估,对项目的实际运行状况进行深入细致分析。

(4)评估依据不同。投资项目的前评估主要在历史资料、经验性资料的基础上,依据国家和有关部门颁发的政策、规定、方法和参数等文件对项目未来的情况进行预

测、估算；项目后评估主要依据建成投产后项目实施的现实资料，并把历史资料与现实资料进行对比分析，其准确程度较高，说服力较强。

（5）评估阶段不同。投资项目的前评估是在项目决策前的前期阶段进行，是项目前期工作的重要内容之一，为项目投资决策、贷款决策提供依据；项目后评估则是在项目建成运行后一段时间内对项目全过程的总体情况进行评估。

2.公共项目后评估与中期评估的关系

项目中期评估是在项目进行过程中比较实际情况与预测值的差别，分析原因并提出改进措施，同时对已经发生的建设情况进行阶段性总结、提出建议，以利于项目下一步建设。公共项目后评估与中期评估的区别主要体现在以下四个方面：

（1）评估目的和作用不同。项目中期评估的目的在于发现项目建设中实际与预测值之间的偏差，分析原因后将其反馈给项目决策和管理机构以便于纠偏，对下一步建设重新进行预测，并作出继续或停止投资的决定；项目后评估则是检测项目从立项、可行性研究、实施到运行的全过程状况与预测值之间的偏差，分析原因后将其反馈至投资决策部门以利于后者制定新的投资计划、投资政策和改进项目管理。

（2）评价内容不同。项目中期评价内容侧重于研判项目进程中出现的具体问题，为项目后评估提供基础资料和条件；项目后评估侧重点是评价项目的社会影响及其可持续性。

（3）评价主体不同。项目中期评估主体可以是内部机构和内部人员，而项目后评估主体需要有独立的外部机构。

（4）评估阶段不同。项目中期评估的时间点在项目建设活动进行当中，而项目后评估时间点在项目建成后和项目运行过程中。

（二）公共项目后评估的特点

公共项目后评估具有独立性、现实性、客观性、全面性、探索性、反馈性与合作性的特点。

（1）独立性。在实施项目后评估时，需要从机构设置、人员组成、履行职责等方面综合考虑，使评估机构既能保持相对独立又能够高效运作，确保评估可信度。独立性是项目后评估公正性和客观性的前提。

（2）现实客观性。项目后评估以事实为依据研究项目的实际情况，收集项目实际发生的真实数据，分析现实存在的经验和教训，重新预测数据并采取实际可行的对策措施，从而作出客观、公正的评估。

（3）全面性。项目后评估不仅对项目投资过程、经营过程进行全面分析，而且从项目经济效益、社会效益和环境影响等方面进行全面评价，分析项目经营管理水平和运行后劲。

（4）探索性。项目后评估人员通过分析项目运行现状来发现问题，科学探索项目未来运行趋势,对项目后评估之后计算期剩余年份的经济、社会和环境等效益重新预测和评估。

(5)反馈性。项目后评估的目的在于为项目决策机构和管理部门反馈信息,以利于后者提高自身投资决策和管理水平,为其优化项目宏观决策、规划提供依据和借鉴。

(6)合作性。项目后评估工作涉及面广、人员多且难度大,需要各方面的组织机构和人员充分沟通、配合。

(三)公共项目后评估的意义

公共项目后评估的作用首先在于它能够提升政府投资和管理水平。公共项目后评估是一个对公共项目投资者的监督过程,该过程与项目前期评估、中期评估以及监理结合在一起,构成对投资活动的监督机制。通过对公共项目实施后评估、发现公共管理中的不足,管理者一方面能够依据评估反馈信息及时调整投资方向、规模,协调各产业、各部门之间的比例关系,及时修正某些不适合经济、社会、环境发展的政策,并吸取经验教训以提高公共项目决策能力和水平;另一方面可以比较公正客观地评估公共项目的决策者、管理者和建设者的关系和出现的问题,有利于系统地提高他们的责任心和工作水平。

公共项目后评估有助于提高公共项目可行性研究和项目管理水平。依据项目后评估反馈信息,对公共项目的立项、决策、设计、实施等方面工作进行回顾分析,尤其是将原来可行性研究中要达到的项目预期效果与实际效果加以客观评估,能够对比分析出项目可行性研究中存在的问题。及时总结项目可行性研究及项目管理中的经验教训,把分析的结果储备起来并反馈到项目可行性研究工作和项目管理中,就能够提高公共项目可行性研究和公共项目管理水平。

公共项目后评估有利于国家宏观经济职能的发挥,有助于国家优化公共项目宏观管理。公共项目后评估中发现的问题往往是国家经济、社会等政策对项目决策、项目实施起作用的反映。及时对这些问题加以处理和解决,调整某些不适应经济协调发展和产业结构调整的相关政策,修改经济参数和指标定额,并运用必要的法律、经济和行政手段引导投资流向,就能够促进国民经济协调发展,优化公共项目宏观管理。

公共项目后评估有助于推进服务型政府建设。公共项目后评估所揭示的问题直接反映着政府提供公共物品的效率与公平是否统一以及统一程度,间接反映着政府为民服务能力和水平,反映着政府投资过程中是否存在"人情"因素及其程度、是否存在"寻租"现象及其程度。通过公共项目后评估,一方面可以整合财政、金融、决策等部门力量来保障政府公平、公正地开展公共管理,另一方面可以公开、公正地评价项目决策者,监督服务型政府建设的稳步推进。

(四)公共项目后评估的内容

公共项目后评价的重点是对项目执行情况的判别和分析,其内容一般包括项目各阶段回顾与总结评价、具体后评估两部分。

1.公共项目各阶段回顾与总结评价

公共项目全过程通常被分成前期决策、建设准备、建设实施、项目运行四个阶段。

(1)项目前期决策阶段的总结与评价

①项目可行性研究总结评价。重点是评估项目目标是否明确、合理,项目是否进行了多方案比较和选择了正确的方案,项目效果和效益是否实现,项目是否产生预期的作用和影响。具体内容包含市场和需求预测,建设内容和规模,工艺技术和装备,原材料的供应,项目的配套设施,项目的投资估算和资金筹集,项目财务和经济分析。

②项目决策评价。重点是对项目决策程序进行分析,对投资决策内容进行分析评价,对决策方法进行分析与评价。

(2)项目准备阶段的总结与评价

①项目勘察设计的总结与评价。内容主要包括对勘察设计单位的选定方式和程序、能力和资信情况及效果进行分析评价,对项目勘测工作质量进行评价,结合工程实际分析工程测绘和勘测深度及资料对工程设计和建设的满足程度及原因,对项目设计方案进行分析评价包括对指导思想、方案比选、设计更改等各方面的情况及原因进行分析评价,对项目设计水平包括总体技术水平、主要设计技术指标的先进性、可靠性、实用性进行分析评价,对新技术装备的采用、设计工作质量和设计服务质量等进行分析评价。

②项目投资融资方案的评价。内容主要包括对项目的投资结构、融资模式、资金选择、项目担保和风险管理等内容进行总结和评价,评价的重点是根据项目准备阶段所确定的投融资方案对照实际实现融资方案,找出差别和问题,分析利与弊。同时分析实际融资方案对项目原定的目标和效益指标的作用和影响,特别是根据融资成本的变化评价融资与项目债务的关系以及对今后工作的影响。

③采购招投标工作评价。内容主要包括对项目招投标的公开性、公平性和公正性予以评价,对采购招投标的资格、程序、法规、规范等事项进行评价。

④开工准备的评价。内容主要包括对项目组织机构(项目法人)的建立进行评价,对通过招标选择项目代理单位和代理人进行评价,对通过招投标选择施工单位和工程咨询服务进行评价,对土地征购及拆迁安置工作进行评价,对按照批准的施工组织设计和工业总图组织"四平一通"进行评价,对工程进度计划和资金使用计划的编制进行评价,对编制并报批开工报告进行评价。

(3)项目建设实施阶段的总结评价

①合同执行的分析评价。内容主要包括对合同执行的分析评价,包括既要评价

合同依据的法律规范和程序,也要分析合同的履行情况和违约责任及其原因等。

②工程实施及管理评价。内容主要包括对工程造价、质量和进度进行分析评价,从工程监理和业主管理两个方面对实施工程管理即管理者对工程质量、成本和进度三项指标的控制能力及结果进行分析评价。

③项目资金使用的分析评价。内容主要包括对资金来源进行对比和分析,评价资金来源是否正当,资金供应是否适时适度,项目所需流动资金的供应及运用状况。

④项目竣工评价。内容主要包括对项目完工进行评价和对项目投产或使用前的准备工作进行评价。

(4)项目运行阶段的总结评价

①项目运营状况的小结。内容主要包括分析项目运行是否达到设计能力,运行能力变化原因,财务状况等。

②项目效益预测。内容主要包括对项目评价时点以前已经完成的部分进行总结,以及对项目评价时点以后的工作进行预测。在项目投入运行后的评价预测包括达到设计能力状况及其预测,需求状况及未来预测,项目竞争能力现状及预测,项目运营外部条件现状及预测等。

2.具体后评估

(1)宏观评估

项目后评估的具体内容宏观上包括经济效益后评估、社会效益后评估、环境影响后评估、可持续发展后评估等部分。

①经济效益后评估。经济效益后评估是对建成投产后的项目投资经济效益进行再评价,内容主要包括对项目的财务和经济状况进行评估。

②社会效益后评估。社会效益后评估是对项目在经济、社会和环境方面产生的有形和无形的效益和结果进行分析,内容主要包括分析项目对就业、地区收入分配、居民生活条件、受益者范围、各方面参与、地方社区发展等方面的贡献和影响。

③环境影响后评估。环境影响后评估是对照批准的环境影响报告书重新审查项目影响的实施情况,审核项目环境管理的决策、规定、规范、参数的可靠性和实际效果,内容主要包括分析项目污染控制、区域环境质量、自然资源利用、区域生态平衡和环境管理能力等。

④可持续发展后评估。可持续发展后评估是对项目能否持续运行进行分析,也就是分析同类项目是否能够继续建设,内容主要包括分析项目运行受到政府政策、管理、组织和参与、经济财务、环境生态及社会文化等因素的影响及其程度。

⑤项目管理后评估。是以项目竣工验收和项目效益后评估为基础对项目管理工作进行评估,内容主要包括对项目管理能力和水平进行分析。

(2)具体内容

项目后评估的具体内容分为项目的技术效果评价、财务和经济效益分析、环境影响后评价、项目社会影响评价、项目管理效果评价等部分。

①项目的技术效果评价。对已采用的工艺技术与装备水平进行分析与评价,内容主要包括对技术的先进性、适用性、经济性、安全性等进行分析。其中,技术先进性分析包括从设计规范、工程标准、工艺路线、装备水平、工程质量等方面分析项目所采用的技术可达到的水平,包括国际水平、国内先进水平、国内一般水平;技术适用性分析包括从技术难度、当地技术水平及配套条件、人员素质和技术掌握程度等方面分析维护保养装备和技术的配套情况;技术经济性分析包括根据行业的主要技术经济指标如单位能力投资、单位运营成本、能耗及其他主要消耗指标、环境和社会代价等,说明项目技术经济指标在国内同行业所处的地位,以及项目所在地的技术水平等;技术安全性分析包括通过项目实施运营数据分析所采用技术的可靠性、主要技术风险、安全运营水平等。

②财务和经济效益分析。第一,财务效益分析。内容主要包括对项目的盈利性进行分析,对项目清偿能力进行分析,对项目生存能力进行分析。在评价过程中不能简单地使用实际数,而应当应将实际数中包含的物价指数扣除,并使之与前评价中的各项评价指标在评价时点和计算效益的范围上都可比。在盈利性分析中,用项目投资和项目资本金现金流量表计算内部收益率、净现值等指标,并通过利润与利润分配表计算总投资收益率、资本金净利润率等指标以反映项目和投资者的实际获利能力。在清偿能力分析中,主要通过编制资产负债表、借款还本付息计算表来计算资产负债率、利息备付率、偿债备付率等指标,以揭示项目的实际清偿能力。第二,经济效益分析。内容主要包括通过编制项目经济效益和费用流量表计算经济盈利性指标,分析项目建设对当地经济发展、所在行业和社会经济发展、收益公平分配的实际影响,对提高当地人口就业、推动本地区、本行业技术进步的实际影响。经济后评估结果需要与前评估指标进行对比。

③环境影响后评估。环境效益后评估是对照项目前评估时批准的环境影响报告书重新审查项目环境影响的实际结果,内容主要包括审核项目环境管理的决策、规定、规范、参数的可靠性和实际效果。实施环境影响评估应遵守国家环保要求,同时对未来进行预测,对可能产生突发性事故的项目进行分析。如果项目建设或运行过程使用对人类和生态危害极大的剧毒物品,或处于环境高度敏感的地区,或项目已经产生严重污染事件,则应对项目作单独的环境影响评价报告。

④项目社会影响评估。内容主要包括以下七个方面。第一,对就业影响进行分析。分析实际就业率指标,其中新增就业人数包括项目及其相关的新增就业人数,项目总投资包括直接和间接投资。第二,对地区收入分配影响进行分析。分析项目对所在地的收入分配主要是公平分配的实际影响。第三,对居民生活条件和生活质量影响进行分析。分析项目建设和运行后当地居民收入的实际变化,人口和计划生育的实际变化,住房条件和服务设施的实际变化,教育和卫生状况的实际变化,营养和

体育活动的实际变化,文化、娱乐方式的实际变化等。第四,对受益者范围及其反映进行分析。对照原定的受益者分析项目的真正受益者,分析投入和服务是否到达原定对象,分析项目实际受益者人数占原定目标的比例,分析受益者人群实际受益程度,分析受益者范围是否合理。第五,对各方面的参与状况进行分析。分析当地政府和居民对项目的态度,对项目计划、建设和运行的参与程度,分析正式或非正式的项目参与机制是否实际建立起来等。第六,对地方社区的发展进行分析。分析项目对所在地城镇和社区基础设施建设和未来发展的实际影响,对社区社会安定的实际影响,对社区福利的实际影响,对社区组织机构和管理机构等的实际影响。第七,对妇女、民族和宗教信仰进行分析。分析项目对妇女的社会地位、少数民族和民族团结、当地人民的风俗习惯和宗教信仰等的实际影响。

⑤项目的管理效果评估。项目的管理效果评估是对项目建设和运营中的组织结构及能力进行分析评价,内容主要包括对组织结构形式进行评价,对组织人员进行评价,对组织内部沟通、交流机制进行评价,对项目激励机制及员工满意度进行评价,对组织内部利益冲突的调停能力进行评价,对组织机构的环境适应性进行评价。

(五)公共项目后评估程序

公共项目后评估主要是为宏观决策服务,涉及国家、地区、行业发展的战略,其评估程序通常分为以下八个步骤。

1.主体的选择

公共项目在本质上由政府主导,其服务对象是全体公民和国家。在实践当中,政府需要委托其机构,各级政府机构又委托项目管理公司,项目管理公司又委托设计单位、承包人等,从而形成一条委托链。这条链中的不同组织包括政府机构、项目出资方、项目承包商、金融机构以及公众或用户等,都可以是项目后评估主体。

2.机构及专家的选择

项目后评估通常分自我评估阶段和独立评估阶段。在独立评价阶段,需委托一个相对独立的后评估专门机构来实施,由此机构任命后评估负责人,该负责人聘请和组织项目评估专家组去实施后评估。评价专家可以是评估咨询机构内部的人员,他们较熟悉评估方法和程序,费用较低;也可以是熟悉项目后的评估行家,他们客观公正,同时弥补了评估机构内部的人手不足。

3.计划的制订

国家后评估更注重投资活动的整体效果、作用和影响,更从较长远的角度和更高的层次来考虑后评估计划的制订工作。后评估计划制订得越早越好,应把它作为项目生命周期的一个必不可少的阶段,以法律或规章的形式确定下来。项目后评估计划内容包括项目的选定、后评估人员的配备、组织机构、时间进度、内容、范围、评价方法、预算安排等。

4.对象的选定

为在更高层次上总结出带有方向性的经验和教训,不少国家和国际组织将一个行业或一个地区的几个相关项目一起列入后评估计划而对它们同时进行评估。一般来讲,后评估对象通常包括实施过程出现重大问题的项目,非常规的项目,发生重大变化的项目,急需了解其作用和影响的项目,可为即将实施的国家预算、宏观战略和规划原则提供信息的项目,能确定未来投资规划方向且有代表性的项目,对开展行业部门或地区后评价研究有重要意义的项目。

5.范围的确定

对项目后评估范围及深度根据需要有所侧重和选择。通常是在委托合同中确定评估目的和范围,包括评价过程中所采用的方法、所评项目的主要对比指标、完成评价的经费和进度等。

6.执行

项目后评估的执行通常包括以下几方面的工作:

(1)收集资料信息。包括收集项目资料如项目自我评价、完工、竣工验收、决算审计、概算调整、开工、初步设计、评估和可行性研究等报告及批复文件等,项目所在地区的资料如国家和地区的统计资料、物价信息等,评价方法的有关规定和准则如联合国开发计划署、国家发改委、中国国家开发银行等机构已颁布的手册和规范等。

(2)现场调查。现场调查一般都做好充分准备,明确任务,制定提纲,充分调查项目基本情况、目标实现程度、产生的直接和间接影响等。

(3)分析和得出结论。在收集资料和现场调查后进行全面认真分析,得出结论包括项目成功度、投入产出比、成败原因、经验教训、项目可持续性等。

7.报告

项目后评估报告是真实反映情况、客观分析问题、认真总结经验的汇总。后评估报告包括摘要、项目概况、评价内容、主要变化和问题、原因分析、经验教训、结论和建议、评价方法说明等内容,这些内容既可以形成一份报告,也可以单独成文上报。报告的发现和结论部分要与问题和分析相对应,经验教训和建议要把评价的结果与将来规划和政策的制定及修改联系起来。后评估报告内容有相对固定的格式,以便于分解、录入计算机。

8.反馈

反馈是后评估体系中的一个决定性环节,是动态表达和扩散评估成果并保证成果在新建或已有项目及其他开发活动中得到采纳和应用的过程。反馈有两个要素:第一,评价信息的报告和扩散,即将评估成果和问题反馈到决策、规划、立项管理、评估、监督和项目实施等机构和部门;第二,应用后评估成果。应用公共项目后评估成果,总结经验教训以改进、调整和优化有关政策的分析和制定。

第三节 公共项目后评估实例

2008 年中国北京残奥会赛事结束后,有关机构对赛事目标、赛事项目管理、赛事项目影响等进行了后评估。

一、2008 年残奥会赛事的目标评估

2008 年残奥会于 9 月 16 日结束。本评估首先从公共项目管理的角度将该届体育赛事项目实际产生的经济、技术指标与项目审批时确定的目标进行比较,检查该项目是否达到预期目标以及达到预期目标的程度,从而判断该项目是否成功。

时年北京奥组委主席在第 29 届奥运会组委会第五次全体会议上对 2007 年奥运筹办工作进行了总结,申明这次全会的主要任务是贯彻中央关于北京奥运会筹办工作的指示精神,按照中国共产党"十七大"提出的要求,进一步坚定信心,凝聚力量,明确任务,奋力拼搏,全面实现举办"有特色、高水平"奥运会和残奥会的目标。2008 年筹办工作的总目标为圆满完成全部筹备任务,举办一届"有特色、高水平"的奥运会和残奥会;建成奥运会城市运行、管理、服务、保障和应急体系,扩大"迎奥运、讲文明,树新风"成果,展现"新北京,新奥运"风貌;加强奥运宣传,形成正面舆论优势,展示开放、民主、文明、和谐的国家形象;加强奥运安保,严防安全风险,确保平安奥运;加强奥运外事工作,赢得国际社会广泛支持,促进与各国人民的友好合作。

为保证 2008 年残奥会的顺利召开、实现既定目标,2008 年筹办工作的重点任务有 9 个方面,包括:全面做好奥运会赛事运行组织工作;精心组织开、闭幕式等重大仪式及文化活动;加强对外联络,做好各类客户群服务工作;加强奥运宣传,完善媒体服务,营造良好的国内外舆论环境;全面落实各项奥运安保措施,确保实现"平安奥运"目标;全面完善城市运行工作,深入开展"迎奥运、讲文明、树新风"活动;同步推进残奥会各项工作,成功举办残奥会;大力加强筹办队伍建设,强化奥运培训,为成功举办奥运会提供过硬的组织保障;贯彻节俭、廉洁办奥运方针,确保各项工作阳光、透明。2008 年筹办工作分为全面就绪、整合预热、赛时运行和赛后总结四个阶段进行安排。这 9 项任务的主要工作进展集中表现在以下 3 个方面。第一,重点工作进展迅速,如期实现年度目标。奥运场馆和设施建设快速推进,总体完成建设任务;开闭幕式排练工作全面展开;火炬接力的筹备工作基本就绪;成功举办各项重大活动,进一步密切国际交流和合作;志愿者招募、培训工作深入推进;奥运会竞赛组织工作进展顺利,残奥会筹办工作同步进行。第二,顺利完成年度"好运北京"全部赛事组织工作,达到检

验工作、提高水平的目的。第三,大力推进城市运行工作,为成功举办奥运会创造更加良好的条件。

为支持本届残奥会召开,北京市出台了《北京市"十一五"时期残疾人事业发展规划》(以下简称《规划》)。《规划》提出北京城市大型公共设施和奥运场馆无障碍设施建设改造率要达到 100%,并且将对 3 000 名窗口行业服务人员进行手语培训。此外,要确保新建的城市道路公共建筑、居住区和公共交通设施满足无障碍要求,完成北京重点景区、城市公共交通枢纽站、公共服务设施和服务窗口的无障碍改造工程。北京将鼓励、支持各类公共文化体育设施对残疾人开放,并提供特别服务和优惠。到 2010 年,经常参加全民健身活动的残疾人要达到 30%。这项活动使残疾人的生活质量得到较大提高。

2008 年奥运会、残奥会取得了巨大成功,实现了有特色、高水平和两个奥运同样精彩的目标,达到了让国际社会满意、让各国运动员满意、让人民群众满意的要求,全面兑现了向国际社会作出的郑重承诺。北京奥运会、残奥会向全世界展示了中国改革开放和现代化建设的成就,展示了中国人民蓬勃向上的精神风貌,增强了中华民族的凝聚力,激发了全国人民的爱国热情,树立了中国的良好国际形象,弘扬了奥林匹克精神,增进了中国人民同世界各国人民的了解和友谊。北京奥运会、残奥会的成功举办,留下了一笔丰富的物质遗产和精神遗产。

二、2008 年残奥会赛事的项目管理评估

在筹办奥运的过程中,北京市积极推进经济发展方式转变,大力调整产业结构,形成了以现代服务业为主的产业结构。奥运筹办 7 年时间内,北京市经济年均增长率达到 12.4%,地方财政收入增长 2.3 倍,城乡居民收入水平显著提高,实现了以发展保奥运、以奥运带发展。北京市大力提高城市建设与管理水平,加大基础设施建设力度,轨道交通运营总里程由 42 公里增加到 200 公里;大力发展公共交通,使人民群众普遍受惠;加大保护古都风貌的力度,加强城乡环境整治工作,城市面貌焕然一新;下大气力解决民生问题,建立了"零就业家庭"就业保障机制、"一老一小"医疗保险制度以及城乡无社会保障老人的养老保障制度;着力落实无零就业家庭、无城镇危房户、无重大重复上访户、无社会救助盲点、无拖欠工资问题的"五无"目标,解决了一批涉及群众切身利益的问题,促进了社会和谐。

奥运会后的场馆利用是历届奥运会后的"大难题",中国在筹办本届奥运会时采取如下科学的项目管理手段对其进行论证,在一定程度上规避了风险。

第一,科学论证选址,充分考虑预期的实用功能。时年北京奥运经济研究会副会长说:"北京在筹办奥运会之初就对防范赛后利用风险有明确的认识。在规划、设计北京奥运场馆时,根据人口的分布情况,把体育场馆建到人口密集区域或大学校园,

方便赛后向市民开放或综合使用。"针对北京西部地区没有大型综合体育设施的状况,奥运会篮球场馆五棵松体育中心填补了这个空白。这个中国国内第一个达到NBA比赛要求的篮球场馆将成为NBA在中国的第一个固定比赛场地,承担NBA表演赛、季前赛及各种娱乐文化活动,并会作为全民健身场所向普通市民开放。北京奥运会将乒乓球、柔道、跆拳道等项目放在大学校园里,在北京科技大学、中国农业大学等处新建了体育馆,改建了北京航空航天大学体育馆等原有的体育馆。这些建在大学校园里的体育馆,将主要由学校维护,用于学生的教学、训练及比赛,大大提高了使用效率。

第二,合理规划,采用多元投资方式。大型运动会体育场馆一般由政府投资兴建。由于回收周期长,容易使当地政府背上沉重的财政负担。中国从全国十运会开始就开始尝试吸引多元化的投资渠道。北京奥运场馆同样引入了多元投资、分散风险、专业经营等方式。国家体育场"鸟巢"30亿元的建设资金来源于2003年中国中信集团联合体。中信集团联合体中标成为"鸟巢"项目法人合作方,与北京市国有资产经营公司共同组建国家体育场有限公司,负责国家体育场的融资、建设、管理、运营、维护和移交等工作,并享有政府授予的30年特许经营权。

由于产权制度明晰,责、权、利清楚,"鸟巢""水立方"等场馆的经营方案得以与建设规划同步。时年国家体育场运营有限公司总经理说:"奥运会和残奥会期间,众多世界一流选手在'鸟巢'超越自己,创造了奇迹。这些都是'鸟巢'的无形资产。我们将原汁原味保存举行奥运赛事时的场景和设施。今后'鸟巢'最主要的用途是体育比赛和文艺演出。""鸟巢"赛后将充分利用自身的场地优势,拉动场馆商业发展,将商业面积扩展到35%左右,以承接大型体育赛事和文艺演出、开发无形资产、出租配套商业地产。"水立方"改造工程将于2009年春节后开始,改造期为一年左右,届时"水立方"将变身成一个"酷"感十足、完全体验式的多功能水上娱乐中心。时年国家游泳中心有限责任公司董事长说:"比赛结束后,'水立方'内1.1万个临时席位将被移除,休闲场地将5倍于目前赛场的规模。"时年五棵松文化体育中心董事长表示,奥运会之后,这里将打造成NBA在中国第一个固定的比赛场馆,每年将为中国观众带来NBA表演赛、季前赛、常规赛及多场次的篮球比赛。除了经营体育及休闲活动外,奥运旅游也成为奥运场馆新的经营方向。由于奥运会的成功举办,奥运场馆游已成为旅行社经营的一大热点。许多无缘到北京现场感受奥运的外地游客对奥运举办城市充满兴趣。时年广东广之旅国内游总部副总经理说:"目前北京旅游线路增加了很多新景点,而其中最重要的就是游览'鸟巢'、'水立方'等奥运场馆。"

多元投资方式不仅化解了政府财政投入的风险,同时将未来的场馆经营与最初的场馆规划和功能定位同步进行,同样降低了投资主体的经营风险。

借鉴历届体育赛事赛后场地的经营模式,预期未来规划、投资、建设都只是大型体育场馆群利用的前期准备,在此之后,一个极为重要的问题便是"经营"。这就需要经营者具有长远的眼光,有跟随城市发展的进程、居民消费的升级而分享成果的耐心。

广州、上海等地多次举办全国运动会,大型综合运动会的场馆赛后利用也可为北京提供借鉴。投资 12.9 亿元、能容纳 8 万人的上海体育场是为 1997 年八运会而建的主会场。伴随着城市建设的发展,经过十多年的开发经营,这个体育场已成为上海新的商业中心和交通枢纽,除了体育赛事外,会议设施、零售、博物馆、康体中心、电影院等一应俱全。南京通过举办十运会,同样带动了河西地区基础设施的发展。广州 2007 年筹办全国大学生运动会时,就将新建场馆落户在大学城,既满足了大赛需要,又解决了赛后利用的难题,消化了大型综合赛事可能面临的食宿配套、志愿服务、门票出路等问题。大型综合体育中心的收益一般都要经过相当长的周期,比如广州天河体育中心是为 1987 年第六届全运会而建的,由于当时的市场环境,六运会后天河体育中心一度陷入极大的经营困境。当时,每年要靠政府拨款 300 万元才能维持基本运营。如今随着城市的发展,通过会展、文体活动、健身俱乐部等多种模式,2007 年天河体育中心全年创收超过 8 000 万元。从过去的成功经验来看,作为一个国际化的大都市,北京奥运会场馆群,在城市发展、中国经济稳步前行、百姓健康消费观念提升的大背景下,未来的预期至少不悲观。

奥运会带给中国的不仅仅是物质财富,更重要的是精神财富。北京奥运会给中国带来的绝不仅仅是一次高水平的体育赛事,这是人们已经形成的共识。对于奥运场馆的赛后利用问题,在经济分析之外,同样需要人们以社会发展的眼光来看待。

得益于奥运会的场馆建设,中国农业大学第一次有了正规的体育馆,这里在北京奥运会和残奥会期间分别承担了摔跤和坐式排球比赛。该校党委副书记说,奥运会和残奥会给学校留下了许多遗产,除了场馆设施,学校更看重无形的奥运人文遗产。奥运会的"更快、更高、更强"和残奥会的"超越、融合、共享"理念将成为大学生永远的精神财富。

时年国家体育场有限责任公司副总经理说:"作为国家体育场,除了商业开发外,'鸟巢'将大力开展群众喜闻乐见的文体活动。"据了解,"水立方"的商业改造也以服务普通市民为原则。

三、2008 残奥会体育赛事项目影响评估

时年北京市副市长表示,北京奥运场馆的赛后利用中,社会效益、经济效益和环境效益同等重要。赛后利用将遵循四项原则,包括场馆的公益性、公众性原则,场馆运行的市场化、法制化原则,在场馆运行中体现"绿色、科技、人文"三大理念的原则,将场馆利用与城市功能定位、产业发展方向相结合的原则。

奥运会和残奥会对北京产生了巨大的影响,无论是对经济、环境,还是对社会风

貌等。自 2001 年以来,北京的城市基础设施建设投资巨大,北京市的空气质量、交通、绿化、城市面貌等都发生了很大的变化,这座城市毫无疑问将由此长期受益。

结合历届奥运会的经验,奥运会对于全民健身将起到极大的促进作用。仅北京市新增的 12 处场馆,新增建筑面积达到 71.7 万平方米,这些都将为开展全民健身活动提供便利条件。而北京残奥会的举办,不仅使北京的无障碍设施一举达到世界先进水平,残疾人运动员在场上的拼搏精神,也让所有中国人收获了感动,这些都是奥运会留给我们的遗产。成功举办一届奥运会,留下的绝不仅仅是物质财富,其精神遗产同样宝贵。时任中国奥委会名誉主席说:"奥运会给北京和中国带来的影响,是全面和多方位的,可能会持续 10 到 20 年的时间。"

——案例来源:https://www.guayunfan.com/baike/946573.html

📦 本章小结

审计是为查明有关经济活动和经济现象的认定与所制定标准之间的一致程度而客观地收集和评估证据,并将结果传递给有利害关系的使用者的系统过程。审计的基本职能是经济监督,表现为专设机关依照有关法律,对国家各级政府及金融机构、企业事业组织的重大项目和财务收支进行事前、事中或事后审查。

包括公共项目在内的项目审计是审计机构依据国家法令和财务制度、企业的经营方针、管理标准和规章制度,对项目活动包括项目的文件记录、管理的方法和程序、财产情况、预算和费用支出情况以及项目工作的完成情况等用科学的方法和程序进行审核检查,以判断其是否合法、合理和有效,是对项目管理工作的全面检查。

我国公共项目审计主体包括国家审计机关、内部审计机构和社会审计组织三部分。公共项目审计内容总体上包括审查履行基本建设程序情况,审查有关政策措施执行和规划实施情况,审查项目建设资金管理情况,审查工程质量、安全情况,审查设备、物资和材料采购情况,审查工程造价情况,审查土地利用和征地拆迁情况,审查环境保护情况,审查投资绩效情况。以上内容可归类为项目可行性研究审计、投资决策审计、建设项目勘察设计审计、项目在建阶段审计、项目财务审计、项目竣工决算审计、财政预算执行情况审计、公共项目绩效审计等。

包括公共项目在内的项目审计主要遵循以下程序,即启动项目审计、制定项目审计计划、实施项目审计、报告审计结果并对项目各方面提出改进建议、终结项目审计。

公共项目验收范围通常包括新建、扩建、改建、技术改造的建设项目,按照批准的设计文件规定建成并符合验收标准的建设项目。公共项目验收流程分为申报验收、收集和审核资料、竣工验收、验收通过并进行批复、验收结束并移交固定资产五个环节。

公共项目后评估是相对于公共项目前评估而言的,是在公共项目建成或投入使用的确定时间点,由项目相关主体的某一方或委托第三方对项目立项、决策、设计、实施直到实现运营或完成的全过程及其结果、影响和绩效与预期进行对比考核,研判项目预期目标的实现程度;同时也对项目的实际投资、效益、效果进行系统审计,对项目产生的财务、经济、社会和环境等效果和影响进行客观、科学、公正的评估。

公共项目后评估的重点是对项目执行情况的判别和分析,其主要内容及其评价结果均应在后评估报告中得到反映,包括项目目标的实现程度、项目实施过程、项目效益、项目影响、项目可持续性的后评价及项目经验教训。公共项目后评估程序通常分为后评估主体的选择、后评估机构及专家的选择、后评估计划的制订、后评估对象的选定、后评估范围的确定、后评估的执行、后评估的报告、后评估的反馈八个步骤。

 关键术语

审计 项目审计 国家审计 内部审计 社会审计 竣工验收 公共项目后评估 公共项目前期评估 公共项目中期评估 经济效益后评估 社会效益后评估 环境影响后评估

 复习思考题

1.与其他经济活动相比,审计具有哪些特征?
2.试述公共项目审计的作用。
3.试述公共项目审计内容。
4.试述公共项目审计程序。
5.试述实施项目审计的两个阶段及其内容。
6.试述公共项目验收条件。
7.试述公共项目验收流程。
8.公共项目后评估与前期、中期评估具有何种关系?
9.如何理解公共项目后评估的意义?
10.试述公共项目后评估的具体内容。
11.试述公共项目后评估程序。

参考文献

1.蔡立辉,王乐夫.公共管理学[M].2 版.北京:中国人民大学出版社,2018.

2.陈杰,付宏渊.工程项目招投标多利益主体合谋行为倾向影响因素研究[J].湘潭大学学报(哲学社会科学版),2020,44(3):43-51.

3.陈玲,李利利.政府决策与邻避运动:公共项目决策中的社会稳定风险触发机制及改进方向[J].公共行政评论,2016,9(1):26-38,182-183.

4.陈旭清,金红磊,吴雅杰.公共项目管理[M].北京:人民出版社,2010.

5.陈振明,等.公共服务质量管理:理论、方法与应用[M].北京:科学出版社,2017.

6.丁士昭.工程项目管理[M].北京:高等教育出版社,2017.

7.杜静,仲伟俊,李启明.私人主动融资(PFI)模式在公共项目中的应用[M].南京:东南大学出版社,2014.

8.郭桂霞,赵芳,庄芮.中国 PPP 项目的双边道德风险研究[J].产经评论,2022,13(4):147-160.

9.国家发展改革委,建设部.建设项目经济评价方法与参数:第三版[M].北京:中国计划出版社,2006.

10.郭俊华.公共项目管理[M].上海:上海交通大学出版社,2014.

11.郭小聪.政府经济学[M].4 版.北京:中国人民大学出版社,2015.

12.贺馨宇.论 PPP 合同中单方解除、变更权的法律属性与控制机制[J].法律科学(西北政法大学学报),2020,38(3):159-168.

13.黄恒学.公共经济学[M].3 版.北京:北京大学出版社,2021.

14.姜波,叶树理.行政协议争议仲裁问题研究[J].行政法学研究,2018,(3):109-120.

15.姜影,周泉.制度质量与晋升压力:我国基础设施 PPP 项目投资的影响因素分析[J].行政论坛,2021,28(3):131-138.

16.李芬.项目管理理论与实践[M].北京:电子工业出版社,2017.

17.廖宏斌,袁年兴.工程项目投资决策的评价指标与评价方法[J].统计与决策,

2021,37(14):181-185.

18.李曼,陆贵龙.问题导向的公共投资审计模式研究[J].审计研究,2018(4):62-69.

19.李涛.工程监理主体行为激励机理的数理分析[J].系统工程,2014,32(9):155-158.

20.刘波,杨芮,王彬.新时期如何实现有效的风险沟通:以地方政府大型公共项目为例[J].上海行政学院学报,2021,22(4):53-71.

21.罗煜,王芳,陈熙.制度质量和国际金融机构如何影响 PPP 项目的成效:基于"一带一路"46 国经验数据的研究[J].金融研究,2017,(4):61-77.

22.齐中英,朱彬.公共项目管理与评估[M].北京:科学出版社,2004.

23.尚虎平,杨娟.公共项目暨政府购买服务的责任监控与绩效评估:美国《项目评估与结果法案》的洞见与启示[J].理论探讨,2017(4):38-45,2.

24.深圳市财政局.政府采购典型案例[EB/OL].(2021-01-26)[2022-11-19].http://zfcg.sz.gov.cn/ztzl/jszl/index.html.

25.司静波,许纹齐.公共项目社会评价指标体系研究[J].学习与探索,2015(2):123-126.

26.孙燕芳,王晓月.BOT 公共项目政府部门的成本收益决策分析[J].宏观经济研究,2017(6):54-64.

27.苏丽芳.串通招投标行为的反垄断法规制路径:域外国家的比较与借鉴[J].国际商务研究,2022,43(6):72-79.

28.滕敏敏,韩传峰,刘兴华.中国大型基础设施项目社会影响评价指标体系构建[J].中国人口·资源与环境,2014,24(9):170-176.

29.王宏伟.国家重大建设项目区域经济影响评价研究:以三峡工程建设为实证基础[J].数量经济技术经济研究,2020,37(4):107-126.

30.王建文,夏蓉蓉.独立项目的久期预估与融资优化研究[J].运筹与管理,2022,31(2):198-204.

31.王学军,王子琦.公共项目绩效损失测度及治理:一个案例研究[J].中国行政管理,2019(1):128-134.

32.谢长.2017 年轮国际比较项目难点领域比较方法、中国结果及其质量评估[J].调研世界.2021(11):51-61.

33.杨琳,周炬诺.复杂工程项目风险传递机理[J].科技管理研究,2021,41(16):209-217.

34.叶苏东.项目管理:管理流程及方法[M].北京:清华大学出版社,2019.

35.殷焕武.项目管理导论(第三版)[M].北京:机械工业出版社,2014.

36.余玉苗,宋子龙,孙迪.项目团队行业专长、审计报告时滞与年报审计质量

[J].管理评论,2021,33(4):248-258.

37.张强,施晚弟.目标设置如何影响公共项目绩效:自我效能感的中介效应和组织沟通的调节效应[J].吉首大学学报(社会科学版),2022,43(5):93-109.

38.张旭,白思俊,郭云涛,等.考虑项目间依赖关系的项目风险应对策略选择模型[J].管理工程学报,2023,37(1):167-175.

39.中国(双法)项目管理研究委员会.中国项目管理知识体系(C-PMBOK2006):修订版[M].北京:电子工业出版社,2008.

40.中国项目管理研究委员会.中国项目管理知识体系与国际项目管理专业资质认证标准[M].北京:机械工业出版社,2003.

41.朱谦,吴闻岳.建设项目环评文件质量缺陷及其行政治理[J].江淮论坛,2020,(3):106-113.

42.邹焕聪.政府投资项目后评价:逻辑定位、制度检省与法律规制[J].行政论坛,2022,29(3):147-154.

43.中国建设监理协会.建设工程监理规范 GB/T50319－2013 应用指南[M].北京:中国建筑工业出版社,2013.

44.中华人民共和国招标投标法(新修正版)[M].北京:法律出版社,2018.

45.中华人民共和国政府采购法(2014 年新修订)[M].北京:中国民主法制出版社,2014.

46.住房和城乡建设部,国家工商行政管理总局.建设工程施工合同(示范文本)(GF-2017-0201)[M].北京:中国建筑工业出版社,2017.

后 记

本书是福建江夏学院2021年校级精品自编教材建设项目(21JCJS13)成果,也是切实落实党的二十大报告提出的"实施科教兴国战略,强化现代化建设人才支撑"的具体举措。

自我第一次接触公共项目管理尤其是其中的可行性研究以来,时间已经过去了整整20年。在这期间,我国公共项目管理实践取得长足进步,实践成绩享誉海内外——例如我国已成为世界基建第一强国,中国高铁项目是一张亮丽的名片。然而,与热火朝天的实践相比,公共项目管理理论知识体系建设尤其是其中的教材建设却显得有些"冷清"。比较能称得上是教材的著作目前只有三部,而且只在2015年之前出版。其中最早的一部于2004年出版,该教材的长处是将政府对公共项目管理的职能界定于决策和组织实施层面、重点突出,不足之处是对理论所涉及基本概念的定义时有缺失,对理论内涵所作阐释或重点不突出,或逻辑不严密,理论体系总体上显得粗糙。其中的第二部于2010年出版,该著作包含了公共项目全生命周期各阶段、各环节管理,但每部分知识点内涵过于简约,导致上课时教师要竭力阐释各类公共项目管理规则背后的原理、理论,教学成本较高。最后一部于2014年出版,该著作加强了对公共项目管理中政府和市场合作理论的阐述,但总体上未能摆脱公共项目决策者与执行者责任不清的窠臼,其中的公共项目组织实施管理内容尤其不足。

公共项目管理教材建设不足直接影响到公共管理类专业教学质量保障,尤其是有碍人才培养规范。因为没有合适教材,对于公共工程项目管理这门教育部规定的公共事业管理专业核心课程,有些高校公共事业管理专业不开设,有些高校公共事业管理专业虽然开设却只设为选修。而也是因为没有合适教材,多数高校行政管理专业并不开设公共项目管理这门课程,但公共项目是公共政策的载体,很难想象一名不了解公共部门如何在实践中依法、高效"替民消灾"者却能够以公共决策、组织实施者身份很好地秉持价值和工具理性统一理念而制定好公共政策、作好公共预算从而切实落实好公共治理。

本教材编著具有十分现实的确保和提高公共管理类专业人才培养质量的意义。在具体编著过程中,本人力求将新文科建设点化于公共项目管理这门课程,充分体现公共项目管理的知识和技能横跨管理学、经济学、会计学、金融学等学科,纵跨公共管理学、政治学、法学等学科的跨学科、超学科属性,在向学生传授以政府为核心的公共组织开展公共项目活动一般规律的同时,向学生传授中国式公共项目治道变革的知识和技能。

  囿于能力和水平一般,本人这一拙作难免挂一漏万甚至出错。恳请读者批评指正!

刘 勇

2023 年 1 月

于福州大学城